어제의 가난은 가난이 아니었네

현기스님 글모음

맑은소리
맑은나라

현기玄機 스님

1975년 강원도 오대산에 있는 월정사로 입산하고
1977년 만화희찬 스님을 은사로 사미계를 수지하였습니다.

어제의 가난은 가난이 아니었네

인쇄 2025년 10월 10일
발행 2025년 10월 25일

글쓴이 현기
엮은이 조영미

펴낸이 김윤희
펴낸곳 맑은소리맑은나라
출판등록 2000년 7월 10일 제 02-01-295 호
본사 부산광역시 수영구 좌수영로 125번길 14-3 올리브센터 2층
전화 051-255-0263   **팩스** 051-255-0953
이메일 puremind-ms@hanmail.net

값 18,000원
ISBN 979-11-93385-28-9(03220)

어제의 가난은 가난이 아니었네

현기스님 글모음

귀의삼보 歸依三寶

돌아가나이다. 돌아가나이다.
온갖 생명이여
작위도[作] 멈춤도[止] 시작도[任]
끝도[滅] 없는 빛의 세계에
목숨으로 돌아가나이다.

돌아가나이다. 돌아가나이다.
생명의 소리여 율동이여 울림이여
그 오묘한 생명의 움직임이여
움직임이 있음과 없음 그 방광放光에
돌아가나이다.

돌아가나이다. 돌아가나이다.
생명을 지키는 모다라수母多羅手여
무리들이여
몸 사루는 거룩한 이들이여
그들의 마을로 돌아가나이다.

과거 현재 미래, 어제 오늘 내일,
소신공양 그 뭇 보살에게
그 불꽃에 돌아가나이다.

변명 2

더 이상 할 말이 없다.

나는 세상의 언어에 지쳤고, 세상은 나의 언어에 지쳐있다.
모든 언어는 가상이고 실재가 아니다.
그러므로 나의 언어 또한 내가 아니다.
차라리 침묵으로 모든 언어를 대신함이 더 설득력을 얻는다.
할 말 없음과 할 일 없음이 나의 일과가 되었으면 한다.

이책은 34년전 철부지 언어로 쓰여진 글 모음집이었다.
금번 조영미 선우가 군이 자비로 책을 다시 내겠다하여 농담조로 승낙하
게 되었는데 괜한 짓거리가 되고 말았다.
후회 한들 무슨 소용이랴

무기 수출이 호황이라고 한다.
살상무기를 수출하는 나라가 부끄럼이 없다.
사람죽이는 성능을 자랑스러워 한다.
나의 언어가 살상무기와 똑같다.
언어의 성능을 자랑하고 언어로 죽이고 속이고 거짓말하고 잘난체하고 그
러면서 나는 탤런트가 되고자 한다...
모든 언어는 꾸밈과 포장으로 시작한다..

그냥 부끄럽다..
싫다 좋다를 이젠 거두고 싶다..
부처 중생 국가 민족 종교 민주 노동 등등의 개념들을 버린다.
누가 마음 중생 부처라 이름 붙였는가
누가 사바세계와 극락세계라 이름지었는가

할말없다는 말로 나를 대신한다.
더 이상 나에게 속지 말기를

나는 이제 떠날때가 되었다
입자의 삶에서 파동의 삶으로

현기玄機 스님

1975년 강원도 오대산 월정사 출가

만화희찬 스님을 은사로 모심

변명

나는 천성이 아둔한 사람이다. 게다가 품행도 거칠며 학문에도 한번 기웃 거려보지 못한 천박한 사람이다. 이런 처지임에도 불구하고 무슨 지중한 인연에서인지 승복을 입게 되었고, 승복이 나의 천박함을 가려 주어 세상 으로부터 귀한 대접을 받아 왔다.

승복 하나 걸침으로써 천민이 하루아침에 양반이 된 듯하다.

천민으로서 나는 세상을 속이지도 않았고, 세상도 나에게 속지 않았다. 살 펴보면 나와 세상이 서로 속이고 속는 일이 비롯된 것은 본래의 나에게서 가 아니고 바로 승복에서 비롯된 것이다.

그와 같은 일이 어디 승복에서만 비롯되겠는가. 이 시대의 모든 사람들이 유형무형의 옷으로 서로 속이고 속고 있음에랴. 기실, 지금 우리는 저마다 제 옷자랑에 여념이 없지 않은가.

나는 오늘 승복을 벗고 싶다. 천박한 사람이 양반 행세를 하려다 보니 걸 음걸이 하나까지도 어설프다. 이제 나는 본디의 모습대로 아둔한 천민으 로 돌아가고 싶다.

하지만 돌아보아도 돌아보아도 이 승복을 벗을 곳이 없다. 승복 따위 일랑 훌훌 벗어던지고 서로가 서로의 알몸뚱이를 확인하고 확인받을 우리의 법 석^{法席}이 없는 것이다.

더러 어떤 사람은 내게 승복만 벗으면 된다고 말한다. 그 또한 웃기는 사 람이다. 내가 승복 입은 것만 보았지, 제 자신도 옷 입은 채로 내게 말하고 있음을 보지 못하는 것이다. 이런 사람들 때문에 나는 승복을 더욱더 단단하게 여겨야 한다. 나는 변함없는 잿빛 승복 한 벌만으로도 세상을 살 수 있기에.

그렇다. 지금 내가 할 일은 승복을 벗는 것이 아니라, 승복을 입히고 또 이런 저런 갖가지 옷을 만드는 주범을 찾는 것이다. 옷장사를 찾는 일이다. 그리하여 그들과 지혜의 바다, 민중의 바다로 가서 함께 익사하는 일이다. 그곳에 바로 우리의 비로자나毘盧遮那가 있을 것이다.

오늘 저녁, 세상이 나에게 승복을 입혀 놓고 나를 꾸짖는다 하여, 천박한 나는 변명처럼 천박한 글을 부끄럽게 내놓는다.
글을 모아 놓고 보니 전생 이야기로 얼룩진 한 권의 춘화가 되었다. 일손들은 읽지 말 것이며, 빈손들은 춘화처럼 읽을 것이다.
이 한 권의 춘화를 위해 쓰러져야 할 나무들에게 죄송하다.
아울러 나를 아는 선배, 도반, 후배에게 용서를 구하며, 덕두원 마을 사람들에게 종아리를 내민다.

千夜의 어두운 골짜기
찬바람 한줄기 일어나
彌陀殿 풍경을 흔들어 깨우니
동편 산머리 달이 솟고
산승의 발자국은 병이 깊어진다.

1991년 봄 덕두원에서

'어제의 가난은 가난이 아니었네' 를 발간하며

현기스님을 저는 잘 모릅니다.

어느날 우연히 잠깐 뵙게 되었고 오대산 월정사에 계시는 스님이시구나 했습니다.

그런 스님을 누군가 현기스님은 시인이시고, 글도 쓰시고, 불교포교와 사회운동을 아주 신나게 하신 분이라고도 하였습니다. 그래서 스님께서 쓰신 글을 읽어보고 싶어 책을 찾게 되었습니다. 전국중고서점을 뒤져 겨우 한권을 구할수 있었습니다. 아주 낡고 빛바랜 책의 초판 발행일이 1991년으로 30년이 넘은 것을 알게 되었습니다.

1991년,

그때 나온 이 한 권의 책이 2025년의 제게는 큰 감동이었습니다.

한 권의 책이 한 사람의 영혼을 흔들게 되면, 파동의 물결이 온 우주에 울려 퍼집니다.

사람들을 만나면 스님의 글중 우산과 우비의 차이에 대해 자주 이야기 했습니다.

'우산을 쓰고 들에 나가다가 우비를 둘러쓰고 낮은 포복을 하고 있는 농부들을 보고는 섬뜩한 칼베임을 당하여 편지를 띄웁니다.'

이 글을 읽은 이후 저는 우비를 자주 입게 되었습니다. 양손을 자유롭게 두고 양손으로 노동을 하고 양손을 모아 기도를 하기도 합니다.

양손의 위대함을 이 짧은 글을 읽고 이해하게 되었습니다.

누구든 이 책을 인연으로 어제의 가난은 가난이 아니었음을 알아차리면 좋겠습니다.
이 책이 나올때까지 함께해주신 모든 연연있는분들에게 고마운 마음 전합니다.

이제 떠날때가 된 것을 알고
입자의 삶에서 파동의 삶으로 가시는 현기스님
무변허공계無邊虛空界 귀의삼보歸依三寶 하나이다.

2025년 7월 여름 강릉에서
조영미 합장

조영미

그림그리는 사회복지사로 연결과 해체의 미학을 양자예술개인전으로 이야기함.
산문집 '부산갈매기 강릉생존기' 출간

차례

제1장 마을에서

마을 이야기 • 020

세 가지 슬픔 • 021

눈치 • 026

운동회와 교육 • 028

일과 사고 • 031

유흥객 • 033

들깨의 잠 • 035

기복? • 037

독사의 경계 • 038

차에 대한 몇 가지 생각 • 040

어느 집의 방문기 • 046

호박꽃도 꽃이냐 • 048

권종이 어머니 • 050

꿈 • 053

십오 년만의 답장 • 055

생명의 원천 • 057

지식이라는 것 • 059

성현 씨 • 061

밀짚모자 • 065

제2장 승가의 마을, 역사의 마을

  답답한 이야기 • 068

  전 선생님 보옵소서 • 069

  바둑과 역사 • 075

  병을 치료하는 법 • 084

  하나가 전체를 포용하고 다양한 개별이 하나가 되는 일 • 092

  인간성을 파훼하는 것에 불성이 있다 • 098

  입차문래 막존지해 • 104

  여기 내 마음 속에 극락이… • 111

  술 한 잔이 세계를 • 117

  종보다 종매의 역할을 • 121

  상호 관련성과 개방성 • 126

  마을로 돌아가자 • 132

  무대와 거리 • 136

  악의 꽃 • 139

  성현 씨에게 보내는 편지 • 144

  어떤 대화 • 149

  출가자의 효행은 만유의 근본 자리를 깨닫게 하는 것 • 151

제3장 흙냄새 받으소서

  꾸며 낸 이야기 • 160

  마을사람들1 • 161

  마을 사람들2 • 167

무상을 노래함 • 171

무상한 것은 허망한 것이 아니다 • 174

밥 먹으러 가는 길 • 177

견과 관 • 186

달과 달빛 • 191

소몰이 가락을 들으며 • 194

제4장 숲으로 가는 길

꽃과 꽃나무 • 200

숲으로 가는 길1 • 201

숲으로 가는 길 2 • 206

노동, 그 창조하는 힘 • 211

노동과 제도 • 217

노동자, 그는 누구인가? • 223

산으로 들어가는 스님에게 • 230

민족의 어머니가 되소서 • 236

민중의 언어로 삽시다 • 241

정성은 보살의 생명입니다 • 247

종교, 새로운 출발을 위하여 • 251

통일이 되면 • 257

고 박종철 법우에게 • 260

육체의 내 속에 머물러 있는 그대에게 • 263

출가를 원하는 사람들에게 • 268

출가한 사람들에게 • 272

일일삼괴 • 276

길과 사람 • 280

작은 풀잎의 지혜와 큰 나무의 지혜를 함께 배워야 • 283

해제를 맞이하여 • 288

과보 • 291

연기의 지혜와 수행 있어야 • 293

오월에 오시는 이 땅의 부처님 • 298

우리 시대의 부처 • 301

마을

에서

마을 이야기

해가 뜨자 그림자가 나타난다.
해가 지자 그림자가 사라진다.
해와 그림자 사라지고 난 뒤
비로소 만물이 영명靈明하다.

해가 뜨자 그림자가 나타난다.
괭이 들고 대문을 나서면
그림자도 따라오고 해도 따라온다.
괭이질 따라 그림자도 움직이고
해도 기운다.

만물의 영묘靈妙함이 여기 있구나.
비로소 사람이 보이는구나.

세 가지 슬픔

1

내 나이 여덟이 되던 해로 기억한다. 나이 여덟은 슬픔과 기쁨의 정체를 알지 못한 채 감정이 일어나는 대로 표현하는 그런 나이이기도 하지만, 조금씩 슬픔과 기쁨을 일으키는 대상에 눈뜨는 나이이기도 하다.

확실하지는 않지만 그 때는 아마도 나일론 제품에 밀려 인조견 공장이 망해가는 때였던 것 같다. 아직까지도 이런 기억을 해낼 수 있는 것은 인조견을 팔러 다니시는 어머니의 한숨을 밤마다 들을 수 있었기 때문일 것이다. 가난해도 가난의 슬픔은 모른 채 다만 배가 고프니까 울어야 했던 여덟 나이의 나로서는 어머니의 한숨도 그저 어른들만의 고민일 수밖에 없었다.

나는 언제나 해질녘 마을 어귀쯤에서 행상을 나갔다가 돌아오시는 어머니를 기다리곤 하였는데, 내가 기다린 것은 어머니도 어머니려니와 어머니의 한손에 들린 맛나는 생선 때문이었다.

여름이었는데 그날은 어머니의 귀가가 여느 때보다 늦었다. 해가 산머리에서 한 뼘쯤 남아 있을 때가 어머니의 귀가 시간이었는데 그날은 해가 산너머로 넘어가 어둑어둑해져서야 어머니의 모습이 얼비치기 시작한 것이다. 평소에는 바쁘던 어머니의 걸음걸이가 기운이 쭉 빠져 있었다. 머리에는 무엇인가 큰 짐을 이고 계셨다. 나는 그것이 장을 보아온 짐이려니 생각했다. 한손에 분명히 있어야 할 생선 꾸러미가 보이지 않았기 때문이다. 그러나 가까이 다가오실수록 그것은 장을 본 짐이 아니라 바로 아침에 이고 나가신 인조견 보따리임이 확연해졌다.

그때 비로소 나는 한 가지 사실을 깨달았다. 어머니의 발걸음에 힘이 없는 까닭이 인조견의 무게 때문이 아니라 바로 한손에 생선 꾸러미가 없기 때문임을 말이다. 나를 바라보는 어머니의 눈길도 평소에 보여주셨던 자신감을 잃고 계셨다. 그때 나는 어머니의 눈동자 속에 고여 있는 슬픔을 보았다. 그것은 타인의 슬픔이 내 슬픔으로 옮겨지는 첫 경험이었다.

어머니의 슬픔, 그것은 나를 그분의 눈동자에 담는 슬픔이었다. 그리고 이제 어머니의 그 슬픔이 곧 나의 슬픔이 되어 버린 것이다.

2

사미승 때의 일이다. 불교 성전의 한 구절을 만났다.

싯다르타는 보리수 밑에서 드디어 정각을 이루고 붓다가 되었으나 고민에 휩싸이게 된다는 구절이다. 내용인즉, 자기가 깨달은 내용을 아무리 세상 사람들에게 말해 줘도 이해하거나 깨닫지 못한다는 것이다.

나는 여기서 석가모니의 슬픔을 보았다. 깨달은 자가 혼탁한 세상의 굴레와 사람들의 어리석음, 그곳에서 서로 할퀴고 싸우는 모습을 보는 것이란 얼마나 큰 슬픔이었을 것인가. 그 슬픔은 붓다로서의 삶을 포기하고 다시 중생의 삶 속으로 뛰어들어 중생의 삶으로 살아가야 하는 석가모니의 비원悲願이다.

석가모니의 슬픔이 여기에 있다. 그래서 그는 길을 가다가 풀잎에 맺힌 이슬을 보면 온 세상의 눈물로 보았고, 해골을 바라보면 그것이 자기 전생의 어머니였다고 소리 없이 이 세상의 어리석음을 통곡하였던 것이다.

석가모니의 슬픔, 그것은 내가 중으로서 맞은 최초의 슬픔이었다. 세상에 대한 슬픔이 부처를 통해 조금씩 깨어나기 시작한 것이다.

3

나는 이 마을에 들어와서 세 번째 슬픔을 만났다.

우리 마을에는 여든이 가까운 할머니 한 분이 있다. 혼자 소도 키우시고 나무도 하시면서 농사일까지 돌보시는 분이다. 할머니의 외아들이 작년에 돌아갔다. 내가 이 할머니를 만나 뵐 때마다 그 분은 언제나 지게를 지고 계셨다.

슬픔의 표정도 없다. 기쁨의 표정도 없다. 당신의 가장 소중한 보배인 아들을 잃어버림으로써 슬픔이나 기쁨에 대해 달관해 버린 모습이다. 늘상 일에만 매달려 계신다.

"일이 힘드시지 않습니까?" 하고 물으면 "일이 힘들지 않은 사람이 어디 있어요. 힘드니까 세상이 있지요." 하신다.

자식의 소유로부터 해방, 집착으로부터 해방이어야 한다. 소유와 집착으로부터 자유로운 열림이 있는 것이 아니다. 집착해야 할 대상을 잃어버림으로써 오는 해방이란 일종의 망각이며, 경계가 소멸됨으로써 집착이 소멸되는 것은 참자유가 아닐 것이다.

할머니의 무표정한 얼굴에 화사함이 되살아나려면 집착할 수 있는 자식을 되돌려 받아야 하기보다는 할머니가 모든 사람들을 자식으로 여겨야 한다. 한 사람에 치우치지 않고 전체를 대상으로 할 때 더욱 큰 웃음을 지을 수 있다.

선사의 자유가 외적 대상으로부터 자유로울 수 있는 경지라면, 선사의 자유는 다른 넓고 큰 대상을 취해야 할 것이다. 그러나 근대 한국 선사의 얼굴에는 중생세간이 보이지 않는다.

할머니의 무표정한 얼굴 속에서 근대 한국 선사들의 얼굴을 보는 슬픔이 있다면 우치愚痴일까.

4

사람들은 친족이나 친한 벗이 죽으면 눈물을 아끼지 아니하고 슬퍼한다. 그러나 자기와 상관없는 사람들이 죽었을 때는 아무런 감정도 생기지 않는다. 감정이란 것을 마치 보물 상자에서 패물을 꺼내보듯 한다. 잠시 슬픔을 확인하고 나면 서둘러 보물 상자에 넣고 타인이 꺼낼세라 꼭꼭 숨기듯 자물쇠를 채워 숨겨 두는 것이다. 패물은 그 자체로써 보다는 소유함으로써 가치를 찾듯이 우리는 슬픔도 그런 식으로 확인한다.

슬픔은 대상으로부터 오는 것이지만 사랑은 대상으로 향하는 것이며 따뜻함을 담고 있다. 그래서 슬픔을 느끼는 만큼 사랑이 동반되어야 하며, 그렇지 않다면 절름발이와 같다.

슬픔은, 맺지 못할 사랑이기에 이별하는 열애의 결과가 아니라 넓고 큰 사랑에서 비롯되는 결과이다.

우리의 시대에 사랑이 없다는 것은 그만큼 큰 슬픔을 간직하지 못하고 있다는 뜻이기도 하다. 슬픔이 찰나의 감정처럼 오고 가듯 사랑도 찰나적으로 스치운다. 석가모니의 자비에 중생을 바라보는 큰 슬픔과 큰 사랑이 함께하듯, 우리에게도 슬픔과 사랑이 함께 있어야 할 터이다. 이것이 자비이다. 그러므로 자비란 개인의 감정에 머무는 것이 아니라 실천의 다른 표현일 뿐이다.

가난의 슬픔은 어떻게 치료할 것인가. 부처의 슬픔은 어떻게 처리할 것인가. 한국 선사의 슬픈 얼굴은 어떻게 치료할 것인가.

눈치

"절에 가서도 눈치만 있으면 새우젓을 얻어먹는다."는 말이 있습니다. 이 눈치는 약삭빠른 기회주의를 뜻하지만, 마을에서 나를 성장시키는 것은 바로 '눈치' 입니다.

마을 사람들이 일하고 있을 때 나 혼자 일 없이 놀고 있으면 어느 새인가 마을 사람들의 눈빛이 달라집니다. 나는 그것이 무엇을 뜻하는지를 잘 알고 있으므로 일감을 찾아 나서게 됩니다.

마을 사람들의 눈치를 보는 것은 나의 생활이 능동적으로 이루어지지 못하고 그들에게 좋은 소리를 듣기 위한 기회주의에서 비롯된 것임을 부정하지 않습니다. 그러나 이 눈치마저도 없다면 나는 마을 밖의 사람에 머물러 있을 수밖에 없다고 자위해 봅니다.

마을의 공동체적 질서나 평화도 어떤 강압된 규칙들에 의해서라기보다는 옆집 사람의 따가운 눈치로 이루어지는 것 같습니다. 이렇게 보면 눈치는 마을의 법입니다. 가끔 마을에 큰 소리가 들리는 것도 알고 보면 어김없이 마을의 눈치를 보지 않아서 일어난 일입니다. 많은 별장들이 마을에 들어와서도 마을의 집이 되지 못하는 까닭도 눈치 없는 마음 때문입니다.

나는 이 눈치 때문에 하루에 나무 한 짐씩이라도 해야 했습니다.

뒤뚱거리는 서투른 지게질 솜씨를 보고 마을 사람들이 웃음을 지을 때마다 나의 마음과 얼굴은 어쩔 수 없이 홍당무가 되어 버리곤 하였습니다. 그래도 나무하러 갈 적마다 '오늘은, 오늘은…….' 하며 마을 사람들에게서 웃음을 빼앗을 것을 다짐해 보지만 어찌 하루 사이에 나무꾼의 도를 깨달을 수 있겠습니까. 나뭇단을 잘 묶어 오면 장정의 나뭇짐이 아니라 하고, 나뭇짐을 크게 해서 허리를 곧추세우고 없는 힘자랑이라도 할라치면 지게질 솜씨가 형편없다 하고, 지게질 솜씨가 익어지면 나뭇짐 부리는 솜씨가 부족하다 하고, 나뭇짐 부리는 솜씨가 제법이다 싶으면 장작 패는 솜씨에 혀를 차고, 이제 제법 지게에 작대기를 세울 만하고 보니, 나를 나무꾼으로 만들어 온 것도 마을 사람들의 눈치였음을 깨닫습니다. 눈치를 보는 것은 비록 지인이 행할 바는 아니지만, 그래도 눈치를 볼 줄 아는 것은 이웃이 함께함을 잊지 않는 마음이 있기 때문입니다. 눈치를 주는 마음에는 경멸이 있지만 눈치를 볼 줄 아는 마음에는 경멸을 채찍으로 체화하는 여유가 있습니다. 그래서 눈치를 볼 줄 아는 마음은 옆 사람 볼 줄 아는 마음이라고 생각합니다.

저 혼자 잘 먹고 잘 살려는 투기, 골프장 건설 따위는 눈치를 잃어버린 시대의 징표이며, 대형 교회나 대형 불사는 부처와 예수의 눈치를 볼 줄 모르는 징표입니다. 중생의 눈총을 두려워하지 않는 마라(마구니 장애물)의 형상입니다. 부처와 예수는 앞에 있지도 않고 높은 곳에 있지도 않으며 우리의 옆에 있습니다.

운동회와 교육

동걸이가 내일이 학교운동회니 스님도 꼭 오셔야 한다고 간곡히 부탁하였지만 내일은 승종이 아버지와 꿀을 팔러 봉은사에 가기로 약속이 되어 있습니다.

학교운동회는 학생보다 어른이 더 많이 모여 학생들의 운동회가 아니라 반쯤은 학부형과 선생님들의 운동회가 되고, 종내는 학교 잔치가 아니라 마을 잔치가 되어 버리는 추억을 간직한 저로서는, 내일의 운동회가 마냥 궁금스럽고 생각하면 가벼운 흥분마저 이는데 참석치 못해 못내 아쉽습니다.

동걸이는 덕두원 국민학교 삼학년인 꼬마인데, 요놈을 볼 때마다 나는 알짜배기 조선아이를 보는 즐거움이 있습니다. 온통 햇볕에 시커멓게 그을린 얼굴빛이며 종아리의 윤기가 민족의 빛깔 같기도 하고, 통일을 이룰 수 있는 힘의 빛깔 같이 보이기도 합니다. 요놈의 피부를 태운 것은 햇빛이 아니라 아마도 된장과 고추장의 힘일 것입니다.

동걸이의 운동회에 참석치 못하여 안타까워하다가 교육에 대해 잠시 생각에 잠겨 봅니다.

서울 봉국사에 기거할 때의 일입니다. 봉국사에는 절에서 크는 아이들이 여섯 명이 있었습니다.

어느 날 하루는 과자를 사서 아이들에게 하나하나 나누어 주었습니다. 그런데 아이들은 자기의 몫보다도 다른 아이들의 몫에 더 관심을 두는 것이었습니다. 그래서 나는 과자를 골고루 나누어주지 않고 어떤 아이에게는 많이 주고 어떤 아이에게는 적게 주어 보았습니다. 적게 받은 아이는 불만이 담긴 표정이었지만 내가 그 자리를 지킴으로써 불평을 하지 못하였습니다. 그러나 아이들의 불만은 내가 있어서 겉으로 드러나지 않았을 뿐이며, 만약 내가 없었다면 아이들은 사이가 갈라지기에 충분하였습니다. 그래서 나는 아이들의 불만을 근원적으로 해결할 방법이 무엇인가를 찾기 위해 여러 가지 방법을 시도해 보았습니다.

다음날은 과자를 사서 나누어 주지 않고 아이들에게 스스로 나누어 먹으라고 하며 그 자리를 피해 보았습니다. 아니나 다를까 그날은 서로 많이 먹으려고 싸움이 일어났습니다. 별달리 뾰족한 해결 방법을 찾지 못한 저로서는 계속해서 방관하기로 마음을 먹고 그 다음날도 그 다음날도 과자를 사서 아이들에게 맡겨 보았습니다.

삼일 째 되는 날이었습니다. 그들은 서로 희희덕거리며 학년이 높은 큰 아이부터 과자를 하나씩 나누어 먹고 남은 과자는 큰 아이인 형의 몫으로 주는 것이었습니다. 저희들끼리 분배의 방법을 깨달은 것입니다. 불만의 표정이 없었습니다. 그 다음날은 하도 기특하여 또 과자를 사다가 주고 방에 돌아와 있는데, 막내 아이가 과자를 들고 오며 이것은 스님 몫이라고 챙겨 주었습니다.

아이들을 통해 나는 한 가지 놀라운 사실을 깨달았습니다. 곧 아이들도 스스로 자라고 스스로 깨달을 수 있다는 것입니다. 아이들의 능력을 믿지 못하고 나의 사고로 분배해 주었던 것이 아이들의 능력을 상실케 하는 원인이었습니다. 아이들에게 무엇을 가르치고자 했던 것이 오히려 아이들의 창조적인 힘과 스스로 크는 힘을 빼앗는 결과를 초래할 뻔하였습니다.

이것은 우리 봉국사 아이들에게만 적용될 수 있는 문제가 아니어서 오늘날 학교라는 곳이 무엇을 가르치고 있는가를 새삼 의미 있게 지켜보게 합니다.

어떤 선생님이 텔레비전 토론에 나와 학교에서 아무리 도덕을 가르쳐도 소용이 없다고 하는 이야기를 들었습니다. 이야기인즉 학교에서 배운 것과는 전혀 달리 선한 사람은 살 수 없는 것이 이 세상이며 현실이기 때문에 학교에서 아무리 도덕을 가르쳐도 학생들에게 설득력 있게 들리지 않는다는 것입니다. 맞는 말입니다. 그러나 한편으로는 학교 교육이 도덕을 가르치기만 할 뿐 도덕을 스스로 깨닫게 하고 왜곡된 현실을 이기게 하는 교육이 되지 못하기 때문에 학생들에게 받아들여지지 않는 것이 아니겠습니까.

경쟁과 지식적 사고, 출세와 지배의 논리만을 가르치는 것이 오늘날 학교 교육의 문제일 것입니다. 현실을 이겨 나가게 하는 교육, 학생 스스로 창조적 능력을 발양시키는 교육을 하고자 했던 참교육 선생님들을 다 쫓아내 버리는 학교가 무엇을 할 수 있으리란 기대는 애초에 무리인 것 같습니다.

종교도 인성을 닦는 학교가 되어야 할 텐데, 요즈음 학교의 모양과 다름이 없습니다. 다 우리 시대의 큰 문제입니다.

내일이면 동걸이는 힘차게 뜀박질을 하겠지요. 내일 벌어지는 학교운동회가 선생님과 학생만 뛰는 체육시간처럼 텅 비지 않기를 빌어 봅니다.

선생님과 학부모들의 운동회, 마을 전체의 운동회가 되어 그 속에서 동걸이, 수진이, 수옥이, 연종이, 상국이가 서로 붙잡고 힘차게 달리는 모습을 떨어지는 별똥에 담아 봅니다. 참교육 선생님 만만세를 외쳐 봅니다.

일과 사고

마을 사람들과 대화할 때마다 늘상 느끼는 것은 '사고의 빈곤' 입니다. 저의 사고는 대부분 책을 통해 습득된 지식이나 이론들을 다시 생각이라는 틀 속에서 정화해 나가는 것인데 견주어, 마을 사람들과 대화를 나누다 보면 그들의 대화는 일이라는 경험을 통해 얻어졌기 때문에 살아있고 풍요로움을 느낄 수 있습니다. 그래서 저는 하나의 일을 하면서 사고의 능력을 키워 보려고 애쓰지만 언제나 법칙이나 일에 담긴 의미보다는 미리 갖고 있는 사고를 일에 적용시키거나 저의 사고가 일에서 확인되기를 기대하는 어리석음을 범합니다. 이것은 일이 생활이 되지 못하고 일과 사람, 일과 사고가 분리되어 있기 때문인 것 같습니다. 곧 전 선생님이라는 분의 말씀처럼 주경야독이 바쁜 틈을 타서 책을 읽는다는 뜻이 아니라, 주경을 통해 야독을 깨우치고, 야독을 통해 주경을 깨우치는 뜻임을 깨달아 행하지 못하였기 때문일 것입니다.

저의 지식적 사고의 한계를 보여주는 하나의 보기가 있습니다.

마을 사람들이 시장에 갔다 올 때마다 사이다며 콜라 따위를 사오는데 저는 좋은 물을 곁에 두고도 독이 되는 음료를 선호하는 것은 민중의 우매함 때문이라고 생각했습니다. 물과 음료의 차이점을 냉정하게 볼 줄 모르고 텔레비전의 선전 문구에 마취당한 결과라고 말이지요.

그러나 그 우매성을 파악하는 저의 의식이 음료의 성분 구조와 사회 구조를 분석의 틀로써 파악하는 것이라면, 이는 또 다른 우매성임을 곧 깨달았습니다. 지식이라는 분석의 틀이 음료수를 만들어 내었고 텔레비전 광고도 만들었지, 민중의 생활이 그것들을 만들어 내지는 않았습니다. 오히려 그것들을 만들어 낸 분석적 사고나 분석의 틀이 더 우매한 것임에도 불구하고 나의 분석적 사고는 마을 사람의 행위를 민중의 우매함으로 매도하고 말았던 것입니다.

분석적 사고는 하나의 구조를 이해하는 데는 도움을 주지만 그 사고로 사람들의 가치를 평가할 수는 없다고 생각합니다. 분석적 사고로는 민중을 파악할 수도, 민중의 힘의 원천을 알 수도 없습니다. 민중을 우상화하거나 민중을 우매하다고 폄하하는 그 모든 사고의 원형들이 이런 사고에서 나온 것이 아닐까 생각합니다.

"우리 마을 물이 얼마나 좋은데 무엇 하러 돈 들여가며 쓸데없이 음료수를 사다 먹어요."

"옳으신 말씀인데 사람들에게 일을 시켜 놓고 맹물을 대접할 수 있어야지요. 스님한테는 술 드릴 테니 한잔 먹으러 와요."

분석적 마음은 일하는 마음이 아닙니다.

유행 따라 옷이 달라지듯 지식이나 분석이라는 것도 유행을 따르는 것은 아닌지요. 민중의 마음은 유행이 없습니다. 유행을 따르는 마음으로는 민중의 그림자 하나 찾을 수 없습니다.

유흥객

산으로 들어가면 푸드득 새들이 놀라 자리를 옮겨 갑니다. 날마다 오는 산 길인데도 새들이 놀라 달아나는 것을 보면 아직은 저의 발걸음에 길의 마음[道心]이 없는가 봅니다. 그동안 이곳에서 여러 사람들과 함께 했던 나의 발걸음도 이와 닮은꼴이라 생각되니 부끄러움에 얼굴이 화끈합니다.

양철집의 더위는 저녁 시간이 제일 심합니다. 이때가 되면 저녁공양을 부산스레 지어 먹고 더위를 피하기 위해 산책을 나서는 일이 습관처럼 되었습니다. 저의 산책은 개울물 따라 의암호로, 다시 의암호에서 호수의 고요를 짊어지고 되돌아오는 데 두 시간 걸립니다. 이 시간 동안은 물소리에 온몸이 젖어 더위를 잊습니다. 오늘부터는 산책 시간을 늦추어야만 합니다. 동네 아주머니들이 저녁을 먹고 나면 목욕을 해야 하는데 저의 산책 때문에 목욕을 할 수가 없다는 호소를 들었기 때문입니다. 샤워 시설이 구비되지 않은 집들인지라 당연한 일입니다. 제 발걸음이 새들만 놀라게 하는 것이 아니라 동네 사람들까지도 놀라게 하는 발걸음이 되어 버리고 말았습니다.

아랫동네가 걱정입니다. 우리 동네는 제 발걸음 하나뿐이지만 아랫동네는 관광객이라기보다는 유흥객이라고 하는 게 더 적절한 사람들이 여름내 진을 치고 있기 때문입니다. 여름에 극성스러운 것은 모기가 아니라 유흥객들입니다. 한낮에도 논에 들어선 농부들의 코를 약 올리듯 고기 굽는 냄새가 논두렁 넘어서고 밤이면 밤마다 춤사위가 잠을 앗아 갑니다. 유흥객들이 떠나고 나면 밭이며 개울이 온통 쓰레기와 똥무더기 입니다. 누구

보고 치우라는 것인지, 저들은 오물도 거름이라 생각하는 것인지 모르겠습니다.

폐수가 오염 물질이 아니라 인간이 오염 물질입니다. 제국주의자가 달리 있는 것이 아니라 저 유흥객들의 발걸음이 마을을 짓밟는 제국주의자의 발걸음입니다. 미국이라는 나라도 이러한 모습으로 우리 강산을 오염시켰겠지요. 자가용 몰고 오는 유흥객들이 마을 사람들을 마음에 두지 않듯이 말입니다.

이솝 우화에 이런 재미난 대목이 있습니다. 낙타란 놈이 물살이 빠른 강물을 건너다가 도중에서 용변을 보았습니다. 뒤에다 싼 똥덩이가 앞으로 흘러가는 것을 보고 이렇게 말했습니다. "아이구 이게 웬일이냐. 뒤에 있을 놈이 앞장을 섰구나."

한강 상류인 우리 마을에 오물을 버리고 간 유흥객들의 식탁 위 국그릇에는 아마도 지금쯤 낙타 똥이 가득할 것입니다.

요란스런 발걸음에는 생명 하나도 살아남기가 힘듭니다. 쓰레기만 남습니다. 나도 너도 조용한 발걸음, 길의 마음이 있어야 하겠습니다.

들깨의 잠

들깨도 잠을 자야 잘 영그는가 봅니다.

마을 집집마다 깨를 터느라 야단인데 홀로 수영이네 깨만 밭에 남아 있습니다. 그것도 베어지지 않은 채 푸른빛으로 서 있습니다.

마을길을 왔다 갔다 하며 이 깨를 만날 때마다 '수영이 아버지 어찌 깨농사를 이리 지었노. 남들은 깨농사가 잘 되었다 하는데 아직 영글지도 않았으니 수영이네는 깨를 사다 먹어야 하겠구나!' 하며 지레 짐작으로 수영이 아버지 탓을 하였지요. 그런데 오늘 승종이 아버지에게 그 이유를 알고 나서 수영이 아버지를 탓한 것이 괜히 미안스럽고 죄스럽습니다. 정확한 원인과 이유 없는 지레 짐작이 다툼의 원인이 되고 큰 싸움까지 일으킨다는 것을 새삼스레 깊이 새겨 봅니다.

"깨가 왜 이렇게 영글지 않았지요. 늦게 심거나 거름이 부족했던 것 아닙니까?"

"아니지요. 남들과 똑같이 거름 주고 씨도 같이 뿌렸지요."

"그런데 깨가 왜 이 모양입니까?"

"저기 가로등 있잖아요. 저 가로등 불빛 때문에 그렇지요."

"무슨 말씀이세요?"

"가로등 불빛이 밤새도록 켜 있으니 깨가 잠을 못 자잖아요. 잠을 못 자니 깨가 지칠 수밖에요."

"⋯⋯"

어찌 깨만 그렇겠습니까. 사람이 잠을 자듯 깨도 자야 하고 산도 자야 합니다. 모든 생명 있는 것들은 잠을 자야 하는데, 사람은 높고 가진 것 많은 사람들에게 잠을 빼앗기고, 산은 사람들에게 잠을 빼앗기고, 들깨는 문명에게 잠을 빼앗깁니다.

빼앗기고 빼앗기고 모든 것 빼앗긴 그 끝에는 남아 있는 것 없어 지구의 대사大死가 있겠지요. 야간 잔업에 시달리는 이들의 잠은 누구의 이불 속에 묻혀 있을까요.

야간 잔업에 시달리며 잠을 빼앗기고, 또 빼앗겨 모든 것 빼앗긴 끝에 이 지구에 남아 있을 것은 무엇일까요.

어떤 사람들은 들깨와 가로등의 상호 관계를 분석하여 어떤 작용 때문에 들깨가 자라지 않는가를 이해하려고 할지 모르겠습니다. 그러나 이러한 분석 방법의 결과는 다만 빛에 의한 어떤 분해 작용의 결핍이나 방해쯤으로 표현될 뿐이지 들깨의 잠으로 이해되거나 표현될 수 있으리라곤 생각지 않습니다. 분석적 방법에 따르면 들깨의 잠이라고 하는 농부의 표현은 막연한 것이지만 이만큼 실제 상황과 사물들의 관계를 적합하게 표현한 말은 없을 듯합니다.

농사라는 수련을 통해 바라본 생명에 대한 직관력에서 비롯한 말이라고 생각합니다.

"왜 깨가 이 모양이지요?"

"가로등 불빛 때문에 들깨가 잠을 못 자서 그렇지요."

이 얼마나 절묘한 표현입니까?

기복祈福?

내일이 백중인데 햅쌀이 없다고 먹던 쌀을 어떻게 부처님께 올리냐고 은순이 어머니는 걱정이 태산입니다.

쌀을 이고 절에 오르는 할머니들이 꽤 힘들어 보여서 쌀을 들어 주려 하면, 내 정성을 스님이 빼앗아 가려 한다며 불단에 쌀을 올릴 때까지 한 번도 쌀을 땅에 내리지 않던 할머니들의 정성이 바로 은순 어머니의 정성입니다. 그 정성이 하늘을 닮아 있습니다.

할머니, 은순 어머니의 치마불교가 진흙 속의 부처를 세상으로 끌어올립니다. 기복이란 것은 절속에 숨어 있는 땡초들이 만들어 놓았습니다.

하늘을 닮아 있는 정성, 그 정성으로 사람이 숨을 쉽니다. 만물이 숨을 쉽니다. 그 정성에 깨달음이 열립니다.

독사의 경계境界

권종이 아버님, 어머님과 은순네 집에 마실을 갔습니다. 중들 이야기, 세상 이야기 안주 삼아 술 한 잔 얻어먹고 열한 시쯤 일어섰습니다. 어두컴컴한 밤길을 손전등으로 살펴 가며 돌아오던 중 한발 앞에서 나를 노리고 있는 까치독사를 발견했습니다.

"독사다."

"어디요? 어디……."

"여기요."

"쫓아 버리지요."

권종이 엄마는 "은순이 학교에서 돌아오다가 물리면 어떡해요. 잡아 죽여요" 하였습니다. 나는 차마 중 입으로 죽이란 소리는 못하고 다분히 그런 뜻으로 "그러면 잡아요."라고 했습니다.

권종이 아버지는 처음에는 쫓아내는 시늉만 하고 있었습니다. 내 소리를 듣곤 나뭇가지를 꺾어 뱀의 목을 누른 뒤 손으로 목을 쥐려다가 그만 물리고 말았습니다.

팔뚝을 묶고 피를 한참 동안 정신없이 빨았는데도 삽시간에 손등이며 팔이 부어오르기 시작했습니다. 하는 수 없어 차를 불러 병원으로 모시고 갔습니다. 그런데 의사 선생님의 말씀은 까치 독사의 해독제는 없고 치료제만 있다는 것이었습니다. 그래서 차도가 없으면 미국에서 들여온 방울뱀의 해독제를 써야 할지 모른다는 것이었습니다. 지금까지 농촌에서 뱀에 물리는 사람이 헤아릴 수 없을 만큼 많았을 텐데 아직까지 해독제 하나 만들어 내지 못하였다고 하니 이 나라 의료 제도가 누구를 위해 있는 것인지 모르겠다는 생각이 들었습니다. 에이즈 병은 시끌벅적하게 온 언론을 동원해 떠들어대도 독사에 물리는 농촌 사람들은 사람 취급도 안 하는 모양입니다. 어찌 독사에 물리는 일뿐이겠습니까. 식탁에 올려지는 밥에 농약이 있는지만 가릴 줄 알았지, 농촌 사람이 농약에 중독되어 죽어 가도 대책을 마련하지 않습니다.

아무튼 내 알량한 자비심과 중의 체면 때문에 천추의 한을 남길 뻔했습니다. 은순이를 생각하지 못하는 자비심, 사람들에 대한 중의 체면, 이 모두가 형상에 치우친 것입니다. '입으로 독을 빨았는데 나는 괜찮을까' 이런 생각을 낸 것도 어제 저녁의 부끄러움입니다. 뱀에 대한 두려움 때문이 아니라 독의 차등 외적 요인에 대한 나의 흔들림입니다.

살아가면서 마주치는 외적 경계들 하나하나에 마다 흔들린다면 어느 세월에 이르러서야 요지부동의 부동지不動地로 들어갈지요.

차에 대한 몇 가지 생각

교통과 자가용

교통 문제가 꽤나 심각하다는 것을 서울에 올라갈 때마다 느낍니다. 몇 년 전까지만 해도 출퇴근 시간이나 차량 통행이 집중된 곳만 막히던 것이 이제는 때와 장소를 가리지 않고 막힙니다. 그래서 누구나 할 것 없이 교통 문제를 시급히 해결해야 한다고 말하고 있습니다.

정부는 지하철을 새로 건설하고 도로를 확장하며 주차 시설을 마련하는 것으로 대책을 세우려 합니다. 그러나 이것은 미봉책에 불과할 뿐이어서 교통 문제를 근원적으로 해결할 수 있는 방안은 아닙니다. 교통 문제는 길이 좁아서 또는 길이 없거나 주차 시설이 없어서 일어나는 것은 아닙니다. 교통 문제의 주범은 바로 자동차입니다.

빨간 신호등 아래 줄지어 선 차량들을 보면 열대 중 일곱 대는 자가용입니다. 순발력이 필요한 사람에게는 자가용이 필요하겠지만 일곱 대의 자가용에 탄 사람들이 정말로 바쁜 사람들이라고는 생각지 않습니다. 정말로 바쁜 사람이 탄 차는 일곱 대 중 한 대쯤이나 될까요. 이쯤 되면 자가용이란 오히려 한가한 사람들의 개인적 편리를 위해 존재한다고 말할 수 있습니다.

도로란 많은 사람들이 오며 가며 소통을 이뤄야 하는데 개인의 '한가한 차'들이 점유하고 있습니다. 그러니 많은 사람들의 세금이 개인의 편리를 위해 제공되고 있는 셈이며, 행정은 의식적이든 무의식적이든 이들에게

도로를 전세 주는 꼴이 되었습니다.

도로는 공공 교통수단이 주가 되어야 하며 행정은 이를 뒷받침해야 하는데 공공 교통수단이 '개인의 차'들에 의해 밀려났습니다. 많은 사람들이 공유해야 할 도로가 개인의 소유가 되다시피 하여서 많은 사람들이 고통을 겪습니다. 그럼에도 불구하고 버스나 전철을 타는 사람보다 자가용이나 택시를 이용하는 사람들이 교통 체증에 대해서 더 많은 불평과 불만을 토로합니다. 실제로 저는 버스를 타는 사람들은 교통 체증의 원인이 자가용에 있다고 말하지만 자가용을 타는 사람은 도로에 있다고 말하는 것을 자주 들었습니다.

교통 문제는 결국 한가한 사람들의 '한가한 차'에서 일어나는 부작용이기에 그 해결점도 '한가한 차'에서 찾아야 합니다. 곧 교통 문제를 해결하는 길은 도로를 확장하거나 새로 건설하는 데 있는 것이 아니라 바로 대중교통 수단을 교통 문화의 중심으로 만들어 가는 데에 있다고 할 것입니다.

문화가 정치에 이끌려 가는 우리로선 벅차고 힘든 일입니다만 어차피 해결해야 할 것이라면, 지금으로서는 대중교통 수단을 이용하는 사람들이 도로의 주인이라는 인식을 갖고 철저히 실천해야 할 듯합니다. 교통 문제에는 단순히 그 자체에만 한정되지 않는 넓은 의미가 포함되어 있습니다. 곧 농촌 경제의 파탄이 이농 현상을 가져왔고, 이농 현상은 도시에 인구를 집중시켰으며, 이런 도시의 집중화가 교통 문제를 일으킨 것입니다. 따라서 인구의 도시 집중화 현상과 자가용의 문제는 결코 다른 문제가 아닐 것입니다.

차가 문명이 만들어 낸 살인 병기로서 사람에게서 길을 빼앗아 갔다면 그중에서 자가용은 그 길을 되찾는 방법을 가로막고 있는 장벽이 될 것입니다. 교통 행정도 문제지만 너도 나도 자가용 사려는 마음들도 큰 문제입니다. 돌과 흙으로 이루어져 자가용을 거부하는 마을길이 새롭습니다.

차와 발걸음

확실히 걷는다는 것은 두 다리의 능력을 확인할 수 있어 좋습니다. 오래 걸을수록 다리의 한계가 분명해집니다. 그리고 두 다리의 한계뿐만 아니라 의지의 한계까지 느낄 수 있어 더욱 좋습니다.

걷는 일에서 깨닫는 한 가지 중요한 사실은 길은 발로 만들어져야 한다는 것입니다. 발로 만들어진 길은 출발점과 목적지가 함께 합니다. 그래서 언제나 똑같은 길을 걸어도 언제나 새로운 길입니다.

서울에 갈 때마다 마을길을 걸어 나와야 하는데 마을길을 걸을 때는 신선함이 가득하지만 마을 어귀에서 버스를 타고 보면 길이 지워집니다. 춘천이라는 출발지와 서울이라는 목적지만 남습니다. 차창 밖으로 영화의 화면처럼 스치우는 정경들이 결코 과정이 될 수는 없습니다. 꽤나 여러 번 서울을 오르락내리락 하였어도 중간쯤에 있는 가평이 어떤 마을인지 또 어떤 사람들이 살고 있는지를 모릅니다. 겉모습만 대충 알 뿐입니다. 발로 아는 것이 아니라 눈을 통한 의식만 있기 때문입니다.

발로 걷는 길은 한 가지 공통점이 있습니다. 걸으면서 사유하게 한다는 것입니다. 한 걸음에는 한 걸음만큼의 사유를, 두 걸음에는 두 걸음만큼의 사유를 하게하며, 한 걸음의 사유는 또 한걸음의 걷는 의지를, 두 걸음의 사유는 두 걸음의 걷는 의지를 갖게 합니다. 비록 버스와 기차처럼 서울을 빠른 속도로 가지 못하고 열흘이 걸리고 한 달이 걸린다 하더라도 낱낱의 과정이 목적임을 깨닫게 합니다. 한 번을 가도 깨어 있는 길이며, 열려진 과정이 되는 것입니다.

발걸음이 없음은 우리 시대의 불행입니다. 발걸음 없이 사람과 사물을 만나고 발걸음 없는 공허한 외침들이 웅변이 되는 시대입니다. 이론이나 실천도 발걸음이 없이 목표의 성취만을 염두에 두기 때문에 다른 견해나 입장과 대립하고 반목하는 것 같습니다.

사람을 실어 나르는 수많은 책과 이론들, 그 속에 발걸음이 담겨져 있을는지요.

보살은 중생의 발걸음 속에 있습니다.

보살은 목적지가 없습니다.

택시와 민중

가끔씩 서울 거리에서는 시골에서 올라온 아주머니들이 택시를 잡으려고 안간힘을 쓰는 것을 봅니다. 택시들은 멈추어 섰다가도 그 아주머니의 시골 보따리를 보고는 그냥 지나쳐 버리기 일쑤입니다. 이렇게 여러 번 수모를 당하고서야 시골 아주머니는 거우 택시를 탈 수 있습니다.

택시 기사님만큼 정치나 경제 상황에 민감한 분들도 별로 없다고 생각합니다. 택시는 다양한 승객들로부터 정보를 얻는 '움직이는 정보기관'이기 때문이겠습니다. 그래서 흔히 일반 택시 기사님들은 놀라울 만큼 논리적이면서도 날카롭게 사회를 비판할 줄 압니다.

그런데 이러한 비판 의식을 지닌 분들이 시골 아주머니의 보따리 하나 실어 주지 못한다면 그분들의 비판은 사회에 대한 비판이라기보다는 불만일 수밖에 없습니다. 사회에 대한 불만은 자신이 가진 자들 축에 끼지 못하는 데서 오는 소외감이나 무의식 속에서 그 세계를 동경함에서 비롯됩니다. 그것 때문에 시골 아주머니의 짐보다는 '넥타이맨'을 싣습니다.

민중의 참모습은 결코 소외되었다고 생각하거나 '가진 자들'에 가치를 두는 모습이 아닙니다. 민중의 참모습은 시골 아주머니의 짐을 실어 주는 마음, 그것을 가치로 삼는 마음, 시골 아주머니와 같은 사람들과 함께 하고자 하는 마음으로 살아가는 모습일 것입니다.

민중의 세상을 만든다는 것은 이런 민중의 삶이 세상의 가치가 되는 세상을 만드는 일일 것입니다. 따라서 민중이 주인 되는 세상이란 민중이 정치나 권력을 틀어쥐는 세상이 아니라 민중의 삶의 양식들이 가득 찬 세상을 말하는 것이겠습니다. 따라서 민중의 참뜻을 찾는 일은 민중을 피지배자의 개념이 아니라 순교자, 헌신자, 보살의 의미로 보는 것에서부터 시작되어야 한다고 생각합니다.

민중의 철학은 민중을 위한 철학이 아니라 민중이 되게 하는 철학, 민중속에서 움트는 철학이라 말해야 할 것입니다.

자동차 속의 자유

택시는 승객 개인의 목적지를 향해 질주하지만 버스는 승객 개인의 목적지를 염두에 두지 않습니다. 택시는 언제 어디서나 자유롭게 내리고 탈 수 있지만 버스는 정류장에서만 가능합니다. 버스 안에서는 개인의 자유란 존재할 수 없으며 정류장 속의 자유만 있습니다. 택시는 어느 곳에서나 손님의 손짓에 의해서 선택되지만, 버스는 버스와 정류장이 승객을 가름합니다. 그래서 버스가 택시보다 불편한 것은 사실이지만 버스를 탄다고 해서 우리가 목적지에 가지 못하는 것은 아닙니다. 오히려 버스는 개인의 자유를 조금씩 유보시키는 대신 많은 사람들이 함께 적은 비용으로 애용할 수 있습니다.

다수가 함께 하는 자유보다도 개인의 자유가 더 많아질수록 인간은 고립됩니다. 마치 교통 체증의 원인이 많은 자가용에 있듯이 말입니다.

절간의 선방이나 가톨릭의 수도원은 개인의 자유를 용납하지 않습니다. 하나의 질서를 유지하고 있습니다. 그렇다고 종교의 열정이나 구도의 열기를 제어하지는 않습니다. 그래서 그곳에서는 일상적인 감성의 자유를 버림으로써 더욱 완벽한 자유를 추구하는 셈입니다.

수도원의 이러한 생활 모습에 대해 어떤 사람은 경외감을 갖기도 하고 어떤 사람은 감옥으로 여기기도 합니다. 경외감을 갖는 것은 정신의 자유를 얻고 싶어 하기 때문일 것이며, 감옥으로 여기는 것은 감성의 자유, 개인의 자유를 의식해서일 것입니다. 그러나 훌륭한 수도원이나 수도자가 되는 것은 반드시 엄격한 질서를 통해서입니다.

이북을 다녀온 기자들이 쓴 탐방 기사는 대부분 북쪽의 폐쇄성과 경직성을 파헤치고 있는데, 이는 과연 어떤 자유의 관점에서 쓰인 것일까요. 혹시 버스 속의 자유보다는 자가용 속의 자유를 추구한 것은 아니겠습니까. 한 사회가 좀 더 좋은 사회로 나아가기 위해서는 그 사회를 수도장, 도량으로 만들어야 할 것입니다. 그러기 위해서는 제멋대로인 자유, 감성의 자유는 유보시켜야 하리라 생각합니다. 자유란 삶의 가치를 확인하기 위한 도구이지 삶을 제멋대로 누리게 하는 도구는 아니기 때문입니다.

어느 집의 방문기

텔레비전을 마련하고 나면
비디오를 마련해야 하고
비디오를 마련하고 나면
비디오카메라를 마련해야 하고

세탁기를 마련하고 나면
가스레인지를 마련해야 하고
가스레인지를 마련하고 나면
전자레인지를 마련해야 하고

라디오를 마련하고 나면
녹음기를 마련해야 하고
녹음기를 마련하고 나면
전축을 마련해야 하고
전축을 마련하고 나면
자가용을 마련해야 하고

자가용을 마련하고 나니
차고를 마련해야 하고
차고를 마련하자니

다시 새 집을 마련해야 하고
새 집을 마련하고 나니
이제껏 장만한 물건들이 헌 것이 되고

다시
새 텔레비전을 마련하고 나면
비디오를…
전축을…
자가용을…
…집안 가득 기계들의 축제.
그러나 한 가지, 사람은 새것이 되지 못하는데
사람은 새것만 찾는다.

자가용을 치우면
전축을 치울 수 있고
전축을 치우면 비디오를
비디오를 치우면 텔레비전을
모든 것 없애고 난 끝

비로소 사람 소리 들리겠네.
참일거리 하나 남겠네.

호박꽃도 꽃이냐

세계에 대한 자기 확신이나 삶의 가치에 대한 깨달음이 없는 사람이라면 명예나 재물에 쫓기지 않을 수 없다. 수행자들이 평소에는 명예나 재물에 물들지 않다가도 큰 명예나 큰 재물을 손에 들면 휘청거리는 이유도 구도의 확신이 없기 때문이다.

남들의 비난이나 비방을 듣고서 흥분에 휩싸이는 것도 이런 명예심 때문이다. 부처나 예수도 이교도들에게는 욕먹는 세상에서 어찌 나 혼자 욕먹지 않길 바랄까 싶다. 『증도가證道歌』는 이렇게 말한다. "타인의 비방에 따르고 남의 비난에 맡겨 두라. 불을 들고 하늘을 태우려 하나 도리어 자신만 피로 하다 從他謗任他非 把火燒天徒自疲"

배나무 등걸로 올라서 피어난 호박꽃을 보면 담담한 마음이 된다. 호박꽃은 초연한 자태도 없고 꾸밈도 없다. 사람들은 흔히 "호박꽃도 꽃이냐"라고 하는데, 이렇게 말하는 것은 화려한 꽃만을 찾는 마음, 남의 칭송에 편승하는 마음, 명예와 부를 좇는 마음 때문이다.

호박꽃이 화려하지 않게 보이는 이유가 있다. 첫째는 다른 꽃들은 우선 꽃봉오리가 잎사귀보다 크거나 비슷하지만 호박잎은 꽃봉오리보다 잎새가 훨씬 커서 꽃봉오리가 잎사귀 속에 파묻혀 있다. 둘째는 다른 꽃은 잎사귀와 꽃봉오리의 색상이 달라서 꽃이 돋보이지만 호박잎과 꽃은 비슷한 색상인 연초록과 연노랑이다. 셋째는 다른 꽃은 부유한 집에서 기생하지만 호박꽃은 가난한 농부의 손으로 자란다.

사람들은 호박덩쿨에서 호박을 찾아낼 줄은 알아도 꽃에는 눈길조차 주지 않는다. 그러나 호박꽃은 덤덤하다. 벌들이 날아오면 그 깊은 속까지 다 내어 준다.

만약 목련꽃 봉우리를 따 버린 자리에 호박꽃 봉우리를 달아보면 아마도 화려한 꽃이 될 것이다. 명예와 재물, 누구나 그것을 얻으면 화려하게 변모한다. 설혹 그것을 잘 이용하여 세상의 칭송을 받더라도 그것은 명예와 재물로 얻어진 것일 뿐이어서, 마치 장미꽃의 화려함에 대한 칭송과 같다. 호박꽃은 꽃과 잎, 열매가 통일을 이루는 꽃이다. 신비도 없고 아름다움이나 추함의 개념에 미혹되지도 않는다. 지는 꽃들은 어느 꽃이나 추하지만 호박꽃은 스스로 목숨을 비울 때 더욱 아름답다. 그 아름다움이 호박을 키워 낸다. 세상을 키운다. 그런데도 "호박꽃도 꽃이냐"라고 한다. 그 말 속에 담겨진 노골적인 경시의 눈들이 세상을 망친다.

호박꽃의 아름다움이여
민중의 아름다움이여

꽃은 보아도 열매를 보지 못하고
열매는 보아도 꽃을 보지 못하는 사람들이여
그 명예와 재물의 눈길로 호박꽃을 말하지 말라.

권종이 어머니

권종이 어머님
큰일을 열한 번 치루고 나니
세월이 다 갔노라고
늙은 인생이 되었노라고

시어머니 죽음을 지켜 드리고 나면
내가 죽는 일만 남았다고
내가 죽는 일이 마지막
큰일이라고

호미 한 자루로 큰일을 치러 왔노라고
호미 한 자루로 마을을 지켜 왔노라고
서울 가는 아들 등에 대고
권종아!
권종아!

육십의 고개를 서성이며
인생은 큰일 치루는 데 있노라고
한세상 같은 눈물로
서울을 향하여

호호호 저승 같은 웃음으로
새세상 부르는 소리
권종아!
권종아!

오늘 권종이 어머님, 은순이 어머님과 함께 모여 점심을 먹었습니다. 점심
상은 농담 한마디에 모자지간이 되는 잔칫상이 되어 버렸습니다.
"스님은 어머니가 보고 싶지 않으세요? 어머니 한번 모시고 오세요."
"어머니가 어디 따로 있습니까. 은순이 보살님, 권종이 보살님도 다 우리
어머니지요."
"스님 말씀 한번 잘 하셨네. 그럼 오늘부터 나는 스님 어머니요."
"까짓것 그러지요. 뭐."
"그러면 오늘부터 권종이 어머니는 스님 큰어머니고, 나는 작은 어머니가
되는 겁니다. 그런 의미에서 아들 술 한 잔 먹어야 하겠네요?"

중이라 하여 어찌 부모가 그립지 않겠습니까. 노인들을 뵐 적마다 환중患
中의 노모가 염려되고 마을에 상喪이 났다는 소식이 들릴 적마다 깜짝 놀
라 어머님의 부음訃音을 받는 듯한 환각에 가슴 저며 옴에는 그립다는 표
현만으로는 다 형용할 수 없는 죗값이 있습니다.
옛날 어느 스님이 어머님을 어깨에 메고 법을 구하러 다녔다고 하는데, 이
는 봉양하려 했기 때문이 아니라 어머님과 함께 깨달음에 들고자 했던 지
극함 때문이었거니와, 도문道門이 어머니와 자식 사이를 떼어 놓는 것이 아
니라 승복 안에 감추어진 어리석은 도道의 치기가 중을 자식으로 갖고 있
는 어머니들의 가슴을 멍들게 하는 것 같습니다.

중은 자식을 길러 보지 못하기에 어머니의 마음을 알지 못하고, 세인은 자식에 집착함으로써 만물의 평등한 이치를 잃어버립니다. 중은 어머니의 마음을 알지 못하기에 수행에 희생과 헌신과 사랑을 담지 못하는 편협한 자 족인이 되며, 세인은 자식에 집착하여 일체만물의 평등함을 깨닫지 못하기에 세상과 다투게 됩니다.

이 두 가지는 다 '라홀라' 곧 장애입니다. 이 두 가지 마음을 버릴 때 비로소 큰길을 걷는, 진眞과 속俗이 무애하는 기쁨이 있겠습니다.

막내인 권종이마저도 서울로 떠나가고 남편과 시어머님만 남겨진 큰집의 외로움, 그 허허로운 가슴에 풋내기 중이라도 좋다 하여 자식으로 앉히고자 하는 권종이 어머님. 제가 그 분의 가슴에 앉는다고 그 허허로움이 메워질 수 있을지……

환중의 어머님에게 저의 모습을 보여드리는 일이 제일 좋은 약이라 생각되어 짐을 챙겨 봅니다.

꿈

꿈을 꾸었습니다. 그러나 꿈속에서도 꿈인 줄 아는 꿈이었습니다. 한 도반이 나를 찾아와서 말만 번지르르 하게 하는 놈이라고 온갖 욕설을 퍼부어대고 사라졌습니다.

나는 화가 났습니다. 빨리 꿈에서 깨어나고 싶었습니다.

그 다음에는 멀리 있는 도반이 찾아와서는 이 사람 저 사람한테서 들은 내 이야기를 해 주는 것이었습니다. 나는 끊임없이 변명만 늘어놓았습니다. 그 도반은 이제 너에게 다시는 찾아오지 않겠다고 하며 사라졌습니다.

나는 몹시 불쾌했습니다.

또 한 명의 도반이 찾아왔습니다. 그가 나를 어찌나 칭찬하던지 꿈인 줄 알면서도 꿈을 깨지 않으려고 나는 꽤나 애썼습니다.

나는 기분이 아주 좋아져서 이 친구를 데리고 술집으로 호텔로 돌아다니며 온갖 잘난 체를 다 하였습니다.

꿈이란 될 수 있으면 악몽으로 끝이 나야 좋을 듯합니다. 그래야만 꿈을 빨리 깬 뒤에 그것이 꿈이었음을 실감할 테니까요. 재벌들이나 권력을 손에 움켜쥔 사람들에게도 한 번쯤 악몽이 있어야 하겠습니다. 악몽을 빨리 꿀수록 그들은 빨리 꿈에서 깨어날 수 있을테니 말입니다.

나는 꿈에서 이렇게 깨어났습니다. 나를 칭찬하던 도반과 술을 먹고 있는데, 옆자리의 손님이 "거 중놈이 술까지 먹으며 되게 잘난 체하네!"라고 말하는 것이었습니다. 나는 중놈 맛이 어떤가 한번 맛보라며 술을 그의 얼굴에 뿌렸습니다. 그러자 그가 술병을 깨들고는 나의 면상을 향해 찔러오는

데 그의 얼굴이 아귀의 얼굴을 하고 있었습니다. 나는 깜짝 놀라 비명을
지르며 꿈을 깨었습니다.

십오 년만의 답장

우체부가 다녀가기에 불현듯 십 수 년 전에 받아 보았던 편지 구절이 생각 나 옮겨 봅니다.

기찻길 옆에 개가 서 있다.
먼 곳에서 기적을 울리며 기차가 달려온다.
개가 도망치기 시작한다.
기차가 지나간다.
개가 멈추어 선다.
개는 생각한다. 기차가 나를 쫓고 있는 것이 아니었는데 나는 무엇 때문에 쫓겨야 했는가.

스님도 지금 스스로 쫓겨 다니고 계신 것은 아닙니까.
우리를 쫓아오고 있는 것은 아무것도 없는데 우리는 늘 그 무엇에 쫓겨 다 닙니다. 우리 앞으로 달려오는 모든 것들과 정면으로 마주서 보면 쫓김과 쫓음은 다만 환각에 지나지 않은 것을 알 것입니다. 등을 보일 때만이 쫓 음과 쫓김이 있기 때문입니다.
바람이 불 때도 바람을 등에 지면 바람의 속도와 힘을 올바로 파악할 수 없습니다. 바람을 안고 가는 사람만이 바람의 기운을 알 수 있습니다.
지금 우리 시대에는 등을 돌리는 개들이 너무 많습니다. 기차가 기적을 울 리며 달려와도 그것을 아예 보려 하지 않는 귀머거리 개들도 너무 많습니다. 이런 개들이 먹이 싸움은 가장 치열하게 합니다. 그래서 투기 세상이 되어버린 것 같습니다.

기차와 마주선 개만이 기차 레일의 방향을 알 수 있습니다. 지혜는 추상으로 얻는 것이 아니라 달려오는 기차에 등 돌리지 않고 똑바로 바라볼 줄 알아야 얻을 수 있습니다. 세상 사람들은 지혜가 관조에서 얻어진다고 하지만 관조란 바로 대상과 마주서는 것에서 시작됨을 잊지 말아야 하겠습니다.

생명의 원천

농부, 노동자, 정치가, 재벌기업가, 종교인, 지식인 여섯 사람이 100미터 달리기 시합을 하기 위해 출발점에 섰습니다.

이윽고 출발신호가 울리자 그들은 달리기 시작했습니다. 아, 그런데 처음부터 끝까지 자기 구역을 지키며 달리는 사람은 두 사람뿐이었고, 나머지는 중간에서 선을 벗어나 전혀 엉뚱한 곳으로 달리는 것이었습니다. 자세히 그들이 달리는 곳을 보니 정치인은 칼쪽으로 달려가고, 재벌기업가는 금고를 향해서 달려가고, 종교인은 영혼을 데리러 달려가고, 지식인은 연필과 종이를 찾으러 달려가는 것이었습니다.

시상식장엘 가보니 시상대 위에서 손을 흔들고 있는 것은 정치인, 재벌기업가, 종교인이었습니다. 그 아래서 지식인들은 그들의 백 미터 기록을 작성하고 있었습니다. 구경꾼은 그 주위에서 박수를 치며 환호하고 있었습니다. 노동자와 농민은 그 후에 어디를 갔는지 만날 수가 없었습니다.

미영이네 집은 우리 동네 하나뿐인 가겟방입니다. 여느 가게와는 달리 물품이라고는 술과 담배뿐입니다. 저녁만 되면 미영이네 집은 동네회관이 되곤 하며 때론 주막이 되기도 합니다.

옛날 주막이 세상 소리를 다 불러 모아 막걸리 한사발로 요절을 내듯 미영이네 집이 주막이 되는 날이면 소주 한 잔에 한반도를 다 죽였다 살렸다 합니다.

오늘은 중년층이 모여서 주막을 차렸는데 그 가운데 한분이 이런 말을 하는 것이었습니다.

"이 놈의 세상, 농부를 아주 우습게 아는 모양인데 그 잘난 교수님들, 정치인들, 돈 많은 놈들, 세상 다 아는 체하는 종교쟁이들, 그런 놈들 다 아무것도 없는 사막 같은 땅에 처박아 놔 보면 살아남을 놈들 한 사람도 없을 거여. 그런 곳에서 살아남을 수 있는 사람은 우리뿐이야. 우리는 어디다 갖다 버려도 살 수 있지. 스님, 그렇지 않습니까."

지식이라는 것

이제 우리 마을 사람들은 겨우내 닫아 두었던 연장간 문을 열어젖히고 써레며 보습, 쟁기를 꺼내는 손길을 바삐 움직입니다. 저 할 일을 알아차린 듯 말뚝 주위를 맴돌며 몸을 푸는 소의 눈길에도 봄이 가득 담겨 있습니다.

권종이 어머니가 소 옆을 지나다가 내가 들으란 듯한 말씀으로 "소도 가르쳐야 쟁기질을 할 텐데 이 소는 작년에 들어 왔으니 어떨지 모르겠습니다." 하십니다. 내가 이 마을에 들어온 것도 작년이었으니 유달리 뼈있는 말씀 같았습니다. 그래서 제 딴에는 나도 알 것은 다 안다는 듯이 "소가 작년에 들어왔어도 다른 곳에서 쟁기질 같은 것은 다 배워 왔겠지요." 하였더니, "배우긴 뭘 배워요. 아, 기계로 논 갈고 밭 갈고 하는 세상인데 우리 마을처럼 소로 밭 갈고 논 가는 마을이 어디 있겠어요. 설사 다른 곳에서 배웠더라도 이곳은 토질도 다르고 비탈밭뿐이니 저 놈의 소가 그것을 알겠어요. 우리 마을에서 밭가는 법이 따로 있으니 다시 공부해야 하지요" 합니다. 나는 그만 대답이 궁색해지고 말았습니다.

물론 권종이 어머니가 소에 빗대어 나를 가르치려 한 말씀은 아니었을 것입니다. 그저 밭갈이 할 걱정을 한 것뿐인데 내 스스로 소가 되어 자괴에 빠진 것인지도 모릅니다. 그러나 권종이 어머니의 말씀이 단순히 밭갈이를 걱정한 것이었더라도 그것은 마을 밖에서 얻은 정형화되고 기계화된 나의 지식과 사고를 깨뜨려 주는 통렬한 질책이 되었습니다. 마을 밖에서 얻은 지식과 사고가 소가 마을에 들어오기 이전의 모습을 생각해 내어 변명거리를 찾는 재치를 발휘하였지만, 권종이 어머니의 말씀은 내가 소와 밭의 일을 관계 맺게 하는 이 마을의 상황과 구조를 파악하지 못하고 있음을 깨닫게 하였습니다.

지식으로 세계나 전체 사회의 구조를 판별하는 능력이란 책상을 앞에 놓고 마주앉은 사람들끼리 대화를 하기 위한 재주일 뿐, 그것이 관계의 힘을 깨닫게 하는 근원적인 요소는 되지 못합니다. 그래서 지식은 일이라는 용광로에서 단련될 때 비로소 값어치가 있다고 할 것입니다.

알음알이[解, 知識]가 수행자의 병이란 말이 이런 뜻이겠습니다. 지식으로 대상을 분석하려 하면 연관성과 관련성은 파악할지라도 연관과 관련에 내재하고 있는 끈끈한 힘들을 깨닫지는 못하기 때문에 알음알이는 병이 된다는 뜻이겠습니다.

성현 씨

성현 씨는 우리 마을에서 하나뿐인 총각으로 올해 스물여섯 살입니다. 작년에 군대에서 제대하여 지금은 부모를 모시고 농사를 생업으로 하고 있습니다.

그의 기상 시간은 여섯 시, 언제나 과묵하여 말이 없지만 일을 재미로 알고, 또한 자기의 삶의 보람으로 알고 있는 사람입니다.

성현 씨가 제대한 뒤 가장 고민했던 것은 도시로 나갈 것이냐, 아니면 집에서 농사를 지을 것이냐 하는 문제였다고 합니다. 농업으로는 더 이상 자신의 생활 문제를 해결할 길이 없기 때문에 도시로 나가야 하겠는데 자기의 적성은 농사가 꼭 맞는다는 것입니다. 그래서 영농후계자 자금을 빌어서 특수작물을 하려고 생각했지만 영농후계자 자금이란 것도 연줄이 닿아야만 하는 것이어서 자기의 차례가 돌아오지 않았다고 합니다.

성현 씨는 돈 버는 것에 관심이 없다고 합니다. 다만 일에 만족하는 만큼만 생활을 가꾸어 나간다면 그것으로 족하다고 합니다. 그래서 마지막으로 산속에 있는 화전에서 초막을 짓고 흑염소를 키우는 것으로 결심을 굳혔다고 합니다.

"성현 씨, 산속에 들어가면 장가를 가지 못할 텐데요?"

"장가 같은 것은 애초에 생각해 보지도 않았어도 다만 부모님을 모시고 살고 있으니 돌아가실 때까지 편안히 모신 뒤 일이나 하면서 살면 그뿐이지 다른 욕심은 없어요."

"성현 씨는 종교에 대해서 어떻게 생각하세요? 만일에 종교를 택하라면 어느 종교를 택하겠어요?"

"저는 종교가 따로 없다고 생각해도 군대에 있을 때 법회에도 나가 보았지만 내가 생각하는 종교와는 거리가 멀대요. 자꾸 사람만 주눅 드는 거예요. 제 종교가 있다면 그것은 일을 만들어 가는 것이지요."

"모두들 죽으면 천당이나 극락에 가려고 야단인데 성현 씨는 그런 곳에 가고 싶지 않습니까?"

"천당과 극락이 있어서 그런 곳에 간다면 좋겠지만, 천당과 극락에서 내가 할 수 있는 일이 없다면 무엇 하겠어요. 이 세상도 참 살기 좋은 세상인데 특별히 내가 할 일이 무엇이 있나요. 흑염소나 키우며 스님한테 보약이나 만들어 드리는 것이 내 할 일일 뿐이잖아요."

"부처나 예수에 대해서는 어떻게 생각합니까?"

"세상 사람들이 훌륭하다고 하니까 그렇구나 하고 생각할 뿐이지, 저는 부처나 예수가 왜 훌륭한지를 알지 못합니다."

"그러면 성현 씨는 무엇을 훌륭하다고 말하겠습니까?"

"제 손으로 땅을 갈고 밥 먹는 사람들이 훌륭하지요. 하지만 제 손으로 땀 흘리지 않고도 먹고 사는 사람들이 훌륭한 행세를 하지 않는가요."

"성현 씨는 지금 세상에 대해 어떻게 생각합니까?"

"나는 세상을 바라보지 않습니다. 세상이 어디 있나요? 밭에 들어서면 욕심만 자꾸 자라듯, 세상에도 사람만 보이지요."

"사람이 어떻게 보입니까?"

"좋은 사람도 보이고 나쁜 사람도 보입니다."

"나쁜 사람들은 어떻게 해야 합니까?"

"자라는 곡식에는 항상 풀이 있게 마련이지요. 그런데 그 풀도 쓸모가 있습니다. 잡초를 뽑아 썩히면 훌륭한 거름이 되지요. 그런데 사람들은 잡초만 뽑을 줄 알았지 거름 만들 줄은 모르거든요. 거름 만들 줄 아는 사람은 농부들뿐이지요."

"성현 씨가 말하는 농부들이란 일하는 사람들을 말하는 것입니까?"

"그렇습니다."

위의 말은 성현 씨와 술자리에서 나눈 이야기의 일부입니다. 그의 말에서는 민중의 힘과 철학이 생동하는 것만 같았습니다.

지금 불교 신자는 어떤 모습을 하고 있을까 생각하며 원고를 마무리하려니 신경림 선생의 "소장수 신정섭 씨"라는 시가 떠오릅니다. 시로 끝말을 대신할까 합니다.

소장수 신정섭 씨

영흥도에서 만난 소장수 신정섭 씨는
꼭 세 마디만 가지고 소를 몬다.
고삐 당겨 이랴이랴로 끌고
딴 곳으로 가려는 소 여뎌여뎌로 막고
힘들어 숨차하면 워워로 세운다.
소장수 신정섭 씨는 뭐든지 다 안다.
소 눈만 꿈뻑해도 가려운 데 어딘 줄 알고
귀만 쫑긋해도 아픈 데 어딘 줄 안다.
소 몰고 가는 길 어데쯤
도랑이 있고 돌이 박힌 것도 훤히 알고
길에서 만나는 남의 소 나이며
성질까지 담박 안다.

그래서 소장수 신정섭 씨는 세 마디만 가지고
세상을 몰겠다는 사람들이 밉다.
백성의 어데가 아프고
어데가 가려운 줄도 모르면서
이랴이랴로 끌고 어여어더로만 다스리려는
어리석은 사람들이 밉다 못해 가엾다.
어디에 물이 있고
어디에 불이 있는 줄도 모르면서
워워로만 막으려는 사람들이
가엾다 못해 불쌍하다.
세 마디만 가지고 세상을 몰려다가
물고문 불고문으로 사람을 잡고
몽둥이질 발길질로 나라를 잡고
마침내 성고문으로 스스로 짐승이 된
얼빠진 사람들을 모조리 잡아다가
뭐든지 아는 소장수 신정섭 씨는
그 아들딸까지 모조리 잡아다가
한 백년쯤 소장수를 시키고 싶다.
여름 겨울 없이 섬을 떠도는
한 천년쯤 소장수를 시키고 싶다.
단 세 마디로 거꾸로 소한테 끌려 다니는
순하디 순한 소가 되게 하고 싶다.
이랴이랴 어더어더 워워 세 마디로 소를 몰면서.

밀짚모자

금년은 유난히 장마가 길었고 비도 많이 내렸습니다. 뿌린 배추 씨앗은 세상구경 한번 못한 채 수술대 위에서 죽임을 당하는 아기처럼 흙으로 돌아갔습니다. 긴 장마 뒤의 가뭄은 일손들의 땀구멍만 적시고, 또 더위는 끈질기게 잠을 빼앗아 갑니다. 타는 목마름은 한사발의 냉수로써 치유될 수 없음을 오이밭이며 고추밭의 잎새들이 가르쳐 줍니다.

사바의 땅 어디쯤에 이 가뭄과 더위를 피할 만한 곳이 있을는지요. 어려움은 피하는 것이 아니라 이겨내는 것임을 이곳의 농부들은 온몸에 흐르는 땀으로 가르쳐 줍니다. 곳곳에서 물을 대는 힘찬 소리가 들립니다.

농부들의 여름은 밀짚모자의 계절이지요. 일할 때는 모자였다가 나무 그늘 풀섶에 앉을 때는 부채가 되며, 밭일을 끝낸 개울가에서는 물고기를 담는 그릇이 되어서 밀짚모자는 여름내 농부를 지킵니다.

농촌이 변하였다 하지만 밀짚모자만큼은 변함없는 농촌의 주인입니다. 밀짚모자가 툇마루에 앉을 저녁 무렵이면 개울가 다리 밑은 하루의 쉼터가 됩니다. 그곳에서 마을 사람들과 함께 별이 떨어지는 것을 보고 달이 뜨는 것을 봅니다.

실없는 연속극에도 눈물을 흘리곤 하는 우리 마을 사람들은 어떤 마음으로 떨어지는 별을 받아 내는지, 그 마음속에 어떤 달이 뜨는 지를 헤아려 봅니다.

피래미 한 마리가 개울물 위로 튀어 오릅니다. 딱하게도 관념의 잿빛 피래미 한 마리가 개울의 주인 행세를 합니다.

승가의 마을,

역사의 마을

답답한 이야기

본시 떠남도 여읨도 없고
가고 옴도 없다 하거늘
누가 굳이 제주에 꽃이 피었다고
소식을 전하려 하는가.
까치소리 하나로 대문 밖
봄세상인 것을

전 선생님 보옵소서.

전 선생님, 막상 이렇게 선생님께 편지를 쓰려고 하니 호칭부터 마음에 걸립니다. 불교식대로 '처사님'이라 부르자니 승僧과 속俗의 어떤 벽이 가로막고 있는 듯하고, '할배'라 부르자니 따사로운 정념은 있으나 늙음을 표현한 듯하여 더욱 싫습니다. '아저씨' 이 말도 괜찮기는 한데 너무나 상투적인 냄새가 나니, 이거 답답한 일입니다.

언젠가 선생님께서는 "나이가 많고 적음이 무슨 상관이에요. 서로 통하면 되지요. 그러니 선생님이라 부르지 말고 친구처럼 대해 주세요."라고 말씀하셨지만 그렇다고 제가 "친구여!" 하고 부른다면 세상 사람들이 나의 무례를 꾸짖을 듯싶으니 그냥 선생님이라 부르도록 허락하여 주시는 것이 합당할 듯합니다. 사실 서로 마음 깊은 자리까지 보았을 때 친구라 부를 수 있겠지요. 선생님은 저의 마음속을 환히 들여다보실 수 있어 저를 친구라 부를 수 있지만 저는 선생님의 넓은 마음 바다를 측량키 어려우니 제가 선생님께 쓸 수 있는 호칭은 아니지 싶습니다. 그러니 '선생님'이란 호칭이 그다지 마음에 들지 않더라도 제가 선생님이라 부를 수밖에 없음을 엿보아 주시길 빕니다. 정히 싫으시다면 제가 "선생님!" 하면 선생님께서는 그냥 도반道伴이라고 부르는 정도로 들어 주시길 바라면서 이 편지글을 드립니다.

선생님, 새벽에 일어나 문을 열면 선생님께서 무척이나 좋아하시는 시집 못 간 느티나무의 묵직한 호흡을 느낍니다.

새벽과 느티나무. 새벽은 밝음과 어둠이 이별하는 때이기도 하지만 어둠이 새벽을 잉태하고 잉태된 새벽은 가차 없이 어둠을 버리며 어둠은 새벽을 위해 미련 없이 떠난다는 이 단순한 표상이 인간 역사에도 어김없이 적용되었으면 합니다. 어둠에 머무는 사람들을 후려쳐 보내고 새벽으로 서있는 사람들의 시대가 되었으면 합니다. 한편 어둠과 밝은 여명을 온몸으로 받아내는 느티나무의 숨결은 역사와 함께 가야 할 우리의 운명처럼 여겨집니다.

이 새벽에 아마도 선생님께서는 밭으로 나아가시기 위해 연장을 챙기시겠지요. 씨앗 하나하나에 생명의 입김을 불어 넣기 위한 몸가짐이 연장을 챙기는 일에서부터 시작한다면 불가에 몸담고 있는 저는 이 새벽에 무슨 연장을 손질하여야 할지요. 선생님께서는 평생 동안 밭과 논에서 푸른 생명을 키워 내셨지만 저는 마음의 밭 하나도 가꾸어 온 것이 없으니 되돌아보면 수행자라는 신분이 처연해집니다. 선생님과 대화하다 보면 마음의 밭[心田]이란 거저 얻어지는 것이 아니라 삶의 현장에서 뿌리를 내리기 위한 끝없는 투쟁과 대립을 겪었을 때 얻어지는 것이라는 생각이 가슴 깊이 젖어듭니다. 이럴 때야말로 겉으로 드러난 가지로 만나는 것이 아니라 땅속 깊은 곳에서 다른 뿌리(생명)를 만날 수 있을 것 같습니다. 나무와 나무가 만나는 것은 땅위의 줄기가 아니라 뿌리가 만나는 것이므로 그 만남은 땅속에서만 서로 얽혀서 확인됩니다. 뿌리 없는 제가 선생님의 든든한 뿌리를 만나기란 아직 멀고 먼 것 같습니다.

전 선생님, 어제는 시내에 나가 이곳저곳을 기웃거려도 보고 지나가는 사람들을 유심히 관찰도 하여 보았습니다. 세상 사람들에게는 오히려 중이 관찰의 대상이 되겠지만 관찰하는 사람을 다시 관찰한다는 것도 한편으로는 마치 역사 속에서 다른 사람들이 보지 못한 역사를 밝히고자 하는 것과 같다는 생각이 들어 괜찮다 싶었습니다.

사람들을 유심히 관찰해 보면 저마다 특징과 장단점이 있습니다. 그러나 우리는 사람을 마주할 때면 으레 장점만을 또는 단점만을 취하려고 하는 것을 봅니다. 진정한 만남은 장점과 단점을 함께 싸안을 때만이 가능합니다.

어제 제가 시내를 걸으면서 느낀 것은 삶의 슬기와 역사의 슬기란 좋다 싫다와 옳다 그르다는 식의, 한 곳에만 고정된 관념을 버려야 이루어질 수 있다는 것이었는데, 선생님은 어떠하신지요.

아이의 맑은 웃음 속에는 인간이 본디 지닌 자유로움과 천진함이 있고 젊음에는 행동력이 있습니다. 중년에게는 노련함이 있으며 노인에게는 넉넉함이 충만합니다. 그러나 맑은 천진함에는 역사가 비어 있고 젊은 행동력은 감정에 치우치기 쉽습니다. 노련함 속에는 치밀하게 계산된 마음이 있으며 넉넉함 속에는 애잔한 세월의 회한이 섞여 있음을 보지 않으면 우리의 관찰은 또 하나의 허상이 아닐 수 없다는 생각이 듭니다.

전 선생님도 보셨겠지만 저는 언젠가 다른 글에서 이런 구절을 쓴 적이 있습니다.

"하늘과 땅은 현격하나 화융하고, 부처와 중생은 다르나 세계에 같이 몸을 나누며, 옳고[是] 그름[非]은 다르나 항상 짝을 이루며, 깨끗함[淨]과 더러움[汚]은 다르나 한 그릇 속에 있다. 성聖과 속俗과 역사가 거짓이라면 옳은 것과 깨끗함과 성聖과 수행 또한 거짓이다. 바름을 드러내 보이고자 하면 삿됨을 올바로 파악해야 하고 삿됨은 바름이 나타나야 한다."

이 두 가지의 대립은 드러남[顯]과 숨음[隱]이 있을 뿐 본디 한덩어리[隱顯同時]인 세계와 역사 속에 있음을 볼 줄 아는 지혜가 바로 역사의 슬기이며 삶의 슬기라고 생각합니다. 그러나 사람들은 어떤 사건이나 상황을 파악할 때 드러난 부분만을 보려 하고 그 배후에 숨어 있는 것을 보지 않으려고 합니다. 마치 사람들은 나무에 뿌리가 있는 줄은 알고 있으면서도 나무의 이름을 부르거나 생각할 때면 흔히 겉으로 드러난 잎들의 줄기만을 머리에 그리는 것과 같다고 하겠습니다. 나무마다 줄기와 잎새가 다르듯 그 뿌리도 다름을 알지 못하거나 혹은 그 뿌리는 아예 생각조차 하지 못하는 것입니다.

나무를 볼 때 뿌리에서부터 줄기와 잎사귀, 옹이를 함께 볼 줄 아는 것이 슬기라 하겠습니다. 역사도 마찬가지이겠지요. 비록 한 시대의 상황이 척박한 독재 시대라 하더라도 그 어둠 속에 등불을 밝히고자 하는 민중들의 슬기와 힘들이 광맥처럼 숨겨져 있고, 새로운 새벽의 역사가 온다 하더라도 그 역사를 움켜쥐려 하는 도적의 손길들이 도사리고 있음을 알아야 하지요.

그 숱한 민주화운동의 실패-운동에 있어서 실패란 존재하지 않는 것이겠지만-가 권력의 폭력과 탄압 술수에 가장 큰 원인이 있겠으나 운동을 하는 사람들이 그들의 집단속에 내재된 비민주성, 비민중성의 성향들을 옳게 극복하지 못한 데 있었던 것은 아닐까요.

전 선생님, 제가 이렇게 말씀드리면 추상적이라고 꾸지람을 내리실지 모르겠습니다. 그러나 그 모든 전략과 전술이 인간이나 집단을 통해서 이루어지는 것처럼 슬기를 통해서 우리는 역사적인 것과 비역사적인 것의 양변을 함께 볼 수 있어야 하겠습니다. 그리고 이렇게 하는 길은 반역사적인 것과 역사적인 것이 한덩어리로 어울려 있는 것을 역사로 인식하는 데 있을 것 같습니다. 이럴 때야말로 반역사적인 행위를 역사로 돌려놓을 수 있으며 역사적인 행위에 도사리고 있는 반역사적인 모습들도 함께 극복할 수 있으리라 생각합니다. 역사적인 것이 반역사적인 것을 밝혀내고[是非],

반역사적인 것이 역사적인 것을 드러내듯이 양변을 함께 볼 줄 아는 슬기의 텃밭을 만들어야 하겠습니다.

수천 년을 이어 내려온 민중들의 땅에는 이런 슬기가 담겨 있으리라 생각합니다. 그러기에 수많은 당파 싸움, 파벌 싸움, 논쟁 싸움에도 휩쓸리지 않고 활활 타오르는 불을 역사 속에서 세대에서 세대로 이어온 것이겠지요. 민중들의 슬기, 그것은 지식이나 논리로 얻어지는 것이 아닙니다. 오늘날의 지식인들처럼 이론과 실천을 구분하여 '이론을 실천하자'라는 식의 너절한 구호로 얻어진 것도 아닙니다. 시대의 가장 아픈 곳에서 꿋꿋하게 역사의 자리를 지켜 내면서, 또 자신들의 일속에서 개인과 역사를 함께 확인하고 새로운 힘을 키워 내면서 얻은 것이지요. 오늘날 철거민이나 노동자들의 사유의 뜨락에도 이러한 슬기가 담겨 있다고 말한다면 어떤 이는 민중을 우상화시키는 소리를 한다고 생각할지도 모르겠습니다. 그러나 저는 제 의견을 굽히고 싶지 않습니다. 민중들이야말로 슬기를 담을 수 있는 시대의 가장 크고 단단한 그릇이니까요. 그 그릇에는 쓸모없는 모든 그릇들을 물리게 하면서 또 그들을 포용할 줄 아는 사랑이 있습니다. 그런 까닭에 선생님께서 사람과 일에 정성을 쏟으라는 그 말씀이 민중들의 슬기를 일깨우는 천금 같은 말씀으로 제 가슴에 칼이 되어 꽂힙니다.

전 선생님, 돈만 많이 가져다주는 불교 신도 천여 명이 있은들 무슨 의미가 있겠습니까. 선생님께서 비록 불교 신도는 아닐지라도 이렇게 저를 채찍질하여 주심은 곧 오늘의 불교를 일깨워 주심이라 생각합니다.

오늘이 식목일이라 합니다. 관청 사람들도 나무를 심으러 가고 대통령도 나무를 심었다 하는데 어떤 나무를 심었는지 궁금합니다. 그 나무가 민주의 나무, 통일의 나무였으면 좋겠습니다. 저는 올해도 또 푸른 나무 한 그루 심지 못함은 황달색 번뇌의 숲으로 남아 있기 때문이겠지요. 누구나 이

나이쯤이면 나무를 심어야 할 때가 아니라 육림育林을 해야 할 때인 듯싶은데…….

나무를 심는다는 것은 숲을 키워 내기 위함이고, 숲을 이뤄내는 뜻은 산을 가꾸는데 있으며, 산을 가꾸는 뜻은 땅을 지킴에 있고, 땅을 지키는 뜻은 살기 좋은 세상을 이룸에 있겠지요. 그러나 사람들이 나무를 심으면서 그 쓰임새를 먼저 생각하는 것을 보면 새삼 자본의 시대임을 깨닫습니다.

종교의 도가 따로 있고, 정치의 도가 따로 있고, 나무 심는 도가 따로 있는 것이 아니라 만상이 공생공존하자는 데 도道의 뜻이 있겠지요. 그러나 사람들은 사회에서 자기만의 영역을 이루려고 하거나 사회 구조를 장악하려고 합니다. 이러한 인간의 태도 때문에 천하는 평정의 도를 잃고, 또 사물이 평정을 잃어서 인간은 서로 치고 박고 싸우게 됩니다.

우리가 독재 권력과 싸우고 민주의 나무, 통일의 나무, 교육의 나무, 노동의 나무를 심고자 하는 것은 평정의 도를 다시 찾고자 하는 것이라 믿습니다. 모두가 역사의 슬기[道, 智慧]를 닦는 정진이 있어야 하겠습니다. 끊임없이 현실과 싸워야 하겠습니다.

전 선생님, 느티나무 잎이 돋아납니다. 언제 오셔서 이 나무를 시집보내 주시려는지요. 졸시 한 수를 내려놓으며 선생님의 일발으로 달려갑니다.

누가 역사가 밝다 어둡다 말하는가
눈을 뜨면 밝음
눈을 감으면 어둠인데
사람들은 제 눈꺼풀의 깜빡임을
보지 못하고
세상이 어둡다 밝다 말하네.

바둑과 막사

아무리 작은 바람일지라도 큰 나무 가지에 몸을 누이면 큰 바람이 되고, 아무리 큰 바람일지라도 낮은 풀잎의 등허리에서는 작은 바람이 된다는 사실을 아침 산책길에서 깨달았습니다. 이 말은 아무리 큰 깨달음일지라도 작은 집단이나 개인만을 위해서 사용된다면 작은 바람일 수밖에 없으며, 비록 작은 말씀일지라도 큰 무리를 살리는 데 사용된다면 큰 바람이 될 수 있다는 뜻이겠습니다. 사람도 큰 길을 가면 큰 사람이 되고 작은 길을 가면 작은 사람이 되겠지요. 큰 길과 작은 길의 차이는 역사와 함께 할 것이냐, 개인에 안주할 것이냐 하는 것입니다.

지금 저와 불교는 큰 무리 속에 있느냐, 개인과 종교라는 틀 속에 머물고 있느냐 하는 문제를 냉정하게 보아야 하겠습니다.

선생님, 십여 일 동안 빈방에 홀로 있다 보니 퍽이나 사람이 그리워집니다. 이렇게 사람이 그리울 때 찾아오는 손님이란 좋아하는 사람이든 싫어하는 사람이든 반갑기 그지없습니다. 이럴 때 선생님이 계신다면 얼마나 좋겠습니까만 천리 밖에 아득히 계시니 정만 사무칠 뿐입니다.

그러나 "사람이 그립다."는 저의 발상의 그림자에는 사람을 만나기 싫다는 감정을 함께 지니고 있음을 생각하면 우울해집니다. 며칠 동안만이라도 사람들이 계속해서 찾아온다면 한순간에 무너질 그리움이기 때문입니다. 이것이 중의 한계인가요. 그래도 사람에 대한 그리움을 잠시나마 가질 수 있다는 것은 세상 속에서 다른 사람들과 함께 살고 있다는 확인 같아서 위안을 받습니다.

오늘도 혼자 있을 것 같아 바둑을 잘 두는 친구를 불렀습니다.

『초발심자경문初發心自警文』에 "승부 논하는 짓을 삼가라."는 말이 있지만 이것은 승부에 집착하는 것을 삼가라는 말씀이니, 수행하는 마음으로 바둑을 두면 그 가운데서 천변만화하는 세계를 느낄 수 있습니다. 남들은 싸우고 있는데 지금이 바둑 둘 때이냐고 하신다면 더는 변명의 여지가 없습니다만, 어찌하시든 오늘은 바둑 이야기를 해야겠습니다. 이 바둑 이야기는 친구와 바둑을 두고 난 뒤의 느낌을 정리한 것입니다.

전 선생님, 바둑 두는 일이란 마치 세계를 변화시키는 것과도 같으며 역사를, 민족을, 인생을 변화시키는 것과도 같습니다. 바둑판이 세계라면 바둑알은 그 안에 살고 있는 생명 혹은 인간에 비유할 수 있습니다.

바둑을 두면서 느낀 첫째는, 바둑판은 텅 빈 세계와 같아서 그 자체로는 아무런 의미가 없다는 것입니다. 바둑판은 바둑알과 어울릴 때에만 비로소 존재의 이유가 있습니다. 또한 바둑알도 마찬가지로 바둑판이 없다면 하나의 돌덩어리로 전락합니다. 세계도 마찬가지로 낱낱의 생명 활동이 이루어지지 않는다면 아무런 의미가 없습니다. 따라서 세계(바둑판)와 생명(바둑돌)은 불이적不二的 관계이겠지요. 그러므로 바둑돌이 바둑판 위에서 어떻게 놓여지느냐 하는 문제는 세계 속에서 나의 생명이 어떻게 활동하고 존재 하느냐 하는 문제와 같습니다. 그리고 이 문제는 세계를 떠나서 살 수 없다는 철저한 인식을 가르쳐 줍니다. 그러나 우리는 언제나 세계라는 존재를 망각하고 바둑돌로서만 존재하려고 합니다. 세계를 떠나 내가 있을 수는 없는 데 말입니다. 올바른 삶의 태도란 세계와 내가 함께 하고 있음을 깨달아야 하는 것에서부터 출발합니다.

두 번째 느낌은, 바둑은 집을 짓는 데 목적이 있지만, 집을 짓는 것은 바둑돌의 사활이 달려 있기 때문이라는 것입니다. 집 짓는 것과 바둑돌의 사활은 한가지입니다. 만약 집을 짓지 못하면 바둑돌이 죽어 버리지요. 그렇다면 바둑의 목적은 집을 짓는 데 있는 것이 아니라 바둑돌이 어떻게 바둑판 위에서 사느냐에 있습니다. 그런데 바둑돌이 살고 죽는 문제는 다시 집을 짓느냐 못 짓느냐에 달려 있습니다. 또 중요한 것은 바둑돌 하나로는 집을 지을 수 없다는 것입니다. 바둑돌 하나하나가 모이고 모여서 서로 연결되고 어울릴 때만 집이 됩니다. 서로 연결되지 못하고 어울리지 못하는 돌은 죽어 버리지요. 사람도 마찬가지라는 생각이 듭니다. 사람이 세계 안에서 혹은 민족 안에서 진짜로 사느냐 죽느냐 하는 문제는 역사라는 집을 짓느냐 못 짓느냐에 달려 있지 않을까요. 역사의 집도 한 사람으로서는 지을 수 없습니다. 한 사람 한 사람 힘을 합쳐서 함께 어울릴 때 비로소 역사의 집이 완성되겠지요. 다함께 살고자 할 때 집도 지어지고 개인도 살아날 수 있습니다. 외세를 물리치는 일도 민족의 집을 어떻게 짓느냐에 달려 있겠지요. 바둑돌처럼 저 혼자만 살려고 하는 사람은 스스로 묘혈을 파는 것이라 생각 합니다. 아무리 도사인 척해도, 영웅인 척해도, 역사의 집을 지으려 하지 않는다면 한낱 도깨비놀음일 뿐임을 알아야 하겠습니다. 한 사람으로서는 역사를 이룰 수 없음을, 또한 인간만으로는 열린 세계를 이룰 수 없음을 깨달아야 할 것입니다.

세 번째 느낌은, 바둑알은 크기와 형태가 똑같지만 그 하나하나의 역할이 다르고 그 놓임과 위치에 따라서 집의 형태가 달라진다는 것입니다. 이것은 모든 생명은 생명의 근본 자리로서는 평등하지만 저마다 그 역할과 임무가 다르다는 것을 말해 줍니다. 다만 그 역할과 임무는 집을 짓기 위한 원칙적인 태도 속에서 나누어지는 것입니다. 역사도 마찬가지로 그 뜻이 모두가 평등과 자유를 함께 누릴 수 있는 집을 만들어 가는 데 있다면, 그 길로 나아가기 위해서는 스스로 어떤 역할을 할 것인지를 깨달아 자기의 역할과 임무를 나누어지어야 하겠습니다. 민주화와 통일을 위한 우리들의 운동이 사람들의 고유한 특징과 위치 속에서 그 역할과 임무를 쥐어 주는 운동이 되어야 하겠다는 생각도 바둑을 통해 더욱 절감합니다. 사람들을 획일화시키는 운동은 언제나 잡음과 내부의 갈등을 노출시켜 단단한 힘을 발휘하지 못하므로 실패하기 십상이라고 생각합니다. 무슨 주의, 주장 혹은 이념의 틀로써 만 사람을 규정하려 해서도 안 되겠지요. 이것은 마치 획일화되고 규격화 된 집을 짓자는 것과 같습니다. 바둑의 집은 규격화된 집이 없습니다. 다만 바둑돌을 놓는 과정 속에서 집의 형태를 갖추어 갑니다. 우리들이 사는 집도 살면서 필요에 따라 지어 가는 집일 때 쓸모가 있을 것 같습니다.

네 번째 느낌은, 바둑의 집을 지어 가는 과정이 두는 사람의 의도대로만 이루어지지 않는다는 것입니다. 제가 놓는 바둑 한 알 한 알의 의지에 따라서 상대의 바둑 알이 나의 집짓는 것을 방해 공작하고, 저는 다시 그 방해 공작을 뛰어넘는 수를 준비하지 않으면 안 된다는 것입니다. 제가 놓는 바둑알이 만약 새로운 세계를 열고자 하는 일이라 하고 상대가 그 길을 방해하는 독재자라고 가정했을 때, 상대가 저의 집을 부수고 방해 공작하듯이 저도 또한 상대가 갖고 있는 독재의 집을 부수고 방해하는 묘수를 끊임없이 찾아내야 한다는 것입니다. 사는 일이나 역사에서도 역경은 끊임없이 일어나는데, 그 역경을 헤쳐 나가는 힘과 지혜를 갖는 데 참의미가 있겠습니다. 바둑을 두기 전에 실리 위주로 둘 것이냐, 세력 작전을 구사할 것이냐를 준비하지만 실제로 상대의 바둑 한 알 한 알이 놓임에 따라 포기되기도 하고 바뀌기도 합니다. 무리하게 원래의 계획대로만 둘 것을 고집한다면 상대에게 먹혀들기 십상입니다. 운동에서도 시대와 상황이 바뀌면 운동이 갖고 있는 이데올로기를 포기할 수 있어야 하며, 변화에 따라 새로운 이데올로기를 준비해야 합니다. 시기와 상황에 맞지 않는 구조와 이론은 오히려 판을 망치는 결과로 나타날 수 있기 때문입니다.

다섯 번째 느낌은, 바둑의 집 짓는 묘미는 뭐니 뭐니 해도 한쪽의 돌을 희생시킴으로써 나의 집을 키우거나 적지를 교란할 수 있는 사석작전捨石作戰에 있다는 것입니다. 우리 사회도 희생이 없이는 새로운 역사를 창조할 수 없으며, 환경이나 생태계의 문제 해결도 결국 인간 소비문화의 포기라는 인간의 희생 없이는 불가능한 것이겠습니다. 그런데 이 사석 작전에는 두 가지가 있습니다. 이미 판에 놓인 돌을 사석으로 이용할 것이냐 아니면 새로운 돌(두어야 할 돌)을 사석으로 이용할 것이냐 하는 문제입니다. 이미 놓인 바둑돌을 사석으로 이용한다는 것은 쓸모없거나 쓸모없이 되어버린 것을 이용한다는 뜻이고, 두어야 할 돌을 사석으로 쓴다는 것은 스스로 희생을 감수한다는 뜻입니다. 전자는 희생시키는 것이요. 후자는 희생하는 것입니다. 전자는 이미 상대에게 먹혀버린 나의 돌과 상대의 현재 상황을 최대한으로 이용하여야 한다는 것이고, 후자는 나의 살 한 점(부분)을 내어 줌으로써 승리의 기틀(집)을 마련한다는 것입니다. 우리는 80년대를 통해서 이러한 경험을 수없이 하였지요. 수많은 민주 열사들의 희생이 오늘의 토대를 이루고 있습니다. 그러나 오늘에 있어서는 그것은 이미 지나간 일이므로 그 열사들의 죽음을 어떻게 승화시킬 것이냐 하는 문제가 중요합니다. 그 죽음을 어떻게 최대로 활용할 것인가 또는 계승할 것인가를 생각함에 민주의 길이 있습니다. 우리 시대에서 누가 어떻게 희생할 것이냐에 따라서 민주와 통일은 앞당겨질 수 있다는 것입니다. 지나간 일에만 집착해서는 안 되겠으며 그것을 현실화시키는 일은 매우 중요한 일이 아닐 수 없습니다. 또한 혼자만 살려고 하는 돌, 혼자서 살려고 하는 놈들을 사석 작전으로 이용할 수 있는 묘수를 준비해야 하겠습니다. 지금의 여야 정치인들, 그들이 무엇을 희생하려고 하던가요. 지난 대통령선거 때 야권 후보들의 모습은 어떻습니까. 그들을 추종하는 무리는 어떻습니까. 우리는 그들을 어떤 사석 작전으로 이용할 수 있겠습니까.

여섯 번째 느낌은, 돌 전체가 끊어지지 않고 연결될 때 좋은 바둑이 된다는 것입니다. 포석 단계에서는 바둑돌을 여기 저기 흩어 놓지만 그 흩어진 바둑돌은 이 구석 저 구석에서 많은 돌들을 이끌게 됩니다. 때로는 그들끼리 집을 지을 수도 있습니다. 그렇지만 저희들끼리 지은 집은 나중에 보면 분리되어 있어 별로 좋은 모양이 나지 않습니다. 그렇지만 집과 집이 연결되어 있는 모습은 큰 마을을 이루고 있는 것 같으며, 방이 여러 개 있는 큰 집을 보는 것 같아서 승패를 떠나 보기가 좋습니다. 역사의 집도, 개인의 집도 이러한 집이 좋겠지요. 이렇게 볼 때 역사를 이룬다는 것은 모든 부분들의 총합이 아닐까요. 요즘처럼 정치는 정치로 남고, 경제는 경제로 남고, 종교도 종교로만 남는다면 그 무슨 의미가 있겠습니까.

일곱 번째 느낌은, 바둑 한 알 한 알 놓을 때마다 바둑판 전체를 움직일 수 있는 착점이 되어야 한다는 것이지요. 한쪽 부분에만 치우치는 착점은 언제나 패착에 가깝습니다. 바둑판 전체를 본다는 것은 과거의 상황(판 위에 놓여진 점), 미래에 다가올 일(바둑 형국의 전개), 현재의 상황(지금 두어야 할 점)들을 고려한다는 뜻입니다. 과거 미래 현재를 함께 하는 생명의 착점이며 깨달음이어야 한다는 뜻이겠지요. 바둑이 하수일수록(저는 이제야 배우는 중입니다만) 부분에만 집착한다는 사실을 우리의 운동은 간과하지 않아야 한다고 믿습니다. 전체 대중과 함께 하지 않는 운동의 방법은 패착에 가깝다는 사실을 바로 보아야만 하겠습니다.

여덟 번째 느낌은, 수순手順에 대한 문제입니다. 바둑의 사활과 집을 짓느냐 못 짓느냐는 거의 수순에 있다고 해도 과언이 아닙니다. 완벽하게 집을 짓고 살 수 있는 바둑인데도 그 수순이 틀리면 죽어 버립니다. 수순이 잘못 되면 싸워야 할 적을 이롭게 하는 결과를 낳습니다. 지난 대통령 선거에서의 후보단일화니, 민중후보니 하는 문제도 누가 옳으냐의 문제가 아니라 바로 수순의 차이에 있었던 것이 아닐까요. 그래서 전체 판을 잘못 보고 부분에만 집착했던 것은 아닐까요. 운동권의 논리가 대중보다 한걸음 앞선 것이 아니라 수십 걸음 앞서 있었던 것이겠지요. 바둑은 수십 걸음 앞을 내다보지만 두는 것은 바로 내딛어야 할 한걸음 앞에 있습니다. 지금까지 놓여진 바둑돌 전체와 함께 하는 걸음이지요. 그러면서 상대의 응수도 타진해 보곤 합니다. 운동도 이래야 하지 않을까요. 절차가 어긋나면 판이 깨어지고 절차가 여타의 대중을 생각하지 않으면 해독만을 끼친다는 것입니다. 삼당 통합에서도 보았듯이 이 땅의 정치하는 사람들이야 무조건 자기 맘대로 하지만 저희마저도 그럴 수는 없겠지요. 수순의 문제는, 이 땅에 엄존하는 외세와 반민주 세력을 척결하기 위한 노력을 전 민중적 차원으로 끌어올리기 위해서는 어떠한 절차를 밟아야 할 것인가를 생각하게 합니다.

아홉 번째 느낌은, 바둑 두는 자세로서, 순간의 승부에 집착하지 말아야 명국이 된다는 것입니다. 승부에 집착하다 보면 패배할 경우에는 좌절하고, 승리할 경우에는 이겼다는 흥분에 도취되기 십상입니다. 바둑 한 판 이긴 것이 영원한 승리가 될 수 없고, 한판 졌다고 해서 영원한 패자로 남는 것은 아니지요. 마치 물 같이 담담한 마음으로 두었을 때 비로소 명국이 됩니다. 형세가 좋다는 낙관주의적 생각이나 불리하다는 비관주의적인 생각이 없을 때 과욕으로 혹은 방심으로 대국을 망치지 않는다는 것입니다. 이 자세야말로 바둑 두는 사람의 자세이며, 역사 혹은 세계가 함께 쉴 수 있는 집을 짓는 사람들의 자세라고 생각합니다. 승부를 빨리 내야지 또는 독재를 빨리 끝장내야지 하는 조급한 마음과 언젠가는 이루어지겠지 하는 느슨한 마음, 이 두 마음도 벗어 버려야 하겠습니다.

마지막 느낌은, 바둑은 흑과 백의 싸움이라는 것입니다. 선과 악의 싸움 같기도 하고, 역사적인 것과 비역사적인 것, 법法(진리)과 비법非法의 싸움으로 생각할 수도 있습니다. 그런데 문제는 앞서의 편지에서도 말씀드렸듯이 함께 어울려 있다는 데 있습니다. 한판의 바둑을 두기 위해서는 나와 남, 흑과 백이 함께 어울리는 모습을 전체적으로 볼 수 있어야 하겠습니다. 이 두 가지가 함께 어울림을 바라볼 때 새로운 세계를 열 수 있을 것이며, 다음 세계에 오는 사람들에게 우리의 명국名局을 넘겨주게 되리라 생각합니다.

전 선생님, 바둑에서 고수와 하수의 차이는 바둑판 전체를 보느냐 못 보느냐 하는 데 있습니다. 고수라 해서 바둑 한 알로 싸우는 것이 아니며 한 알로 승리를 얻는 것이 아닙니다. 하수나 고수나 똑같이 한 수씩 놓습니다. 다만 바둑 놓는 수의 깊고 얕음이 다른 것이지요. 모든 것을 한 번에 이루고자 하는 투기꾼과 같은 심리가 운동하는 사람들의 마음속에는 없을까요. 민중들이 하루빨리 고수가 되어야 한다는 생각을 바둑을 마치며 해보았습니다.

선생님께서는 바둑을 즐겨 두시지 않는 터라 괜스레 시간만 뺏은 것은 아닌지요. 언젠가 제가 다른 스님과 바둑 둘 때 웃음으로 구경해 주시던 모습이 눈에 선합니다. 선생님께서 구경꾼도 함께 어울리게 내기 바둑이라도 하라고 하시던 말씀이 새삼 뜻깊게 들립니다.

같이 어울리자, 함께 하자, 이 말 한 마디면 족한 것을 번다하게 사족만 늘어놓은 것 같습니다. 어떤 바둑 고수가 이 글을 보면 파안대소하겠습니다. 친구가 떠나가고 나니 텅 빈 방안에 한가로움만 남아 있습니다. 그 속에서 제 삶의 바둑은 어디쯤, 어떠한 형국으로 있는지를 가늠해 봅니다.

선생님 계신 곳에 머물던 바람인지, 언뜻 바람 한줄기가 획하니 제 방의 한적을 깨웁니다.

안녕히 계십시오.

병을 치료하는 법
사람과 제도, 이념을 함께 하는 길

"古者言之不出 恥躬之不逮也"
옛사람들이 말을 함부로 내뱉지 않은 것은 실천이 따르지 못함을 부끄러워했기 때문이라는 퇴계학사退溪學師『자성록自省錄』의 첫 구절입니다.
그러나 학사의 준엄한 자성의 일타一打를 헤아리지 못하는 바는 아니지만, 말을 함으로써 부끄러움이 드러난다면, 차라리 말문을 닫기보다는 말문을 열어 부끄러움이라도 얻음이 더욱 실천 의지를 갖게 하는 것이라고 생각합니다. 이럴 때의 부끄러움은 내부에서 비롯되는 한 푼의 감정이 아니라 외부의 사람들로부터 오는 냉정한 질타에서 비롯하는 것이기 때문입니다.
오랫동안 포단蒲團의 고요 속에 무거운 침묵으로 가라앉은 불교가 회생하는 길도 종맥과 법맥으로 이어지는 내밀한 언구가 아닐 듯합니다.
노래를 잘하고 못하는 판단은 심사위원의 채점에 있는 것이 아니라 듣는 대중들의 마음에 있듯, 불교의 팔만사천무진법문八萬四千無盡法門이 제 아무리 큰 뜻을 갖추었다 하여도 대중 속에 흐르는 노래가 없다면 고여 있는 웅덩이에 불과한 것이겠지요. 고인 웅덩이에서는 물 한 모금, 법문 한 구절 얻지 못할 것입니다.
바다의 기쁨은 큰 배를 띄움에 있고, 개울물의 기쁨은 논에 물을 대는 데 있습니다. 바다를 갖고 있어도 큰 배를 띄우지 못하고, 개울물을 갖고 있어도 논에 물을 대지 못한다면, 그 무슨 존재 가치가 있겠습니까. 큰 배를 띄우는 바다의 힘은 바다의 깊이에서 비롯하는 부력에 있습니다. 개울이 논에 물을 댈 수 있는 것은 사람들이 개울 곁에 논을 만들었기 때문이 아니라 수많은 세월 동안 개울물이 흙의 높낮이를 조절하고 굴곡진 구덩이들을 메워서 들을 평탄하게 만들어 주었기 때문입니다. 물의 부산한 움직임이 개울이 되고 바다가 되었습니다. 깊고 넓은 바다를 만들기 위해서는 수많은 강줄기를 끊임없이 수용해야만 합니다. 부력을 만드는 힘이 깊이에 있다면 그 깊이는 '강물의 수용'에 있다 할 것입니다.

포단 위의 불교가 무엇을 수용하고 어떤 흙들을 져다가 현실의 굴곡들을 평탄하게 메워 주는지, 아마도 부끄러움 하나 제대로 얻지 못한 포단은 물 위에 고인 고요가 아닐는지 자성해 봅니다.

전 선생님, 마을 안에서는 가을걷이를 하느라 분주하였습니다. 저도 마을 사람이 되고자 이곳저곳 기웃거리며 일을 도왔지요. 며칠 동안 일한 덕택에 결국 몸살을 얻고 말았습니다. 천근만근 무거워진 몸을 추스르지 못해 몸져누웠습니다. 하루 종일 문밖을 나가지 못하자 마을 사람들이 찾아와서 그만 추한 모습을 들키고 말았습니다. 감기몸살의 고통보다도 일에 항복 당한 아픔이 더 컸고, 또 그보다는 타인에게 연약함을 들켜버린 부끄러움이 더 컸습니다. 주지육림酒池肉林은 아닐지라도 편안함에 길들여진 육신의 과보가 뼈마디 마디에 쑤셔 들어오고 난 뒤 그것을 들켜버린 부끄러움은 입산 열여섯 해의 우월감을 간직해 온 중으로서는 철저한 부서짐이었습니다. 그러나 지금이나마 새로이 첫걸음을 떼어 놓을 자리를 마련하였음은 부끄러움이 준 성과입니다.

전 선생님, 선생님께선 지난번 편지에서 병에 대해서 말씀하셨지요. 저도 병에 대한 소견을 말씀드려보려 합니다.

선생님께서는 병이란 사회로부터 오고 생활로부터 온다고 하셨지요. 그렇다면 사회생활은 어디로부터 형성되는가, 사회와 생활을 올바르게 서 있도록 하기 위해서는 어떻게 할 것인가, 이러한 문제를 제대로 파악하지 않고서는 병에 대해서 치료할 수 없으리란 생각을 해봅니다. 그런데 선생님께서는 개인이 깨달은 생활을 하고, 또 깨달은 위치를 확보함으로써 병을 치료할 수 있다는 식으로 이 문제를 개인적인 문제로 파악하셨다고 생각합니다. 저의 생각이 틀리지 않다면 저는 또 달리 생각되는 바가 있습니다. 만약 개인의 각성이나 깨달은 생활로부터 사회를 변혁할 수 있다고 한다면 이것은 개인의 완성에만 초점을 맞춘 지극히 소승적 견지에서 비롯된 견해가 아닌가 싶습니다. 이러한 생각은, 병은 내부에서 비롯된다는 일방적인 견해인 것 같습니다. 물론 선생님께서는 병은 생활 혹은 전체로부터 온다고 하셨지만 그것을 치료하는 방법은 개인에게 있다고도 하셨지요. 그런데 그 치료를 병균에 대한 다양한 실험을 거친 약품에 의하지 않고 개인의 생활에만 맡긴다면 결국 똑같은 병을 갖고 있는 다른 사람들에게는 어떤 약도 줄 수 없으리라는 생각이 듭니다. 그래서 개인은 자칫 독약을 먹을 수도 있겠지요.

좀 더 객관적인 약품을 개발해 내는 일과 그 약품을 개인에게 나눠주는 방법은 개인의 생활을 파악하는 것에서 비롯되어야 할 것 같습니다. 전염병 같은 것을 막는 책임을 개인에게만 지운다면 그것도 큰 문제라 생각합니다. 전염병을 방지할 수 있는 예방백신도 마련해야 하고 병균의 해독제도 만들어야 하지 않겠습니까. 저는 지금 운동권이 논리를 갖추는 일을 전염병을 막기 위해 전염병에 대한 해독제나 치료제를 만드는 것이라 생각합니다.

전 선생님, 한방과 양방의 차이는, 양방이 병균 자체에 직접적으로 쳐들어가 일시적으로 죽이는 방법이라면 한방은 병균의 에너지 혈로를 간접적으로 차단하고 병균보다는 병균이 서식하는 곳을 튼튼히 하여 자생력을 되찾게 하는 방법이라는 데 있지요. 그래서 병균을 죽이는 것보다는 몸의 전체 밸런스를 유지하게 하는 것으로 출발합니다. 양방은 치료할 때 많은 부작용이 일어날 수 있지만 한방은 부작용이 일어날 것을 우려하는 치료라고 하겠습니다. 양방은 단기적으로 치료할 수 있지만 한방은 장기적으로 꾸준히 치료합니다. 그런데 전염병 같은 것은 많은 사람을 한꺼번에 치료해야 합니다. 전염병의 확산 속도가 그만큼 빠르기 때문이기도 합니다. 전염병 같은 질병의 치료는 죽기 전에 먼저 살려 놓고 보는 데 목적을 두어야 합니다. 따라서 저는 유물론에 바탕을 둔 지금 운동권 논리들의 목적이 전염병을 치료하는 데 있으므로, 그 부작용이 얼마든지 일어날 수 있다고 생각합니다. 그렇다고 그 부작용을 그대로 놓아두자는 뜻은 아닙니다. 다만 양방의 치료와 한방의 치료를 적절하게 보완했을 때 좀 더 부작용 없는 완벽한 치료를 할 수 있을 것이라 생각합니다.

전 선생님께서는 병은 사회로부터 그리고 생활로부터 온다고 하셨는데, 생활 조건이나 사회 조건은 개인이 만들어 놓은 것이기도 하지만 보이지 않는 전체의 끈(관계)들이 만들어 놓은 것이기도 합니다.

더욱 완벽한 생활이라는 것의 기준은 과연 무엇이겠습니까. 일상생활만 문제가 아니라 사람 자체에게도 문제가 있듯 사람 자체가 문제가 있다면 사람의 규정은 사회 형태가 만들어준 것이 아닐는지요.

전 선생님께서는 제도나 이데올로기가 사람을 바꾸는 것이 발전이 아니라 사람이 바뀐 토대 위에서 제도가 새로워지는 것이 진짜 발전이라고 말씀 하셨는데, 저는 이 말씀이 개인의 태도와 됨됨이만 강조하신 것이 아닌가 생각합니다.

제 경우를 말씀드리자면, 무리한 일(제도)이 몸살이라는 병을 일으킨 것이 아니라 일에 적응하지 못한 편안함에 길들여진 몸뚱이(개인)가 병의 주된 원인이 될 수 있겠지요. 만약에 제가 일을 하지 않았다면 병을 얻지 않았겠지만, 그와 달리 제가 일꾼(제도, 이데올로기)의 몸처럼 단단하였어도 병을 얻지 않았을 것입니다. 그렇다면 병은 내부의 요인으로서 현재의 연약한 나와 외부의 요인으로서의 일이 더해져서 일어났다고 하겠습니다.

나라는 인(因)과 일이라는 연(緣)이 병의 결과를 초래한 것이 아닐까요. (나라는 것도 일이라는 것도 고정된 인과 연이 될 수는 없습니다.)그런데 병이라 하나의 결과물의 입장에서 보면 인(因)이 연(緣)보다 더 중요한 원인이 아니며, 그렇다고 연이 더 중요한 요인도 아닙니다. 원인과 조건은 나눌 수 없습니다. 인과 연, 두 가지가 다 같은 조건일 뿐입니다. 예를 들면 1+2=3이라 하였을 때 1에 2를 더한 것으로 착각할 수 있는데, 사실은 1에 2를 더하니까 3이 된 것이 아니라 1과 2를 합하니까 3이 된 것이지요. 3의 입장에서는 원인과 조건을 나눌 수 없습니다. 1이 원인으로서 고정된 것이고, 2가 이에 대한 조건이 될 수 없다는 것입니다. 선생님께서 말씀하신 생활이란 단어도 풀어 놓고 보면 생명이며 활동이지요. 생명이 원인이며 활동이 부차적인 조건이 라는 식으로 원인과 조건이 나뉘는 것이 아니라, 삶(생활)이란 곧 생명 활동이어서 올바른 삶이란 올바른 생명 활동이 이루어내는 것이지요. 하나로는 절름발이입니다. 어떤 이는 생명 없이 어떻게 활동이 있겠냐고 반문할지 모르지만 오히려 활동이 없는 것은 생명이 아니라고 할 수 있지요. 물론 여기서의 활동은 눈에 보이는 움직임만을 말하는 것은 아닙니다.

병도 마찬가지가 아닐까요. 나의 몸뚱이를 직접적인 원인으로, 일을 간접적인 조건으로 가름할 수 없는 것이라 생각합니다. 이제 이것을 더 발전시켜 보면 병이라는 결과도 실제로는 어떤 결정적인 과果가 될 수 없습니다. 1+2=3이라는 등식 속에서 3이라는 숫자는 1+2의 집합적 표현일 뿐이지 3이라는 고유의 고정된 숫자는 아닙니다. 3은 결과로 나타난 표현이지만 3은 1+2라는 가합이면서 또 다른 인이나 연이 됩니다. 1+2=3이 등식 산술적 계산이 아닌 서로의 관계로 설정했을 때, 원인과 조건과 결과 그 어느 것으로 규정지을 수는 없습니다. 또 한 가지는 1+2=3이라 하였을 때, 1+2가 수학적으로는 3이라는 숫자가 결정적인 형태로 나타나지만 불교의 인과 인연 론에 있어서는 4가 될 수도 10이 될 수도 있다는 점입니다. 따라서 과율을 결정론적으로 생각하는 것도 오류이며, 인을 중요 원인, 연을 보조적인 조건으로 규정하는 것도 오류일 것입니다.

더구나 과果를 결정된 과로 파악하는 일은 인과 연을 고정적으로 만들어 버리게 됩니다. 과는 스스로 또 다른 인임을 잊어서는 안 되겠지요. 개인을 결정적인 중요 요인, 제도나 이데올로기를 보조적 기능으로 파악하거나, 또 한 제도나 이데올로기를 중요 원인, 사람(개인)을 보조적 장치로 파악하는 사고는 자칫 또 다른 함정에 빠지지 않을까 생각합니다.

이념과 제도가 바뀌는 만큼 사람도 새로워져야 하고, 사람이 새로워지는 만큼 이념과 제도도 새로워져야 할 것 같습니다. 선글라스는 해변가에서는 눈을 보호하지만 숲으로 가면 오히려 장애가 되어 벗어야 하듯이 말입니다.

사람이 올바로 서야 한다는 것만 강조하는 것이나 이념이나 제도만을 강조하는 것은 1에다 2를 더해야 3이 된다고 하는 것과 같다고 생각합니다. 거듭하여 인因이 중요한 것도 연緣이 부수적 조건이 아니라 1과 2를 합하니까 3이 되는 것이라는 사고가 우리에겐 필요할 듯싶습니다. 물론 개개인이 올바로 선다면 제도나 이념을 빌지 않더라도 사회 혁신은 가능합니다. 마찬가지로 훌륭한 제도나 이데올로기도 사람을 사람답게 만들 수 있으며, 이것으로써 사회 혁신을 할 수 있습니다. 그러나 지금의 사회의 모습들을 보면 개인과 제도, 또는 개인과 이념의 어느 한 부분만으로 사회 혁신을 할 수 있을지는 의문입니다.

이것을 「화엄華嚴의 인문육의因門六義」에서는 "어떤 인이 유력有力하면 연이 없어도 인이 어떤 결과를 잉태할 수 있고[因有力不待緣], 연이 유력하면 인이 없어도 가능하다[因無力待緣]."고 하였는데, 나는 이를 3+0=3이며 0+3=3이 라고 표현하고 싶군요. 그러나 지금 우리의 현실은 개인도 비틀거리고 제도나 이념도 허술하여서 개인도 서야 하고 제도나 이념도 튼튼하게 준비해야 할 때라고 생각합니다. 지금은 인(사람)도 유력하지 못하고 연(제도, 이념)도 유력하지 못합니다. 지금은 사람들이 저마다 서로 튼튼한 교류를 통해 이 두 가지를 유력하게 해야 할 때이며, 어느 한 가지만 튼튼하게 된다면 그 때는 한쪽을 포기해야 하겠지요. 남북통일을 이루는 것도 남쪽이 인이며 북쪽이 연이라는 중요 인과 부수적 연으로만 파악한다면 요원遼遠한 일이라 생각합니다. 조국은 하나이면서 그 하나 됨을 남과 북을 하나 됨의 조건으로 살핀다면 통일은 세계사의 커다란 이정표가 될 것으로 믿습니다.

전 선생님, 건강을 지키는 일은 일과 휴식과 밥(에너지)이 통일될 때 이루어질 것 같습니다. 휴식과 밥을 빼앗기고는 건강이 유지될 수 없으며, 일이 없이 휴식과 밥만으로 병이 없기를 바라는 것은 무리일 것 같습니다. 개인의 병이 일과 휴식과 밥이 통일되지 못하여 일어나건대 한 나라의 병도 이것을 벗어나지 못하지요. 죽어라고 일만 시켜 놓고 남의 휴식과 밥을 뺏어먹는 사람들, 일 없이 놀고먹는 사람들이 있기 때문에 나라의 병도 더욱 깊어지기만 하는 것이라고 생각합니다.

이번의 보안사 사찰도 다른 사람의 휴식과 밥을 어떻게 하면 뺏어 먹을까 하는 궁리에서 비롯되었다고 하겠지요. 건강한 사람, 건강한 나라에서는 약방문이 필요할 까닭이 있겠습니까. 석가모니의 팔만사천 교설도 중생의 병을 상대로 한 약방문일 터인데 오늘에 나타나는 병들에 대해선 누가 어떻게 약방문을 만들어 낼지를 생각하면 답답한 마음이 앞섭니다.

내일 이웃에서 밤을 털어 달라고 합니다. 밤은 마루를 후려때려줘야 다음 해에 열매가 잘 달린다고 하지요. 이 세상도 보안사도 밤나무를 후려 때리듯이 패야만 열매가 잘 영근다면, 몽둥이 들고 설쳐 볼 일입니다.
밤송이를 까 보면 그 안엔 밤알이 가득히 담겨 있습니다. 누가 나를 까발려 보면 우리 동네 밤송이처럼 저도 그 안에 밤알이 가득할는지, 혹시 병든 밤알들만 쏟아 나오지는 않을지 이런 저런 생각을 해보다가 실소를 합니다.
사람들은 종종 다른 사람의 건강에 대해서 부처나 신께 감사와 기원을 드립니다. 그러나 지난번 뵈올 때 선생님의 건강하심은 제가 선생님께 드려야 할 감사의 대상입니다. 선생님의 건강하심에 감사드립니다. 물으신 말씀 색色과 공空은 다음 기회로 미루기로 하겠습니다.

하나가 전체를 포용하고
다양한 개별이 하나가 되는 일
―卽一切多卽―

선생님 계신 마을이 새벽녘의 새떼 소리로 열린다면 절간의 하루는 목탁 소리와 종소리로 시작됩니다. 이른 새벽에 스님들의 방문을 두드리는 목탁 소리는 간밤의 어설픈 헛꿈들을 깨쳐 놓고, 그 뒤를 이어 울리는 범종 소리는 이십팔천二十八天의 문門을 엽니다.

아침 종은 스물여덟 번을 치며 저녁 종은 서른세 번을 치지요. 종을 한 번씩 칠적마다 한 하늘을 상징한다고 합니다. 그래서 아침 종은 하늘의 문을 열게 하는 소리이고, 저녁 종은 하늘의 문을 닫게 하는 소리입니다.

불교에서는 보통 서른셋의 하늘[三十三天]이 있다고 하는데, 아침에 이십팔천의 문만 열게 하는 것은 나한羅漢님들 때문이라고 하지요.

나한님들이 사는 곳은 다섯 세계[五天]가 있는데, 나한님들은 여간 잠꾸러기가 아니랍니다. 만약 나한님들을 깨워 놓게 되면 이십팔천을 돌아다니며 잠을 깨웠다고 온갖 심술로 행패를 부린다 하니, 그것을 감당하기 어려워 종을 다섯 번씩 덜 치게 된 것이라고 합니다.

실로 오랜만에 아침 종소리를 듣습니다. 저도 괴팍스런 나한님을 닮아가는 모양이지요. 지금은 여섯 번째 종이 울리고 있습니다. 이 소리가 바로 인간 세상[人天]의 문을 여는 소리이지요. 종소리를 따라온 저의 사념도 지옥 · 아귀 · 축생 · 아수라의 하늘을 거쳐 인간 세상에 멈춰서니 전 선생님의 송곳 같은 언어가 책상에 앉아 있습니다.

선생님께서 글월로 물으신 말씀은 역사의 실천이 부족한 저를 질책하심이라 여깁니다. 이미 선생님은 편지에서 물으신 뜻을 다 답해 놓았으니 제가 달리 무슨 말을 할 수 있겠습니까. 그냥 번다한 생각만 선생님 말씀의 사족蛇足처럼 늘어놓겠습니다.

전 선생님, 지난번에 뵐 때 춘천 소양호 근처에 움막집을 마련하였다는 말씀은 드렸지요. 며칠 전 그곳에 다녀왔습니다. 사오 년쯤 봄여름 한철 씩 제비들만 살다 가던 집이라 손길이 꽤나 많이 갔습니다. 마을 어른을 모시어 구들도 고치고 솥도 걸었지요. 이렇게 집을 고치면서 한편으론 도대체 전체, 곧 역사란 무엇이고 개인이란 무엇인가 하는 생각을 곰곰이 해보았습니다.

요즘 짓는 집이야 시멘트와 모래, 철근만 있으면 되겠지만 옛날집이야 어디 그렇습니까. 주춧돌, 기둥, 기와들도 있어야 합니다. 이러한 것들이 따로 따로 분리되어 있으면 집을 이룰 수가 없고 서로 저마다의 역할을 할당받아서 모여야 집을 이룰 수가 있지요. 모든 부분[個]들이 모여서 집을 이루고 나면 그것들은 집이라는 하나로 총합됩니다. 집으로 보면 부분은 없고 집이라는 한 물체가 됩니다.

그리고 집을 떠나 각 부분들로 바라보면 저마다 특징과 모양을 갖추고 있는 여럿[多]이 됩니다. 기둥이 집이 된 것도 아니고 주춧돌만 집이 된 것도 아닙니다. 기둥은 나무로서, 주춧돌은 돌로서, 벽은 흙으로서 남아 있으면서 하나가 됩니다. 여기서 저는 역사란 많은 부분을 하나로 만드는 작업이고, 또 하나를 많은 부분들로 풀어내는 작업이라고 생각했습니다. 일즉일체다즉일一即一切多即一이라고나 할까요.

집을 만들기 전의 기와와 기둥과 주춧돌은 저마다 개별화된 물질로서 하나의 나무와 돌과 흙에 지나지 않습니다. 그러나 이 부분들이 집을 이룰 때는 개별의 물질로 존재하는 것이 아니라 집이라는 전체의 구조를 통해 한 덩이로 존재합니다. 나무가 기둥으로 변하고 돌이 주춧돌로 변하여 쓰임새 있게 되는 것도 집이라는 구조를 통해야 합니다. 주춧돌이 없으면 기둥의 역할도 없으며 기둥이 없는 주춧돌 역시 생각할 수 없습니다. 그밖에 다른 부분들도 마찬가지지요. 더욱 확대해서 말하면 집을 떠나서는 기둥이며 주춧돌은 그 역할이 주어지지 않으며, 반대로 주춧돌이나 기둥, 기와 등의 각 부분을 떠나서는 하나의 집을 이룰 수 없습니다. 주춧돌이 전체의 집 속에서 또 하나의 작은 집을 이루고 기둥이 집 속에서 또 하나의 집을 이루니 기둥이 곧 집이며 집이 곧 기둥이라는 논리가 성립합니다. 이처럼 올바른 역사의 행위란 다양한 사람들을 하나로 만들어내는 작업이며, 또한 각각의 사람들에게 또 다른 알맞은 역할과 임무를 부여하는 작업이 아닐까요.

집의 구조에서 기와가 주춧돌보다 더 큰 역할을 하고 기둥이 기와보다 더 큰 역할을 하는 것은 아닙니다. 전체 역사에 있는 사람은 그 역할에 따라 계급과 신분에 차이가 두어지지는 않습니다. 계급은 마치 집을 짓기 이전의 낱낱으로 있는 기와나 주춧돌, 기둥처럼 서로 낱낱으로 있고자 하는 데서 발생하는 것이 아닐까요.

개인화되고 개별화된 사람이란 마치 버려진 주춧돌이나 기둥과 같겠지요. 아무리 좋은 돌일지라도 들판에 버려진 주춧돌은 쓸모가 없으며, 아무리 좋은 재목일지라도 비를 맞고 버려져 있는 기둥이라면 썩게 마련입니다. 재목과 돌은 집의 한 부분을 이룰 때에야 그 쓰임새가 빛나게 됩니다. 사람도 마찬가지겠지요. 개인은 전체를 통해 구원되며 전체(역사)는 개인의 역할과 임무를 통해 완성된다고 하겠습니다.

그러나 지금 우리의 현실은 옛날 집과는 여러 모로 다른 현대식 건물과 같습니다. 옛날 집은 그 재료가 다양하듯 집을 짓고자 하는 사람들의 마음도 다양하게 뭉쳐 있습니다. 기와를 굽는 사람은 비와 눈에 잘 견디게 하려는 마음이 있고, 기둥 나무를 켜는 사람은 대들보와 지붕을 지탱하려는 마음, 문살을 만드는 사람은 대낮에 햇빛을 피하게 하려는 마음, 이러한 마음들이 다양하게 모여서 집을 이룹니다. 그러나 현대식 건물은 모든 것이 일률적이고 획일적입니다. 사람들은 집의 외모와 가치만을 중요하게 여기지도 시멘트와 모래와 철근만 있으면, 지붕과 벽과 기둥 따위의 모든 것을 만들 수 있습니다. 하지만 아무리 잘 지어도 재래식 집만은 못하지요.

무슨 이념이니 역사를 이루고자 하는 마음들도 이와 같이 획일화되어 있는 듯하여 씁쓰레합니다. 선생님 말씀처럼 저마다 자기의 주장과 역할만 있고, 옆 사람의 주장이나 역할은 아예 무시하지요. 과학적 사고, 과학적 운동을 한다는 사람들이 어째서 자꾸 자기주장만 하다가 갈라지는지 모르겠습니다. 이것도 과학이 만들어 낸 병통이 아닐까요. 정성은 기울이지 않고 과학적 기법만으로 지은 집이 과연 쓸모가 있을까요.

전 선생님, 집이라는 것도 사람이 살기 위해서 짓는 것이지요. 나무를 켜서 기둥을 만드는 기술도, 돌을 다듬는 기술도 사람이 살기 위해서 필요한 것이겠지요.

집을 아무리 훌륭하게 지어도 사람이 살 수 없다면 무용지물일 것입니다. 한 사람이 사는 집과 두 사람, 열 사람이 사는 집은 그 크기와 쓰임새가 달라야 하지요. 따라서 집을 만드는 기술이란 사람이 살 수 있는 집을 만드는 기술입니다.

다양한 사람들이 함께 하는 역사를 이루기 위한 이념이나 역사적 행위도 그와 마찬가지로 사람을 살게 하기 위한 것이 되어야 하겠습니다. 아무리

홀륭한 철학과 이념, 종교라도 사람이 살 수 있는 집을 만드는 기술이 아니라면 무슨 소용이 있겠습니까. 저는 어떤 이들처럼 이념이 필요 없다고는 생각하지 않지만, 또한 이념이 절대화되어서 사람 위에 서서도 안 된다고 생각합니다. 이념이 사람을 노예화시켜 버리면 사회 제도가 사람을 옴짝달싹 하지 못하게 하는 오랏줄이 되지 않겠습니까.

민중을 민중의 삶의 숨결로 느끼지 않고 이념의 도식으로만 파악하면 민중을 팔아먹는 것과 같습니다. 정치인이 국민을 팔아먹고, 종교인이 중생을 팔아먹듯이 운동이 민중과 대중을 팔아먹어서는 안 되겠지요. 저를 비롯하여 대부분의 정치인, 종교인, 교수, 운동가가 어설프기 때문에 이 사회가 지금처럼 어둡다고 생각합니다. 대중도 한 물결, 중생도 한 물결, 민중도 한 물결, 민족도 한 물결인데 무슨 까닭으로 이들은 두 물결, 세 물결로 갈라지는지요. 전 선생님, 춘천에 가던 날 밤에 달구경 한답시고 산머리까지 올라갔습니다. 올 여름처럼 비오는 날이 많은 적도 없었는데 무슨 달이 떴겠습니까. 달은 보이지 않는 대신 세상이 온통 개구리 울음에 잠겨 있었습니다. 개구리가 한 마리만 운다면 어떻게 산꼭대기까지 들릴 수 있었겠습니까. 수천, 수만, 수십만의 개구리가 한목소리로 울어대니 온통 세상이 떠들썩해진 것이겠지요. 사람도 혼자서는 무슨 일을 할 수 있겠습니까. 수십만, 수백만이 한목소리로 통일을 울어대면 삼팔선쯤 아무 것도 아니겠지요. 그런데도 한 목소리가 나오지 않는 것은 서로가 제 가슴의 방문을 굳게 닫은 채 울고 있기 때문이겠습니다. 혼자 울어야만 남들이 알아주는 세상이니까 그럴까요.

전 선생님, 하나가 전체를 향하여 가고 전체가 하나를 향해 가는 일다상용 一多相容의 역사의 숲으로 가야 하겠습니다.

내년 가을에는 새로 움막을 하나 지어야 할 것 같습니다. 그때는 안동 권

선생님, 서울의 두 분 신 선생님, 저녁이면 "마당", "시월"에 모이는 대구 분들을 모시고 한번 멋들어진 자리를 만들어 보았으면 합니다.

전 선생님, 이제 저는 일곱 번째의 종소리로 욕계欲界를 벗어나 일곱 번째 하늘 범중천梵衆天으로 떠나갑니다.

인간성을 파훼하는 것에 불성이 있다

중이라 하여 쓸쓸함이 없는 것은 아니겠지요. 가을이 주는 소소함이나 겨울 한기가 몰고 오는 간밤의 삭풍 소리들은 홀로 앉아 있는 사람이라면 누구에게나 쓸쓸한 감정을 갖게 합니다. 그러나 쓸쓸함이 한낱 낙엽이나 삭풍의 가지 끝에 매어달린 감정이라면 이 쓸쓸함은 낙엽이 떨어지는 순간에 자취를 감추어 버릴 감정이기도 합니다. 중의 쓸쓸함이란 육문체六門體 곧 눈, 귀, 코, 혀, 피부, 경험의 덫에 걸린 아我의 감정이 아니라 여섯 대문을 깨뜨리고 바라본 세상의 쓸쓸함이어야 할 것 같습니다. 그것은 어떤 창녀가 눈물을 흘리는 것을 보고 느끼는 동정이나 비애가 아니라 영국의 시인 블레이크가 "창녀의 눈물 속에서 나라가 망하는 것을 본다."고 하며 쓸쓸해했던 그런 감정이겠지요.

낙엽이 지는 것에 대한 쓸쓸함보다는 낙엽을 떨구어 내야 하는 나무의 아픔, 잎을 떨구어 냄으로써 세계를 지켜 내는 벌거벗은 나무의 생명력의 본체와 계합하지 못함에 우리의 쓸쓸한 감정이 있어야 할 것입니다.

그동안 별고 없으셨는지요. 혼자 사시는 몸으로 김장은 어떻게 하실는지요. 저는 입동 날에는 일을 하는 것이 아니라는 마을 보살님들의 완곡한 만류를 뿌리치고 김장을 마쳤습니다. 소금으로 배추를 절이면서는 이 세상은 무엇으로 절여야 제 맛이 날지를, 무를 씻으면서는 한 해 동안 어떻게 살았으며 이제 무엇을 씻어내야 할지를 생각해 보기도 하였습니다. 소금에는 굵은 소금, 가는 소금, 맛소금 따위가 있는데, 배추를 절이는 데는 굵은 소금을 써야 하는 것이 당연하지요. 그런데 정작 그 이유를 모르는 나로서는 그저 관습에 따라서 굵은 소금을 쓴 셈입니다.

마을 보살님들은 가는 소금이나 맛소금은 제 맛을 내지 못한다고 하지만 번번이 거무튀튀한 굵은 소금보다는 새하얀 가는 소금이 더 좋아 보이는 나의 편견은 과연 어디서부터 오는지, 그 해답을 얻지 못한 채 김장을 마쳤으니 얼치기 김장이라 해야 좋을 듯싶습니다. 저는 세상을 절이는 소금을 찾는 데서도 제도나 관습에 길들여진 사고를 좇아가는 것은 아닌지 모르겠습니다.

전 선생님, 일가족 암매장 사건으로 온 세상이 시끌벅적합니다. 언론은 날마다 이들의 범죄를 대서특필하면서 특히 범인들의 잔혹한 인간성과 범죄 전쟁을 선포한 공권력의 무력함을 폭로합니다. 어제는 시민들의 반응을 텔레비전을 통해 보았는데, 재판을 할 필요도 없이 즉시 사형을 시켜야 한다며 극언을 하는 사람도 있었습니다. 그런데 솔직히 말씀드려서 제가 정작 무서움을 느낀 것은 범인들의 잔혹성이 아니었습니다. 개인의 인간성에 초점을 맞추어 도덕성 운운하도록 유도하는 언론의 의도가 무서웠고, 우리 사회가 살인자를 끊임없이 키우고 있음을 준엄하게 성찰하기보다는 범인에게 모든 책임을 전가하는 개인의 알량한 인간성이 더 무서웠습니다.

범인의 인간성만을 비판의 대상으로 바라보는 또 다른 무책임한 인간성이, 도덕성을 말하는 또 다른 작위의 도덕성이 나를 무섭도록 쓸쓸하게 했습니다. 이러한 인간성과 도덕성이 범인의 그것보다 반드시 높고 우월하다고 말할 수 있을까요. 범인은 이제 수많은 인간들에 의해 공개된 장소, 공개된 재판에 끌려나온 하나의 표식일 뿐입니다. 이 재판에서 마땅히 처단해야 할 것은 범인이 아니라 범죄이고, 범죄가 아니라 범인을 키워온 이 사회의 무책임한 인간성과 카메라에 유도된 도덕성이라고 생각합니다. 범인을 처단한다 하여 인간성이 회복되는 것은 아니며, 범죄를 밝혀낸다 하여 인간의 훼손된 도덕성이 회복되리란 기대는 더더욱 할 수 없습니다. 더구나 법이나 공권력만으로 도덕을 세울 수 있다는 발상은 그 무지함만을 드러낼 뿐입니다.

법이란 제도가 아니라 민중의 삶에서 비롯되는 도덕에서 나와야 합니다. 공권력은 민중들이 일하는 데 보탬이 되는 연장으로 만들어져야 합니다. 제도란 민중의 삶의 기반으로부터 출발해야 합니다. 그런데, 거꾸로 제도가 인간을 만들고 권력이 법을 만들고 법이 도덕을 만드는 까닭에 이 세상은 더욱 어지러워지기만 합니다.

사실 사람이 살아 온 그 수많은 세월동안 도둑을 잡고 방비하려는 마음만 있었지 도둑질이 발생하지 않게 하려는 시도들이 있었던가요. 도둑을 방비한다는 이유로 법과 공권력을 강화하고 새로운 자물쇠를 만들었지만 오히려 도둑을 그만큼 강하게 만들었지요. 약을 자꾸 먹으면 내성이 강해지듯 이제 아무리 공권력과 문단속 장치를 새롭게 한다 하더라도 그것을 파괴하는 기술은 더욱 고도화될 것이며, 잔혹함 또한 더해지리라 생각합니다.

공권력이 강화된 덕택에 마침내 거리에서도 총싸움을 보게 되었습니다. 총소리 속에서 크는 사람들의 범죄, 이 다음은 수류탄의 싸움을 보게 되겠지요.

공권력으로는 범인만을 색출할 수 있을 뿐 범죄 자체를 없앨 수는 없습니다. 오히려 범죄를 흉포하게 할 뿐이지요. 민중들의 살아 있는 숨결을 담고 있으며 모든 민중의 연장으로 쓰이는 법과 제도, 공권력만이 범죄를 예방할 수 있다고 생각합니다.

전 선생님, 인간에게는 선하다 악하다 하는 인간성이 본디부터 있는 것일까요. 과연 인간성을 판단하는 기준은 무엇입니까. 한 가족을 비참하게 매장한 인간성은 참으로 잔혹합니다. 그러면 집에서 키우는 개에게는 고기로 포식을 시키면서도 다른 인간에게는 보리밥마저도 빼앗아 먹고자 하는 인간성, 낮게 살아가는 사람들을 움켜쥐고 흔들어대는 높은 자의 인간성, 서민들의 집과 땅을 빼앗는 인간성은 또 무어라고 말해야 할까요.

우리가 흔히 말하는 인간성이란 무엇이겠습니까. 인간성이란 사람이 오랫동안 살아오면서 관습과 제도와 법과 사회 형태에 나름대로 길들여 온 저마다의 성질과 성향이지, 인간만이 본디 갖고 있는 그 무슨 고유한 성품을 말하는 것은 아니겠지요.

인간에게 본성이 있다고 생각하는 그것이야말로 가장 인간을 인간답지 못하게 하는 것이라고 생각합니다. 인간의 본성은 선하다거나 악하다는 규정들이 생명의 참자유를 병들게 하기 때문이지요. 그러면 '참인간'의 길은 어디에 있겠습니까. 그것은 지금까지 제도나 관습 따위에 길들여 온 인간성을 파기하는 데 있겠지요. 우리의 제도나 관습은 인간이라는 집착, 나라는 집착, 인생은 한정되어 있다는 집착, 우상의 집착들로 가득 차 있으므로 이러한 제도나 관습에 길들여진 인간성이란 한낱 허상일 테니까요. 그런데 사회 제도나 이데올로기, 권력과 법은 개인에게 이러한 인간성을 끊임없이 강요합니다. 그리고 개인의 무지는 이것에 편승하여 또 새로운 권력이나 법, 제도, 이데올로기들을 만듭니다. 갈수록 더 많은 허상의 인간성, 퇴보하는 인간성이 만들어진다고 하겠습니다.

지금 우리에게는 개인의 무지를 깨뜨리는 깨달음과 제도에 의해서 강요된 인간성을 깨뜨리는 이념의 운동화(실천)가 필요하다고 생각합니다. 이러한 무지의 눈과 사회로부터 강요된 인간성의 눈으로 이번 살인 사건을 바라보며 인간성 상실을 운운하는 태도에는 자기 책임을 범죄자에게만 전가하는 또 다른 범죄가 도사리고 있습니다. 그러므로 이번 암매장 사건에서 저마다 들고 나온 인간성의 칼들은 범인을 향할 것이 아니라 모두 자기 가슴과 인간성을 강요하는 권력과 법을 향해야 할 것 같습니다. 이럴 때에야 비로소 인간성의 단초나마 찾을 수 있을 것 같습니다.

전 선생님, "모든 만물에 불성이 있다.[皆有佛性]"는 불교의 가르침은 모든 만물에 본성이 있다는 뜻이 아니라 본성에 대한 실재 의식을 타파한 눈으로 보면 모든 만물은 평등하다는 뜻이지요. 참된 인간성을 회복하는 길도 개인의 고정된 인간성을 타파해 나가는 데 있다고 생각합니다. 이렇게 될 때 인간의 본성은 선하다 악하다는 상대적 관념을 깨뜨리고 참된 인간의 역사를 이룰 수 있겠지요.

"색공교영 색불애공 공불애색야色空交暎 色不碍空 空不碍色也"에 대하여 물으셨는데 그 뜻을 모르실 리 없으리라 생각합니다. 다만 공을 색과 상대되는 개념으로 파악하실까 하는 염려가 있습니다. 공은 색의 관계성을 밝힘이지요. 보기를 들면, 우리가 바라보는 숲이란 사실 어떤 공간을 차지하며 존재하는 것이 아니라 나무들과 땅이 어울려 있는 가합假合이지요. 숲의 실재를 벗겨보면 무엇이 남아 있겠습니까. 살아가는 나무들의 이야기와 땅의 숨결이 있겠지요. 하기는 색은 무엇이며 공은 무엇입니까. 다 나발 같은 이야기지요. 그 이야기, 그 숨결에는 색이 공의 관계성에도 걸리지 않고, 공이 색에도 걸리지 않으며, 색과 공을 모두 파괴하는 자유로움이 있을 것입니다.

전 선생님, 지금 우리가 살고 있는 이 땅의 메마른 모습들, 그 인간성들이 이 어리석은 중을 쓸쓸하게 합니다.

가을과 겨울 사이는 김장의 계절이던가요. 쓸쓸함으로 세상을 버무려 항아리에 담가 보았으면 좋겠습니다. 달이 선생님 쪽으로 넘어갑니다.
달 받으소서.

입차문내 막존지해 入此門內 莫存知解

명진 스님, 계곡에 흐르는 물도 산문山門을 열고 세속으로 나설 줄 알고 산바람도 들에 와서는 들바람이 됩니다. 저자거리에 내려와서조차 산승山僧이 되고자 하는 것이 선객禪客의 병통이라면 세속 잡사에 당달봉사가 되어 산을 등져 버린 것은 시승市僧들의 씻을 수 없는 허물입니다. 불교에서는 언제쯤이면 산에서 시정으로 시정에서 산으로 이어지는 큰 길이 만들어지는지요.

노신魯迅이 말했던 것으로 기억합니다. 길은 여러 사람이 다녀야 만들어진다고. 그러나 저를 비롯하여 요즈음 승려들은 산을 내려와서는 다시 산으로 돌아갈 줄 모르고, 또 산으로 들어가면 한세상이 되어 버립니다. 그러나 유독 스님 모습을 통해서는 시정과 산이 어울리는 자연스러움을 봅니다. 오늘 스님께서 다니시는 그 비밀의 길을 가르쳐 달라고 스님의 좌정을 깨어 봅니다.

스님, 스님과 함께 가던 서울의 길이 힘차게 싸우는 사람들로 향하는 낮길이었다면 해인사는 신新 부락으로 내려가는 밤길에 의미가 있는 것 같습니다. 홀연히 산에 오르신 지금, 서울에 있는 미승迷僧은 낮길도 밤길도 잃어버린 채 일주문에 기대어 서성이고 있습니다.

일주문은 세속과 불가와의 경계이지요. 여기 서서 멀리 사천왕문四天王門에 매달려 있는 "入此門內 莫存知解"라는 글귀를 새겨 봅니다. 스님께서도 잘 아시다시피 이 문구는 큰 사찰에서는 문간 어디서든지 볼 수 있는 주련柱聯에 있는 글귀입니다. 이 문안에 들어서는 사람은 알음알이(지식, 분별심, 무엇을 안다는 생각)를 두지 말라는 뜻이던가요.

승려 생활을 오래한 사람이면 수백 번쯤 보았을 문구입니다. 저도 역시 그러합니다만 오늘은 마치 처음 본 글귀처럼 생소하게 느껴집니다.

스님, 저는 지금 여기 일주문에서 절로 오르는 것이 입차문入此門인지, 세상 쪽에서 내려가는 것이 입차문入此門인지를 생각하며 혼란에 빠져 있습니다. 절로 향하는 것이 입차문(들어가는 문)이라면 절에서 나오는 출차문出此門은 어디에 있습니까. 이 문이 입차문도 되고 출차문도 된다면 출입차문내 막존지해出入此門內 莫存知解라고 써야 하지 않겠습니까. 그러나 살펴보면 이 말도 억지입니다. 절 속에 세상 있고 세상 속에 절이 있어 절과 세상이 한 덩어리인데 나고[出] 들고[入]가 또 어디 있겠습니까. 막존지해莫存知解란 글귀만 있으면 되겠지요. 게다가 나고 들고가 하나임을 알았는데 막존지해는 또 무슨 필요가 있겠습니까. 그런 까닭에 경계를 그어 놓는 이 주련도 일주문도 쓰러뜨려 버려야 할 승려들의 과제인 것 같습니다.

불교의 참된 뜻은 세속과 불가를 구분하지 않는 데 있습니다. 그런데 오늘의 불교도는 불법과 세간법을 둘로 구분하여 놓고 있습니다. 불법과 세간법을 둘로 구분하는 것 자체가 불법이 아닌 줄은 알지 못하는 것일까요. 금강경을 수천 번 독송하면 무엇하겠습니까. 불법을 불법이라 하면 불법이 아닌 줄은 알면서도 세간법을 세간법이라 하면 세간법이 아님을 알지 못하는 것을.

스님, 사람은 숨을 쉬어야 삽니다. 숨을 쉰다는 것은 숨을 들이쉬고 내쉬는 것을 말합니다. 숨을 들이마시기만 하고 내쉬지 못하거나, 내쉬기만 하고 들이마시지 못하면 죽습니다. 그런데 오늘의 불교는 숨을 들이마실 줄[入此門]만 알았지 내쉴 줄[出此門]은 모르는 것 같습니다. 일반 신도들에게도 들어오는 문만 가르쳐 줬지, 나가는 문을 가르쳐 주지 못하고 있습니다.

한마디로 불교에는 출차문이 없는 것 같습니다. 이 출차문을 세울 만한 사람도 없구요. 그래서 승려나 신도나 출구를 찾지 못하고 절 안에 갇혀 서로 싸우며 죽어 가고 있는 것 같습니다.

말로는 입차문이 출차문이요, 출차문이 입차문이라고 가르치지만 몸은 일주문 밖에 단 한 발짝도 내밀지 않고 있습니다. 차라리 절 문 들어서는 쪽에 있는 입차문내 막존지해入此門內 莫存知解라는 주련을 절에서 나가는 쪽에 걸어야 옳을 듯싶습니다. 그러면 "어리석은 절집 사람들이여, 세상의 문으로 들어올 때는 그대들이 가지고 있는 알음알이를 내지 말라"는 뜻이 되나요.

이렇게 경계를 긋는 입차문이 어찌 절집에만 있겠습니까. 다른 종교에도 거대한 문이 있으며 튼튼한 담벼락까지 있습니다.

승려나, 신부나, 목사의 대부분은 세상 사람보다 우위에 있는 '선택받은 자'로 생각하고 세상 사는 일을 무시합니다. 그리고 오직 종교의 길, 믿음의 길을 걷는 것만 제일 귀한 일인 줄 압니다. 그래서 구원이나 도는 교회나 절집을 통해 얻는 것이라 강변합니다. 이것 참 웃기는 소리이지요. 사람을 만들기 위해서나 사람 사는 일을 위해 종교가 있는 것이지, 종교를 만들기 위해서나 교회나 사찰을 만들기 위해서 혹은 종교를 위해서 사람이 있는 것은 아닐 것입니다. 그런데도 종교는 현실과 사람 가운데 있으면서 자꾸 사람과 현실을 떠나 초월적, 신비적인 존재로 있으려 합니다. 저는 이러한 태도들에 대해 단호히 거부해야만 한다고 생각합니다. 왜냐하면 기존의 종교를 믿든 믿지 않든 이 세상 사람들은 저마다 훌륭한 종교를 갖거나 저마다 훌륭한 구도자일 수 있기 때문입니다. 다만 그들의 삶이 종교화되거나 구도화 되지 않을 뿐입니다. 종교의 옷을 입고 있다 하여 모두가 승려이고 목사, 신부인 것은 아니겠지요. 그들이 기존 종교의 문에서 출문出門하지 않거나 옷 속에 세속적인 옷을 감추고 있다면 어찌 종교인이라 할 수 있겠습니까.

스님, 우리가 흔히 말하는 세속, 그것도 이땅에서 가장 버림받은 곳에 가서 깨달은 도道의 숨결을 말씀드려보겠습니다.

몇 달 전에 집을 구하러 춘성군에 있는 조그만 마을에 갔었지요. 마을 어른과 함께 집도 구경하고 밭도 구경하였습니다. 그런데 길을 가다가 밭 가운데 바위가 있는 것을 보고 마을 어른께 여쭈었습니다. 왜 밭 가운데 있는 바위를 파내지 않느냐구요. 그런데 이 어르신네의 말씀이 저를 놀라게 했습니다.

"요즘 젊은 사람들은 경지 정리한다고 바위를 있는 대로 들어내지만 옛날 사람들은 그대로 놔두었지요. 옛날 농부와 요즈음 농부와의 차이입니다. 요즘 사람들은 농사를 건성으로 지어도 생산물만 많으면 된다는 태도입니다. 그래서 땅의 숨결이나 씨앗이 커가는 이유를 깨닫지 못하고 있습니다. 이런 사람들은 대부분 집에 물건이 없으면 사려고만 합니다.

아마 사먹는 습성이 몸에 배어 있는 것 같아요. 그렇다고 스님, 농촌 사람들을 얕잡아 보지는 마세요. 다 도시 사람들이, 정치가가 그렇게 만들었으니까요.

옛날 사람들이 밭 가운데 있는 바위를 파내지 않는 것은 바위는 낮 동안 햇빛을 머금었다가 밤에 열기를 뿜어대기 때문입니다. 밤에 바위에서 나온 열기는 바위 주위에 있는 곡식들에게 따뜻한 온기를 넣어 줍니다. 그러면 곡식들이 낮과 밤의 온도 차이를 적게 느끼게 됩니다. 새벽녘이 되면 바위의 온기가 다 빠져 나가지만 이때부터는 다시 태양이 솟아오르게 되니 염려가 없습니다. 바위 주위에 있는 곡식이 다른 곳의 곡식보다 더 잘 자라는 까닭이 여기 있습니다.

스님도 수도하시는 분이지만 나에게는 여기가 수도장이지요. '종교', 나는 그런 것을 믿지 않아요. 일하면서 깨닫는 것이 종교가 아니겠습니까. 나에게는 이 밭에서 자라는 곡식들이 스님들께서 말하는 중생인 셈이지요. 이 중생들에게 되도록이면 농약을 치고 싶지 않지만 벌레가 많을 때는 할 수 없습니다. 서울 사람들은 자기들이 먹기 위해서 농약을 치지 않았으면 하지만 자기들이 농약을 만들어 놓고 우리들에게 농약을 치지 않길 바라는 건 미친 소리예요. 무공해 농법 운운하는 것도 나에게는 달갑지 않아요. 그런 것을 바란다면 먼저 농약 만드는 공장부터 없애야 하지 않겠어요. 농약이 벌레를 죽이는 일도 하지만 벌레를 튼튼히 만들어 내는 일도 하는 것쯤은 농사짓는 사람들도 이제는 다 압니다. 그렇지만 자기 자식들이 죽어가는 것을 보고 생명을 조금이라도 연장시켜 보려고 갖가지 약을 다 먹이는 것이 부모 마음이라면, 우리들도 밭의 자식들이 죽어가는 것을 보고 어찌 가만히 앉아 있을 수 있겠습니까. 어디 서울 사람들은 병이 나면 약을 안 먹던가요. 양약이 결코 좋지 않다면서도 먹지 않습니까. 정력에 좋다면 사람의 태반까지도 먹지 않습니까. 정치하는 자들도 농촌을 곡물을 생산하는 곳으로만 알았지, 생명을 다루는 학습장이며 사람들로 하여금 자연의 이치를 깨닫게 하는 수련장임을 생각지 않아요. 농업을 버리는 것은 하늘을 버리는 길이며 나라의 근본을 버리는 길인 줄을 알지 못하지요. 그러니까 나라 꼬락서니가 이리도 어수선하고 농촌이 이렇게 피폐한 것이지요. 우리는 밭이나 논을 보면 이 나라 정치 모양을 알 수 있습니다. 땅이 농약 때문에 산성화되었다면 국민들도 그만큼 산성화된 것이겠지요. 농부가 농약에 중독되었는데 농촌의 쌀을 먹는 서울 사람들은 중독이 안 되었겠습니까.

스님도 이곳에 들어와 사시려거든 밭을 읽을 줄 알아야 하고, 농부의 마음을 읽을 줄 알아야 할 겁니다. 우리들한테 뭔가 자꾸 가르치려 하시지 말고 먼저 배우려고 하세요. 진짜 농부가 되라는 뜻입니다. 잔소리가 되었나요. 아무튼 농촌에 있는 교회와 절은 농부의 교회와 절이 되어야 하지 않겠습니까. 밭 속에 부처님과 하느님이 있어야 하겠지요."

스님, 저는 그때 얼마나 얼굴이 뜨거웠는지 모릅니다. 농부 하면 그저 학벌이 없는 사람으로 생각했고, 농촌하면 정치에서 소외되어 그늘진 곳으로만 생각했지요. 농자천하지대본이라는 글귀도 이때서야 깨닫게 되었습니다. 이 분이야말로 나에겐 큰 선지식이었습니다.

스님, 바위가 햇빛을 머금어 곡식을 자라게 하는 이치는 성경에도 불경에도 없을 것입니다. 이것은 지식이나 책으로 얻을 수 있는 것이 아니지요. 일을 통해서 자연의 도를 구체적으로 깨달은 일이겠지요. 아직도 저에게는 그 분의 말씀이 지식으로 전달될 뿐, 일이라는 수련을 통해 깨달은 것은 아닙니다. 다만 밭 속에도 큰 묘의妙意가 있고 화엄의 세계가 있음을 추측할 뿐입니다.

스님, 그런데 이 밭에는 종교처럼 문이 없습니다. 입차문도 없고 출차문도 없습니다. 어느 곳으로나 들어갈 수 있고 어느 곳으로나 나올 수 있습니다. 밭은 항상 세상 사람들에게 열려 있으며 사람과 세상과 함께하고 있습니다. 오묘한 철리哲理로 위장하여 문을 세우지도 않습니다. 문이 없어도 이러한 오묘한 이치를 깨닫는 농부의 모습은 얼마나 훌륭한 종교인, 수행인입니까. 물론 농부라 하여 모두가 이러한 마음을 갖는 것은 아니겠지요. 종교인 속에도 허울 좋은 종교인이 있는 것처럼 말입니다. 그러나 우리가 말하는 속세에도 이와 같은 선인과 묘도妙道가 있으니, 우리는 그들을 향해 막존지해莫存知解해야 할 것 같습니다.

스님, 비가 옵니다. 일주문에도 법당 앞에도 일주문 밖 세상에도 비는 어느 곳에나 내리고 있지만 이 비는 어느 곳에도 내리지 않고 있습니다. 오직 그 농부의 마음속에만 내리고 있습니다. 저는 비 때문에 농작물에 피해가 없기를 바랄 뿐입니다. 일주문 안에서 밤길도 낮길도 되지 못하고 입차문인지도 출차문인지도 모르는 깜깜한 절벽에 있습니다. 스님께서 하루빨리 원각산중圓覺山中에 생일수生一樹하는 소식이 있어서, 내리는 이 빗줄기가 산비가 아니라 각우覺雨가 되어 모든 밭에 내려지길 손 모아 합장합니다. 출차문出此門은 어디에 있습니까.

밭 가운데 자라는 콩이며 옥수수
하룻밤 자고 나니 중생 같아라.
이른 새벽 간화선 묵조선 앉던 자리
주인 없는 호미 한 자루가 지키고 있네.

여기 내 마음속에 극락이…

설화와 민중

스님, 산책을 하고 돌아오니 빗방울이 떨어집니다. 그 소리 벗 삼아서 한국의 설화를 읽고 있노라면, 빗방울이 설화인지 책속의 언어들이 빗방울인지 분간하기 어렵습니다. 설화 한 대목을 잡아서 스님께 담론을 청합니다.

불이 태어나고 물이 태어나던 아주 오랜 옛날, 미륵님과 사람들이 태평하게 지내던 때였습니다. 이렇게 평화롭게 지내던 어느 날 석가님이 출현하여 미륵님의 태평한 세월을 빼앗으려 하였습니다. 미륵님이 석가님 보고 "아직은 내 세월이지 당신의 세월은 못 된다."고 물리쳤습니다. 그러자 석가님은 "미륵의 세월은 이제 다 갔다. 이제는 내 세월을 만들겠다."고 생떼를 쓰더랍니다. 이에 미륵님은 "네가 정녕 내 세월을 빼앗겠거든 너와 내가 내기를 하자. 이 더럽고 축축한 석가야!" 하였습니다. 그래서 이 두 분은 내기를 하였습니다.

석가님이 첫 판도 지고 둘째 판도 지고 말자 부아가 치밀었는지 다시 한 번 하자고 하였습니다. 석가님이 이번에는 한방에 둘이 함께 누웠다가 무릎에서 모란꽃이 모락모락 피어 올라오는 쪽이 이기기로 하자고 하였습니다. 미륵님이 깊이 잠들자 이윽고 모란꽃이 미륵님의 무릎에서 피어올랐습니다. 불안해서 잠들지 못하고 있던 석가님은 도둑 심보가 발동하여 그 꽃을 꺾어 자기의 무릎에 꽂았습니다. 미륵님이 깨어나 보니 자기 무릎에 있어야 할 모란꽃이 석가님의 무릎에 있는 것을 보고 "석가야, 네가 내 무릎의 꽃을 꺾어다 꽂았으니 꽃이 열흘도 넘기지 못할 것이며, 다시 심어도 십 년을 넘기지 못하리라."고 저주를 퍼부었습니다. 그러고는 석가님의 성화에 진저리가 났던지 미륵님은 "네 세월이 되면 문마다 장애가 생기고 가문마다 기생 나고, 역적 나고, 백정 나고, 병사 나고, 삼천 명 중에 일천 명의 거사가 날 것이니 말세가 될 것이다."라고 예언하였습니다.

미륵님의 그 말이 있은 지 사흘 만에 미륵님의 예언대로 중들이 나타나고 거사가 나타났으며 온갖 사람들이 출현하니 미륵님은 도망쳤습니다. 이에 석가님은 삼천 명의 중들을 데리고 미륵님을 찾아다녔습니다. 가도 가도 미륵님은 보이지 않았으며, 날은 저물어 배는 고파왔습니다. 마침 한 산중에 들어서자 노루 한 마리가 있어 그 노루를 잡아서 구운 뒤 삼천 명의 제자에게 먹으라 하였습니다. 그런데 고기를 손에 잡아 쥔 삼천 명의 제자 가운데 두 사람이 손에 들었던 고기를 떨어뜨리고 고기를 먹지 않았습니다. 그리고 고기를 먹은 중들은 죽어서 산마다 바위가 되고 소나무가 되었습니다. 그래서 그 뒤론 사람들은 봄이 돌아오면 짙푸른 녹음 속에서 화전花煎놀이를 즐긴다고 합니다.

(창세산회, 한국의 신화 중에서 요약)

스님, 올 봄은 어떻게 보내셨는지요. 화전의 맛은 보셨는지요. 아마도 그 속에 모이시는 분들 같으면 꽃잎을 따는 정취보다도 마루쯤에 앉아서 산마루를 내다보며 견식見食하심이 더 걸맞을 듯합니다.

앞의 설화는 함경남도 함흥 지역에서 큰 굿을 할 때 부르는 무가인 〈창세가〉라 하는데 요약한 글이긴 하지만 어떻게 느끼시는지요. 저는 이 설화를 읽으면서 묘한 감동을 느꼈습니다. 추측컨대 아마도 미륵신앙의 한 표현인 것 같습니다.

설화는 우선 어떤 이론이나 지식 또는 문자를 통해서 이루어진 것이 아니기에 논리 자체는 허황되기도 하지만 읽기에는 아주 편합니다. 그러나 설화를 이해할 때 지식이라는 분석 도구를 사용하면 설화의 의미 전체를 파악하기가 어려울 듯합니다. 다만 마음의 문을 열어 놓고 뜻을 계합하고자 하면 나름대로 해석할 수 있을 것입니다.

이렇게 읽어가면 저는 민중들이 얼마나 지혜롭고 철학적인가를 느낄 수 있습니다. 제가 말씀드리는 철학이란 물론 관념과 이론의 틀을 갖추는 철학이 아니라 생활 철학, 삶의 철학입니다. 생활과 삶과 사고가 이원화되지 않는 철학을 말합니다. 그래서 설화에는 머리를 싸매고 파고 들어가야 할 주소도 필요하지 않습니다.

말과 말로, 생활과 생활로 이어지면서 사람들의 지혜가 보태어져서 설화는 완성되는 것 같습니다. 아니, 완성이라기보다는 완성해가는 과정일지도 모르겠습니다. 설화의 완성이란 민중의 '삶의 완성', 곧 새로운 세계일지도 모르기 때문입니다.

앞의 설화에 대한 저의 감상은 이렇습니다.

석가님이나 미륵님은 우리에게 존중의 대상이긴 하지만 구원불로서 자리잡고 있기 때문에 도저히 그분들의 경지에 갈 엄두조차 내지 못합니다. 그래서 모든 사람들은 언제나 부처를 절대 영역으로 자리매김 합니다.(조사의 깨달음은 다르긴 합니다.) 경전에서도 부처님을 인간의 모습으로 그리고 있긴 하지만 인격을 절대화하여 완벽한 인간의 모습으로 그리며 찬탄과 칭송을 아끼지 않습니다.

초유한 인간으로서의 부처를 중생 곁에 살아있는, 그래서 따뜻하게 느껴지는 인간으로 받아들이기란 쉽지 않습니다. 마치 연못이 너무 맑아서 고기들이 살기 힘든 것과 같습니다. 그러나 이 설화에서는 석가와 미륵을 시공을 초월한 혹은 막연한 미래의 부처로서 상징화시키지 않고 보통의 인간과 다를 바 없는 싸움꾼으로 등장시킵니다. 그래서 부처는 우리들의 싸움이나 희로애락 속에 함께 있다는 것과 또한 싸우고 도적질하는 그 모든 사람들이 부처님을 암시합니다. 다시 말해서 부처가 있으므로 중생이 있는 것이 아니라 중생이 부처에게 자리를 만들어 줌으로써 부처가 존재함을 상징적으로 암시하는 것 같기도 합니다. 부처도 별것 아니라는 소리이겠지요. 부처는 대단한 존재가 아니라 언제나 인간들과 한바탕 흐드러지게 어울릴 수 있는 존재여서 부처와 중생이 한 몸임을 가리키는 것 같습니다.

이쯤 되면 부처는 중생의 청탁명암과 함께 하니 얼마나 따뜻한 정경이겠습니까. 그러나 부처와 중생이 한바탕 놀이로서만 그치는 것은 아닙니다. 천지가 한마당이 되는 세계(본래 미륵님의 세계)에서 갈등과 대립의 역사의 세계(석가님의 세계)로 변화하였듯이, 다시 미륵님의 세계로 떠나야 하는 한바탕 놀이인 것이 아닐까요. 그렇지만 미륵님을 찾아 떠난 승려들이 고기를 먹고 죽어버린 이야기는 미륵의 세계는 미래의 환상적인 세계나 초월적인 세계가 아니라 사람들 스스로의 마음속에 있음을 가르쳐 주는 것이겠지요. 그래서 사람과 미륵이 하나이고 민중과 미륵이 하나임을 깨닫고 현실의 변혁 속에서 미륵의 자리, 곧 '터'를 세워야 함을 가르쳐 주는 것이겠습니다. 여기서 사슴고기는 피안이 다른 곳에 있다는 생각이나 허망한 교단주의에 빠져 있는 생각(승려의 신분과 수도자라는 일체의 장)들을 통렬히 비판(민중들이 귀족적 승려들을 비판하는 모습)하는 것은 아닐는지도 또한 그것은 기존 질서에 대한 전면 거부이기도 합니다. 그 거부는 부정이 아니라 다시 화전놀이로 이어지는 대긍정으로 승화됩니다. 고기는 하나의 이데올로기일 수도 있습니다.

또한 기존 체제의 허상일 수도 있습니다. 그것을 버리고 떠나는 두 사람의 승려는 민중 스스로 역사화한 모습을 대변하고 있을지도 모릅니다. 그러나 한편으로 미륵님을 찾아 나선 이들이 승려들이지 병신이나 백정, 창녀들이 아니었음을 주의해 볼 필요가 있습니다. 그들은 종교의 고정화된 틀을 거부합니다. 그들은 어떤 이념이나 이데올로기로써 현실을 변혁하고자 하는 것이 아니라 화전놀이로써 변혁하고자 합니다. 모든 생명이 함께 하는 연기적인 실상을 삶에서 구현하고자 하는 것입니다. 그러기에 그들의 일도 놀이도 변혁도 부처를 만나는 일도 모두 놀이라고 생각하는 것입니다. 바로 이런 깨달음이 이 설화 속에 용해되어 있다고 생각합니다. 이만하면 민중들의 슬기가 대단하지 않습니까.

스님, 놀이가 놀이답지 못할 때 노름이 되는 것 같습니다. 놀이는 일한다는 생각 없이 일하는 것이고, 쉰다는 생각 없이 쉬는 일이겠지요. 그래서 '놀이'는 즐김이 아니라 '신명'이라고 표현할 수 있겠지요. 그러나 노름에는 죽느냐 아니면 사느냐, 또는 이기느냐 아니면 지느냐 하는 치열한 생존과 투쟁이 있을 뿐입니다. 그렇기 때문에 좌절과 후회와 실패에서 비롯되는 고통과 비탄이 있지요. 불교자주화운동을 비롯한 모든 운동들도 신명나는 놀이처럼 해야만 더욱 굳세어질 수 있으리라고 생각합니다.

3당 합당이나 당원 분쟁 따위를 하는 이들을 보며, 한심한 노름쟁이들이라는 생각을 합니다. 그런 사람들이 정치를 한다고 설쳐대니 이 세상 사는 일 또한 노름과 같이 되지요. 민중의 슬기로 진짜 노름쟁이들을 잡아야겠습니다.

스님, 부처님께 아들을 승진 시험에 합격시켜 달라고 빌었다가 떨어지자 부처님께 "쌀 한 됫박 바쳐 놓고 내 아들 승진시켜 달라고 한 이 늙은이 마음도 시커멓지만, 내 쌀 한 됫박 꿀꺽 다 먹고 누렇게 앉아 있는 부처님 마음도 누렇소."하더란 말이 우스갯소리가 아니라 설화 같이 들립니다.

설화는 언제나 민중의 삶 속에서 민중의 슬기로 태어난다는 사실이 새삼 마음 깊이 와 닿습니다. 삼국유사를 읽다가 이 설화를 정리한 일연스님의 놀라운 지혜의 샘을 발견합니다. 불교 종단에서는 대수롭게 생각하지 않는 듯하지만, 이 설화 속에는 불국토를 행하는 일연스님의 정진이 눈물 나도록 촉촉이 배어 있습니다.

서운암의 정정靜靜과 동동動動을 기대합니다. 가까운 시일 안에 스님께 내려갈까 합니다. 안녕히 계십시오.

술 한 잔이 세계를

뒷집 할아버지 한 분이 술병을 들고 찾아와 말씀하셨습니다.
"대사, 술 한 잔 먹으러 왔소."
"중이 어찌 술을 먹을 수 있겠습니까."
"중이니까 술을 못 먹지. 당신이 사람이라면 술을 먹을 수 있지."
"중도 못 되고 사람도 못됩니다."
"술 한 잔 먹어 봐요. 사람이 뭔가를 가르쳐 줄 테니."

마을에 들어설 때는 술을 안 먹겠다고 다짐을 하였지요. 계율을 지켜보겠다는 때늦은 중의 철듦 때문이 아니라, 마을 사람에게 중으로서 책잡히지 않으려는 마음과, 술의 취함은 술의 많고 적음에 있는 것이 아니라 첫잔에 있다는 깨우침이 있기 때문이었습니다. 그러나 이제 와서 다시 술이 한 잔두 잔 늘어갑니다.

술이 늘어 간다는 것이 자랑거리는 못 되지만 이곳 마을에서 술 한 잔 먹는 일은 자못 흐뭇한 일이 아닐 수 없습니다. 술이 한 잔씩 느는 것은 중과 마을 사람들의 벽이 하나 둘씩 허물어지는 징표이며, 오랫동안 이웃 없이 살아왔던 나에게도 이웃이 존재한다는 사실과 나도 그들의 이웃이라는 사실을 확인시켜 주는 기쁨이기 때문입니다.

그동안 이웃이 없이 먹던 술들은, 술이 깨면 엄습해 오는 공허함과 속쓰림 때문에 괴로움만 남겼습니다. 술에 힘입은 허튼 몸짓을 쑥스러워하면서, 허튼 몸짓과 내면의 허함을 술탓으로 돌려버리는 속된 습벽의 연속이었습니다. 그러나 이웃과 함께 하는 술자리는 엉클어진 마음의 속쓰림이나 관념으로 앓던 병들을 다스리는 훌륭한 병원이 되었습니다.

중에게 부어주는 마을 사람들의 잔은 저의 허연 손톱 밑에 흙을 채우게 하는 의미가 있음을 잊지 않습니다. 앞서의 대화는 술 한 잔으로 중의 관념을 깨뜨려 준 이웃 할아버지의 가르침이었습니다. 사제님은 어떻게 들리시는지요.

중이니까 술을 먹지 말아야 한다는 생각은 중으로서는 당연히 가져야 할 것이라고 하겠습니다. 그러나 그 '당연함'이 교단과 중의 권위를 지키는 상相이 된다면 그것이 무슨 중요한 의미를 지닐 수 있겠습니까. 계율이란 상황이나 장소에 따라 지킬 수도 있고 깨뜨려 버릴 수도 있는 것이 되어야 하겠지요. 물론, 필요에 따라 중의 행동을 정당화하는 도구여서는 안되겠습니다. 다른 한편으로는 선사들의 무애행無碍行을 미화시키는 도구가 되어서도 안 될 것입니다.

사제님, 저는 지금까지 많은 술자리를 경험하였습니다. 시내 중심가의 술집에서 술을 마셔 본 적도 있습니다. 사람들 틈에서 술을 먹을 때 간혹 중이 술을 먹는 것에 대해서 시비를 걸어오는 사람들도 있었습니다. 그런 경험 속에서 나는 여러 가지 유형의 사람을 발견하였습니다.

첫 번째의 유형은 중이 어떻게 술을 먹을 수 있느냐는 사람입니다. 중은 무조건 술을 먹지 말아야 한다고 생각하는 것이지요. 이런 사람들은 중이라는 명칭에 대한 사회의 일반적 사고와 보편적인 분별에 의하여 중을 판단합니다. 중이 수행만 하면 되지 무슨 데모냐 하는 식의 태도가 이와 같습니다. 이것을 유식唯識에서는 실재화된 사고로 분별하는 변계소집성遍計所執性이라고 하는데, 이것이 정확한 판단 기준이 될 수는 없습니다.

두 번째의 유형은 중이 술을 먹는 것은 이해하지만 사람이 많지 않은 조용하고 은밀한 곳에서 먹기를 원하는 사람입니다. 이 사람들의 생각은 어떤 보편적인 분별에서 벗어나 있긴 하지만 주어진 여건이나 지식에 의존합니다. 실재의식을 타파한 또 다른 실재의식의 이중 구조입니다. 대부분의 불교 신자가 이런 견해를 갖고 있습니다. 이들은 현대 사회의 여건이 중이 고기나 술을 먹을 수밖에 없음을 인정하면서도 대중에게 드러나지 않기를 바랍니다. 이들의 판단 기준은 계율이라는 고정된 틀을 벗어나기는 했지만 관습과 대중을 의식하여 여건에 좌우되는 하나의 허위의식으로서 민주화나 통일을 외쳐도 좋지만 중이기 때문에 학생들처럼 구호를 외치고 거리로 나서지는 말아야 한다는 의식이 이와 한가지입니다. 주어진 상황과 여건에 따라서 판단 기준을 세우는 것을 의타기성依他起性이라 하던가요. 이것도 역시 중이 술 먹는 것을 깨뜨려 줄 수 있는 견해는 못됩니다.

세 번째의 유형은 중도 인간인데 술 먹는 것이 큰 허물이 될 수 없다고 생각하는 사람입니다. 이 유형은 다시 두 가지로 나눌 수 있는데, 첫째는 중을 범류적 인간의 범주로 파악하는 사람입니다. 이런 사람은 중이라는 현재의 종교적 조건을 무시한 채, 중도 민족의 일원이므로 학생이나 노동자와 똑같은 이념과 방법을 취할 수 있다고 생각합니다. 이는 모든 행위를 합리화시키려는 태도로서 가장 큰 병폐病弊를 일으키는 요인의 하나일 것입니다. 둘째는 앞서의 할아버지처럼 중을 범류적 속성의 인간으로 파악하지 않고 또 어떤 기준도 전제하지 않으면서 참사람의 모습에 비추어 중의 허상을 타파하는 사람입니다. 또 이것을 원성실성圓性實性이라 하면 어떻겠습니까. 이것을 지닌 사람이 바로 중이 술 먹는 것을 깨뜨릴 수 있겠지요.

사제님, 오랫동안 계속해 온 술의 허튼 몸짓을 깨뜨려 주고, 경험에 누적되어 술을 먹지 않으려 했던 절대화된 사고를 요절시킨 할아버지의 가르침은 마치 천둥의 울림과 같았습니다. 비록 한글 한 줄 깨우치지 못하였지만 술을 먹지 말라는 계율의 참뜻을 가르쳐 준 이 할아버지가 한평생을 살아온 힘은 무엇입니까. 아마도 일을 수행처럼 일구어 온 힘이겠습니다. 술 먹는 것을 합리화했던 못난 의식의 잔재들을 청산한 뒤 '사람의 술잔'을 들 때의 기분이란 어찌 이태백의 감흥에 비견할 수 있겠습니까. 술잔에 만인만상의 적멸寂滅과 고요한 움직임이 담겨 있습니다. 술 한 잔이 중생의 마을을 떠메고 갑니다.

"중이니까 술을 못 먹지. 사람이라면 술을 먹을 수 있지."

종보다 종매의 역할을

사제님, 저녁에 군불을 지피면 아침까지 따뜻한 기운이 요 위에 남아 있지요. 그러나 자리를 털고 일어나 공양 준비를 하다 보면 어느새 구들은 싸늘하게 식어 있습니다. 군불을 아침에 한번만 더 지피면 스물 네 시간 내내 온기 속에서 지낼 수 있지만 한 점 온기도 없이 무문관無門關에서 역사의 칼로 누워 있는 민주보살, 노동보살, 통일보살들을 생각하면 저녁 한때의 군불도 죄송합니다. 그러나 이것도 어쩌면 민족의 역사에 동참하지 못하는 죄의식을 스스로 위안해 보고자 하는 감정은 아닌지요. 한겨울의 매서운 추위가 찾아오면 한 순간에 무너질 싸구려 감정인 줄 알면서도 못내 그것에 의미를 두고자 하는 것은 그렇게 함으로써 나를 단련할 수 있다는 믿음 때문입니다.

사제님, 이곳의 가을은 농부의 추수와 함께 끝나지요. 그리고 겨울의 시작은 날씨나 기후에 있는 것이 아니라 밤마실 다니는 발걸음에 있습니다. 봄, 여름, 가을엔 내내 논밭에서 일하기 때문에 저녁 공양이 끝난 뒤에는 피곤함을 달래는 휴식이 필요하지만, 겨울엔 추수가 끝나고 난 뒤 슬슬 나무나 한 짐씩 쌓으며 술 한 잔 받으러 다닙니다.

저도 저녁마다 마실 가는 것이 일인데 모처럼 의암호수로 나갔습니다.

술을 먹으면 마음에 담아 두었던 소리가 나온다고 하던가요. 호숫가 매운탕집 평상에 모여 앉아 웅크린 채 술을 먹던 마을 사람들(내가 살고 있는 마을의 사람들은 아닙니다)이 나를 보더니 술 취한 목소리로 집단 폭행(?)을 하는 것이었습니다.

"부처도 좋고 예수도 좋고 공자도 좋다. 그렇지만 중이나 목사, 신부나 양반 다 싫다. 이 사람들은 전부 돈 갖다 달라기만 해. 옛날 양반들이 뒷짐지며 폼 잡듯이, 권위 있게 보이려고 폼만 잡고 다니는 사람들이지. 중은 자가용으로 폼 잡고, 목사는 주둥이로, 신부는 알량궂은 옷으로 폼 잡지, 에이, 중 보면 술맛이 떨어져."

"이 사람 술 취했나. 술 잘 먹다 왜 엄한 소리여."

"말릴 것 읎써. 아, 말이야 바른 말이지. 놀고먹어야 행세하는 세상 아닌가. 정치하는 놈들 좀 봐. 삐까번쩍 하는 차 타고 다니며 죽어라 싸움박질하면서 폼이란 폼 다 잡고 다니질 않나. 농민이 모여서 정치 잘 하라고 항의 좀 한다고 몽둥이질을 하지 않나. 그런 놈들 데려다 놓고 조찬기도회니 법 뭐라 하더라, 목탁 치고 지랄들 하는 놈들이 누구냐 말이여. 에이, 더러운 놈의 세상, 술이나 한잔 부어 봐."

"어허, 이 사람들 잘못하다 싸움 나겠네. 어디 사람이 다 똑같던가. 좋은 스님도 있고 나쁜 스님도 있는 거지. 술이나 먹어."

"스님, 미안합니다. 못 들은 체하십쇼. 술이 좀 됐는가 봅니다."

사제님, 중이라면 이런 식의 힐난은 평소에도 많이 듣게 되지요. 저도 사찰의 잡다한 일상사에 시달리다가 머리를 식힐 겸 행장을 꾸려 멀리 산중에 있는 도반이라도 찾아가다 보면 어김없이 도중에서 시비의 대상이 되어 기분을 상할 때가 한두 번이 아니었습니다. 이럴 때마다 나는 자신을 성찰하고 교단에 대해 부끄러워하기보다는 현장에 나타난 나 개인만을 매개로 하여 시비하는 상대의 무례와 치기 때문에 그를 인간의 범주에 넣어버리려는 졸속한 감정이 앞서게 되지요.

제가 절도 아닌 이곳 민가로 내려와서 마음이 가장 힘들었던 것은 이러한 식의 말과 나에 대한 소문이었습니다. 어떤 사람은 자기 스스로 만들어 놓은 신비적인 승려상 속에 나를 가두어 놓고는 나를 절에서 쫓겨 온 사람쯤으로 생각하기도 하였습니다. 제가 큰 뜻이 있어 이곳에 내려온 것도 아니며 그 무슨 농민운동을 하러 온 것도 아니고 그저 낮은 곳으로 내려와야 하겠다는 생각뿐이었는데, 다양한 눈길들이 만들어 낸 말과 그 속에 감춰진 화살은 견디기 힘든 인내를 요구했지요.

마을에는 중이 저 하난데 마을 사람들 수만큼이나 많은 중의 분신이 있습니다. 중다운 행동에 대한 기준점이 사람마다 다르기 때문에 저마다 자기 의식 속에 잠재되어 있는 중의 모습을 통해 저를 평가하고 비판하기 때문입니다. 오랫동안 이런 말 속에서 생활하다 보니 얼마간 이골도 났습니다. 몇 마디 건너오는 소문과 말은 신빙성의 유무를 확인할 수 없는 것들이었습니다. 첫 사람이 내놓은 말의 뼈가 사람들을 건널 때마다 살이 붙어서 종국에는 소문이 돼지 같이 살이 쪄서 뼈를 볼 수가 없게 됩니다.

말이 살이 붙는 이유는 아마 사람이 저마다 말을 자기의 선험된 의식의 틀 속에 담갔다가 꺼내기 때문이겠지요.

사제님, 이처럼 들리는 말에 이력이 나다 보니 어제의 일쯤은 아무 것도 아니어서 그냥 잊혀질 줄 알았는데, 뜻밖에도 돌아오는 길에서 이 말이야말로 이력으로 굳어진 저의 생각을 깨뜨려 주는 것임을 알았습니다. 앞서 말한 저의 이력은 중이라는 형식과 폼이 깨뜨려진 이력이 아니라 오히려 그 속에 더욱 굳게 가두는 이력입니다.

중이라는 형식과 폼은 중이라는 사회적 신분에 집착케 합니다. 이렇게 중이라는 신분에 집착하는 관점은 어떤 진실에도 도달할 수 없는 허황된 관점일 수밖에 없습니다. 올바른 관점이란 자기의 폼을 벗어버려야만 세워질 수 있습니다. 폼을 벗어버린다 함은 사회적 신분, 사회적 신분에서 얻어지는 다양한 선험적 의식들을 깨뜨리는 것을 말하겠지요.

중이 중폼 잡고, 목사가 목사폼 잡고, 신부가 신부폼 잡고, 정치인이 정치인폼 잡는 것은 모두가 제 것만이 제일이라는 아상我相에서 오는 '우월의식'에서 비롯합니다. 폼을 벗어 버리지 못하면 그 어떤 관점도 올바로 서지 못합니다.

사제님, 저는 여러 사람에게 범종에 대해 질문을 해 본 적이 있습니다. 그런데 종만 생각했지 종메(종을 치는 종채)를 연상하는 사람은 없었습니다. 범종을 사진으로 찍어 실은 화첩이나 교과서에도 종만 나오지 종메는 나오지 않지요. 어떤 분이 상원사에 가서 우리나라에서 가장 오래된 범종을 보고 왔다고 자랑했지만 그 분도 범종을 치는 종메가 어떻게 생겼는지는 기억하지 못했습니다. 에밀레종이 천년을 내려와도 그 소리가 아름다운 까닭은 종메가 움직여 종을 쳐 주는 데 있지요. 종만으로는 종소리가 얼마나 아름다운지를 확인할 길이 없습니다.

우리가 사는 데 빗대어 말하면, 사람들은 종이 되려고 하지 종메가 되려고 하지는 않습니다. 지금 이 세상에서는 모두가 종이 되어 울리려고만 할 뿐 종메가 되어 무엇을 쳐 줄 것인가는 생각도 하지 않습니다.

사제님도 아시다시피 종메는 종과는 달리 해마다 갈아 주어야 합니다. 늘 상 쳐 주는 처지인 종메는 쇠붙이에 제 몸을 부수어야 하는 아픔이 있기 때문입니다. 위대한 성현들은 볼 줄 알지만 가난한 사람들의 삶은 볼 줄 모릅니다. 위대한 성현의 말씀을 종이라고 한다면 그 종은 춥고 가난한 사람들이라는 종메와 부딪칠 때 소리가 더욱 아름답게 들리겠지요.

폼을 깨뜨리는 길, 의식의 틀을 깨뜨리는 길이란 바로 종메의 태도를 갖는 것이라고 믿습니다. 종교란 끊임없이 종메가 될 것을 가르치는 것에 참뜻이 있다고 생각합니다. 지금 불교는 종입니까, 종메입니까.

술 취한 목소리로 저를 집단 폭행했던 마을 분들의 그 목소리가 겨울을 치

는 힘을 솟게 합니다. 사제님의 건강과 종소리를 기대합니다. 우리라도 종
메가 됩시다.

마을 아이들은 나더러 중이라 하고
마을 아줌마는 나더러 스님이라 하고
뒷집 할아버지 한 분 나더러 대사라 하는데
밤고양이 한 마리 눈빛 번쩍이며
나더러 사람이라 하네.

상호 관련성과 개방성

제가 사는 이곳에 명물이 하나 있습니다.

책도 아니고 사람도 아니며 골동품도 특산물도 아닌 뒷간입니다.

이곳에 찾아오는 손님마다 화장실을 찾는데 화장실은 없고 뒷간은 있다 합니다. 뒷간을 시정에서는 화장실化粧室이라하고 절간에서는 보통 해우소解憂所라 하지요. 살아가는 방식에 따라 참 그럴듯하게 붙인 말이라고 여겨집니다.

화장실은 배설에 의미를 둔 명칭이기보다는 점잖고 이쁜 얼굴을 보이기 위해 화장을 하고 몸을 꾸미는 곳이라는 의미가 있다면, 해우소는 절간의 용어답게 근심을 푸는 곳, 번뇌를 해소하는 곳이라는 의미가 있겠지요. 오랫동안 참고 있던 요기를 배설해 내는 후련함이란 확실히 누구에게나 만사의 근심을 터는 듯한 느낌을 주지요. 그러나 이 말들은 용도에 따라 붙여진 것이기도 하지만 오염의 감정을 숨기고자 하는 미화된 언어의 미혹한 한계를 지니고 있기도 할 것입니다.

사람의 뱃속은 숨겨진 똥통, 화장실은 드러난 똥통. 똥무더기를 뱃속에 담고 다니면서 보이는 똥통을 더럽다 여기는 발상과 그것을 은닉하고자 하는 발상에서 비롯된 것이니, 이것은 사람과 변소와의 관계만이 아니라 형상화 된 현실만을 인정하고자 하는 인간의 한 단면일 것 같습니다.

왜곡된 모습을 고쳐 나가야 하는 것이 우리의 현실인데 겉으로 드러난 모습을 따르고 순응하는 것만을 현실로 착각하는 몰지각한 이들이 뒷간을 화장실이나 해우소로 명명하여 그 속성을 미화시키는 것은 아닌지, 바로 이들이 드러난 사건과 사건들의 연장선상에서 상호 인과관계만을 '역사의 장'으로 파악하는 우愚를 범하고 있는 것은 아닌지요.

반짝이는 별만 별이 아닙니다. 육안으로 감지하지 못하는 별들이 빛나는 별과 별 사이를 가득 메우고 있음은 틀림없는 사실입니다. 마찬가지로 시대의 상황 곳곳에 묻혀 빛을 발하지 못하는 숨결들을 어찌 영웅의 이름 하나와 드러난 사건만으로 대변代辯할 수 있을 것이며 그것을 한정된 언어로 기술할 수 있겠습니까. 숨겨진 일과 드러난 일을 함께 볼 줄 아는 지혜가 있어야 하겠습니다.

사제님, 뒷간은 시골집의 가장 은밀한 곳에 있지요. 그래서 뒷간이라 하는 걸까요. 이곳을 찾아온 사람에게 뒷간을 가르쳐 줘도 헤매다 돌아와 다시 묻습니다. 당신이 들어갔던 곳이 뒷간이라고 하여도 믿질 않습니다.

이곳 뒷간은 담장 밖 허름한 창고 같이 생겨먹은 곳인데, 그곳에는 맨바닥에 발을 얹어 놓을 만한 돌판 두 개만 나란히 놓여 있지요. 수세식 변소나 똥통 있는 변소만 보아왔던 사람들이니 이런 곳이 뒷간인 줄 알리 만무합니다. 돌판 두 개 사이에 똥무더기라도 하나쯤 있으면 그곳이 볼일 보는 곳인 줄 알 터인데 그 사이는 깨끗합니다. 뒷간에서 똥도 보이지 않고 그렇다고 변기도 없으니 뒷간에 들어가 뒷간인 줄 모르는 것은 당연합니다.

이곳에서는 뒷간 일을 처리하는 방법이 매우 독특합니다. 똥통이 있는 변소는 똥을 퍼낸 뒤 다시 썩혀서 거름을 주는데, 이곳 뒷간은 늘 재가 준비되어 있어 볼일을 보고 난 뒤 재를 덮고 그것을 삽으로 퍼내 한구석에 쌓아서 두엄을 만듭니다. 배설하는 일과 치우는 일을 한 번에 하게 되는 것이지요. 이렇게 하니 뒷간에서 똥을 발견할 수 없지요.

이런 장황한 설명을 듣고 나서야 비로소 사람들은 뒷간을 알게 됩니다. 이곳에 똥통이 없이 이렇게 뒷간 일이 처리되는 이유를 유심히 생각해 보았는데 짐작으로는 기후 조건 탓인 듯합니다. 강원도는 다른 지역과 달리 겨울이 길고 봄이 짧습니다. 만약 똥통으로 이루어진 변소라면 긴 겨울 동안 얼어 있어서 봄이 다가와도 썩지 않습니다. 썩지 않은 똥은 거름이 될 수 없습니다. 집의 구조도 대부분 꽉 막힌 ㅁ자 집인데 처음에는 그것이 답답하게 보였지만 추운 겨울바람을 막기 위한 구조인 듯합니다. 그런데 제가 뒷간이 명물이라 하는 까닭은 다른 화장실과 구조가 다르거나 이렇게 만든 이곳 사람들의 생활의 지혜 때문만이 아닙니다. 그 까닭은 다름 아니라 뒷간이 일상의 모든 생활과 긴밀한 관계의 틀을 유지하는 중요한 고리이기 때문입니다.

사제님, 서울 사람들이 똥물 먹고 사는 이유는 자신의 뒷처리를 한 수세식 변소의 물이 다시 수도관을 통해 식탁에 올려지기 때문이 아닐까요. 그런데 이곳 뒷간은 두엄 만드는 과정에서 소독되고 정화되어 완전 분해를 합니다. 찌꺼기나 쓰레기가 없다는 뜻입니다. 이 분해 작용에 결정적인 요소는 재인데 똥과 재는 서로 상극을 이룬다 합니다. 재를 덮음으로써 균을 죽이고 냄새를 없애며 금방 썩게 만듭니다. 실제로 재를 뿌린 똥에는 파리나 구더기가 살 수 없음을 제가 직접 보아서 알 수가 있습니다. 재가 아닌 흙이나 왕겨 같은 것으로는 똥이 썩지 않을 뿐더러 냄새조차 제거할 수 없습니다. 유식한 말로 하면 화학 반응이 잘 안 된다고 할까요.

이곳에서는 재를 나무를 연료로 하는 재래식 구들과 아궁이를 통해 얻습니다. 연탄보일러나 기름보일러로는 재를 얻을 수 없습니다. 재를 얻기 위해 일부러 건초나 나무를 쌓아 놓고 태울 수는 없는 일이지요. 그런데 마을 집들은 하나 둘씩 연탄보일러로 바뀌어 이제는 연료를 대부분 연탄에 의지합니다.

재래식 구들과 뒷간이 조화를 이룰 때는 똥이나 재도 쓰레기가 아니라 홀

룡한 거름이었는데, 연탄보일러가 아궁이를 대신함으로써 똥도 쓰레기가 되고 연탄재도 쓰레기가 되어 버렸습니다. 쓰레기는 쌓이는데 도시처럼 쓰레기 수거차는 오지 않습니다. 집집마다 연탄재가 쌓이고 이것을 치울 데가 없어 개울이나 밭에 버립니다. 버려진 쓰레기는 또 씨앗의 생명을 죽입니다. 재래식 구들이었을 때는 구들과 재, 뒷간, 밭들이 서로 개방된 연기적 구조를 이루었는데 연탄보일러 하나가 농촌의 생활 구조 모두를 닫혀진 관계로 바꾸어 놓고 말았습니다.

사제님, 제가 이런 말씀을 드리는 것은 마을 사람을 탓하려는 것은 아닙니다. 다만 재래식 아궁이가 현대식으로 바뀜으로써 생활 전체의 연기적 구조들이 무너지고 있음을 말씀드리고 싶기 때문이지요. 연기적 구조(아궁이, 구들, 재, 뒷간, 밭)가 무너지는 것은 각 부분이 저마다의 역할을 다하지 못하기 때문이 아니라 아궁이에 새로운 물질, 곧 연탄이 들어섬으로써 새로운 구조와 형식을 요구하기 때문입니다.

연탄이 똥을 썩히는 재를 만들지 못하기 때문에 뒷간은 이제 연탄보일러에 걸맞은 모습으로 바꾸어야 하고 뒷간이 바뀌면 밭에는 자연히 화학비료를 주어야 합니다. 재래식 아궁이였을 때는 각 부분들이 전체에 개방되면서도 독립적이고 자주적인 역할을 수행하였지만 연탄은 전체와의 단절을 초래하여 폐쇄된 독립만 이루게 합니다. 우리는 여기서 중요한 사실을 봅니다. 전체와 유리된 독립이나 폐쇄된 자주는 쓰레기를 양산해 낼 뿐이라는 점입니다. 뒷간이 재래식 아궁이와 독립된 실체이면서 아궁이와 튼튼한 관계를 맺는 개방된 독립의 역할과 자주의 역할을 하듯, 개방되어 열려진 독립일 때만 올바른 자유의 관계를 맺을 수 있습니다.

비약이긴 하겠지만 불교의 무애無礙란 말도 외적 대상으로부터의 자유가 아니라 대상과 함께 누리는 자유이며 고립된 인식의 자유가 아니라 존재들과 행동을 함께 하는 자유라는 뜻이어야 하겠지요.

또 한 가지 문제는 과학 문명의 한계입니다. 과학 문명(연탄보일러)은 우리 생활 방식에 새로운 질서를 요구합니다. 그래서 우리는 문명에 걸맞은 새로운 질서에 편승하고자 하지만 과학 문명의 엄청난 속도를 감당할 수 없습니다. 연탄보일러가 새로운 모습의 뒷간을 요구하여 뒷간을 개조하지만 연탄보일러가 뒷간 고치는 것을 기다리지도 않고 다시 기름보일러, 가스보일러로 바뀌어집니다. 생활이 문명의 엄청난 속도를 따라잡을 수가 없습니다. 문명과 생활의 유리는 가속화됩니다. 과학 문명 속에 산다고 하지만 우리는 기실 과학 문명의 쓰레기 더미 위에서 살고 있습니다. 연탄보일러라는 과학 문명이 편리를 가져다주었지만 그 편리는 삶의 관계를 고립시켜 전체의 끈을 잃게 하였습니다. 편리가 노동으로부터 육체의 자유를 주었지만 노동을 통해 이루어지는 전 생명체의 유기적 관계를 끊어버린 것입니다.

우리는 연탄보일러가 재를 만들 수 없기 때문에 뒷간을 그것에 맞도록 고치는 식의 사고가 아니라 오히려 연탄보일러를 포기하는 식의 사고를 가져야 하겠습니다. 연탄보일러라는 현실을 인정하고 따를 것이 아니라 뒷간이 우리의 현실에서 가치를 지니도록 해야 한다는 것입니다. 다시 말하면 그것은 연탄아궁이가 뒷간을 고치게 하는 것이 아니라 뒷간이 연탄아궁이를 고치게 하는 대전환의 작업이라 하겠습니다.

사제님, 국립공원의 수세식 화장실에서는 해마다 겨울이면 동파를 방지하려고 연탄난로를 피우며 법석을 떱니다. 그리고 여름에는 수세식 화장실에서 나온 물과 오줌들이 계곡물로 흘러듭니다. 관광객들은 계곡물이 깨끗한 줄 알고서 밥을 지어 먹지만 그 물이 어찌 깨끗하겠습니까. 문명이란 반드시 산과 기후, 지리적 요건들과 관계를 맺어야 함을 잊은 채 맹목적으로 문명을 따라가다가 결국 그 문명의 똥물을 먹는 것이 우리들의 현실입니다. 문명을 일구어 내었기에 인간은 위대하다고 하지만 그 문명 때문에 모든 생명체를 죽여버리는 인간의 어리석음은 무어라 할까요. 문명으로 말미암아 개인은 점점 더 고립되어 가고 소외되어 갑니다.

사제님, 과학 문명의 똥을 덮을 재는 어떻게, 무엇으로 만들어야 합니까. 우리는 뒷간의 가치가 연탄보일러를 재래식 아궁이로 고치게 하는 세상이 아니라 연탄보일러가 뒷간을 지배하여 그 구조를 바꾸도록 하는 그런 세상에 살고 있습니다. 과학이 발전할수록 생명의 본질과는 멀어지고 인간과 인간의 관계는 폐쇄되어 갑니다.

사제님, 어찌 슬프다 말하지 않을 수 있습니까.

마을로 돌아가자

사제님, 겨울 날씨가 만만치 않습니다. 이따금씩 불어오는 칼바람이 노승의 좌탈座脫처럼 앉아 있는 겨울 산 무릎을 칠 때마다 동정動靜이 일어 一如한 모습을 엿봅니다. 어디선가 도끼날에 생나무 등골이 찍히는 소리가 들립니다. 그 소리가 달마도達磨圖의 섬뜩한 눈빛을 깨웁니다.

며칠 전에 월정사에 다녀왔습니다. 스님과 저는 동문이며 삭발본사마저 같으니 월정사는 우리의 고향이지요. 사람들이 간혹 고향을 물어 당혹케 할 때가 있는데, 나는 그때마다 '어머니 뱃속'이라고 짤막하게 큰스님의 선기禪氣를 흉내 내어 대답해 보지만 흉내가 어찌 우문의 현답일 수 있겠습니까. 그저 월정사에서 중이 되었으니 월정사가 고향이라는 대답이 더 그럴듯하겠지요.

여행을 하던 중이 절간을 찾는 기분과는 달리 월정사를 갈 때마다 고향을 찾는 듯 가슴 설레임은 저만이 갖는 느낌은 아닐 것입니다. 그러나 천왕문을 들어서서 화려한 단청 빛깔과 새로 들어선 큰 신축 건물을 마주하고 보면 괜스레 어눌한 감정이 울컥 솟아오릅니다.

이번의 발걸음도 예외는 아니었습니다. 처음 출가할 때 보았던 묵묵默默한 빛깔의 기둥들, 큰 수각이 놓여 있던 공양간, 뒷방 노스님의 기침을 받아 내던 툇마루 등 어느 한 곳도 옛 모습을 지키고 있는 곳은 없었습니다. 다만 대웅전과 팔각구층석탑, 미소 잃은 약왕보살상만 유물처럼 남아 있었습니다. 국보나 보물로 지정되지 않았더라면 아마 이것마저도 새롭고 화려한 금탑과 금보살상으로 변하지 않았으리란 보장을 할 수가 없습니다.

이미 6.25 때 대웅전 화재로 그 상품의 가치를 잃어 버렸기 때문입니다. 이런 말씀을 드리는 것은 월정사 대중이나 스님들을 탓하고자 하는 것이 아니라 이 시대의 모든 사람들이 동질적으로 갖고 있는 의식의 전형을 보기 때문입니다. 우리가 수많은 고품들을 국보나 보물로 지정하여 보호하지 않았다면, 그것들은 벌써 쓰레기장으로 갔을지 모를 일입니다. 그러나 국보로 지정되었다 하여 가치가 새로워지는 것도 아니며 고품이 질의 변화를 일으키는 것도 아닐 것입니다.

사제님, 월정사뿐만 아니라 사찰마다 국보급 탑과 건물이 있습니다. 그러나 사찰을 찾는 사람들 대부분은 탑과 건물을 단지 사진의 배경으로만 삼고자 합니다. 이따금 탑의 설명문을 열심히 읽는 사람들이 눈에 띄지만 자세히 보면 탑을 감상하는 것이 아니라 탑의 유래에 대한 지식만을 얻으려고 합니다. 탑의 오랜 숨결을 느껴 보려고 하는 것이 아니라 탑이 언제 세워졌는지, 누가 세웠는지에만 관심이 있습니다.

국보이기 때문에 탑의 가치를 인정하는 것인지, 탑의 예술성과 가치성을 느끼기 때문에 국보로서 이해하는지 알 수가 없습니다. 이러한 이중적 구조의 틀 속에는 인간 의식의 두 가지 모습이 감추어져 있습니다. 하나는 탑을 우상화시키는 제도에 안주한 제도적 인간의 전형이고, 다른 하나는 탑의 참모습을 볼 줄 아는 제도권 밖의 각성된 인간입니다. 제도적 인간에게는 탑을 보전하기를 기대할 수 없습니다. 제도적 인간은 역사의 흐름을 알 수 없으며 역사의 굴곡진 모습도 바라볼 수 없어서 그들에게서 역사란 마치 사진의 뒷배경에 불과합니다. 절에 와서 탑을 배경으로 사진이나 찍듯이 그들은 역사의 껍질만을 아는 것으로 만족합니다. 그들은 많은 국보들이 박물관에 유물처럼 전시되어 있는 것에 만족하여 탑마저도 박물관에 보존되어야 한다고 생각합니다. 그러나 각성된 인간은 국보의 예술적 가치와 아름다움이 그 형상에 있는 것이 아니라 오랜 세월 동안 그것을 지키고 보아온 수많은 사람들의 눈동자와 숨결에 있다는 것을 압니다. 그러므로 그것을 박물관이 아니라 애초에 세워져 있던 마을의 터 속에서 보호하고 보존하고자 합니다. 다보탑과 석가탑이 불국사의 대웅전 앞에 있어야만 그것이 국보로서의 가치를 지니며 박물관의 밀폐된 유리벽 속에서는 그 가치를 잃게 되는 것과 같습니다.

사제님, 각성된 의식만이 탑을 올바로 보존할 수 있듯이 중이 사회를 바라봄도 역시 이와 같아야 할 것입니다. 현실을 배경으로 하여 고정된 불교 인간상을 사진 찍으려고 하는 것은 승가제도에 얽매인 제도적 관념에서 비롯하는 것에 불과하다고 하겠습니다.

옛날의 건물이 없어지고 그 자리에 새로이 화려한 건물들이 들어선 월정사의 모습을 보면서 과연 우리는 어떤 의식을 갖고서 절의 건축을 바꾸어가는지를 생각해 봅니다. 절에는 수도승이 없어져 가는데도 화려한 건물 동수는 늘어갑니다. 수도도량이 아니라 관광도량이 됩니다.

스님과 나는 고향을 잃어가고 있습니다. 고향이란 단순히 출생지를 가리키는 말이 아니며, 선조의 무덤을 이르는 말도 아니고, 어린 시절의 추억을 되살리는 박물관도 아닐 것입니다. 고향은 삶의 기반을 닦아 주고 삶의 기반을 가르쳐 주는 의미를 담고 있어야 할 것입니다. 그래서 고향이란 자기의 삶의 터전이며 깨달음의 마을일 것입니다.

불교에서 말하는 승가僧伽란 말도 곧 마을을 일컫는 것이라 생각합니다. 그래서 승가란 넓은 의미에서 "참깨달음의 마을"입니다. 우리는 길을 내어서 이 마을과 저 마을을 내왕하듯 승가의 마을[眞]과 역사의 마을[俗]을 잇는 마을길을 내어야 하겠습니다. 그래서 세간世間을 참역사의 마을로 이루어야 하겠습니다.

그러나 돌아보면, 모두가 개인으로 살고자 하며 또 그 속에서 보호받고자 하기 때문에, 마을은 있어도 마을이 박물관이 되어 갑니다. 그래서 모두 고향을 잃어 갑니다. 하루빨리 고향을 찾아야 하겠습니다. 그러기 위해서는 모두가 마음속에 마음을 담고 있는[還地本處] 마을 사람이 되어야 하겠습니다.

참역사의 마을을 이루려면 보물들이 마을로 돌아와야 할 것 같습니다.

무대와 거리

배추밭에는 마늘이 심어지고 오이밭에는 딸기 모종이 자리를 잡았습니다. 비닐을 씌우고 짚을 덮는 일손들이 남은 가을을 보냅니다.
뒤뜰을 서성이다 담장 밖으로 넘쳐흐르는 노래를 듣습니다.

사랑은 언제나 오래 참고
사랑은 언제나 온유하며
사랑은 시기하지 않으며

사제님, 노랫말이 곡조에 얹혀 흐를 때의 감흥은 그냥 노랫말을 읽어 볼 때와는 달리 새롭습니다. 마치 소설을 읽을 때 행간을 읽고자 하는 번쩍이는 이성이 똑같은 소설이 각색된 드라마를 볼 때에는 감성으로 변하듯이 곡조란 것도 감성이라는 창에 기대이게 하는가 봅니다.
언젠가 텔레비전에서 한 가족이 이 노래를 부르는 것을 보았습니다. 아마 어떤 가족노래경연대회로 기억합니다. 그 가족이 부르는 화목한 모습은 텔레비전이 주는 시각적 효과 때문이 아니더라도 아름다웠을 것입니다. 그 가족이 사랑의 노래를 부르는 화목한 모습은 확실히 모든 이들에게 감동을 주기에 모자람이 없었습니다. 선택한 곡이 좋아서 그랬는지 아니면 화목한 가족이 부르는 노래기에 더욱 빛을 발하였는지는 모르겠지만 아무튼 다른 가족보다 노래 솜씨며 분위기가 돋보였습니다.
그 뒤로 저는 이 노래로 이와 같이 훌륭한 분위기를 연출하는 것을 본 적도 들은 적도 없었습니다. 그런데 얼마 전부터 이러한 상념이 깨지고 말았습니다.

제가 춘천에서 서울을 가려면 상봉터미널행이나 구이동터미널행을 이용할 수 있는데, 나는 대부분 구이동행을 택합니다. 구이동터미널에는 전철이 연결되어 있기 때문이기도 하거니와 다른 한편으로는 서울에 올 때마다 이 노래를 들을 수 있기 때문입니다.

구이동터미널에는 두 다리가 없는 지체부자유자 한 사람이 있는데, 그가 앰프를 꽂고 다니며 부르는 노래 중 십팔 번이 바로 이 노래입니다. 비록 이 분이 '사랑의 동전 한 닢'을 구걸(?)하기 위해서 이 노래를 불렀다고 하더라도 듣는 저에게는 일상의 감정을 깨뜨리는 하나의 사건이었습니다. 사제님, 무대 위에 올려진 노래가 온전한 가정이 들려주는 온전한 노래라면 지체부자유자의 노래는 무대가 없는 온전치 못한 노래였습니다. 무대 위의 노래가 한 가정의 화목한 모습을 보는 것이라면 무대 밖 거리의 노래는 일그러진 사회의 모습을 담고 있는 노래였습니다. 무대 위의 노래가 사랑의 진실한 뜻과 깊음을 전달하려는 노래라면 거리의 노래는 그 진실함이 깨어져 버린 노래였습니다. 무대 위 사랑의 노래는 입장료를 지불해야 하는 노래였지만 무대 밖의 노래는 귀만 열려 있으면 들을 수 있는 노래였습니다. 우리는 귀만 열려 있다면 세계의 노래, 생명의 노래를 들을 수 있음을 알면서도 '거리 악사'의 돈 바구니에는 비정한 눈길만 던지고는 돈을 들고 학교로, 공연장으로 찾아갑니다.

사제님, 한 지체부자유자의 사랑의 노래가 저에게 충격을 준 것은 바로 그의 노래에서 무대들의 노래를 그칠 것을 요구하는 소리를 들었기 때문입니다. 똑같은 사랑의 노래가 저에게 이처럼 다르게 들린 것은 부르는 사람이나 그 감정의 높낮이에 차이가 있기 때문이 아니라 무대와 거리의 차이

때문이었습니다. 무대와 거리 사이에 은닉된 비밀이 사람과 사람 사이를, 사람과 세계를 갈라놓는 것이겠습니다.

거리가 곧 공연장이며 무대임에도 불구하고 노래를 들으려고 조명 빛이 화려한 무대나 공연장을 관객으로서 찾아가는 사람들의 어리석음이 이 세상을 춥게 합니다. 오늘 우리의 철학이나 종교, 과학, 사상, 이념, 이론들은 또 어디에 있는 것일까요. 무대입니까, 거리입니까. 그리고 우리는 지금 어디에 있습니까?

사제님, 논밭에 거름을 주면 곡식의 씨앗도 잘 자라지만 잡초들도 잘 자랍니다. 그러므로 거름을 줄 때는 먼저 풀을 메야 하고 거름을 준 뒤에도 거름으로 크는 잡초들을 뽑아내야 하지요. 그렇다고 아무 거름이나 주어서는 곡식이 잘 자라지 않지요. 씨앗에 알맞은 거름을 주어야만 합니다. 사상이나 이념도 거름과 같은 것이겠지요. 아무리 훌륭한 사상이나 이념이더라도 시기와 상황에 따라서 달리 힘을 주어야 하겠지요. 분단 시대에는 분단을 극복하는 사상과 이론이어야 한다는 말입니다. 씨앗에 알맞은 거름이 아닐 때에는 씨앗은 죽고 잡풀이 무성하게 자라나는 결과가 빚어질 것입니다. 어떤 사상을 선택해야 하는지, 어떤 사상이 유해한지의 여부는, 밭에 들어선 사람만이 씨앗과 풀을 가름하고 거름의 유해를 알듯이, 거리에 선 사람만이 알 수 있겠지요.

사제님, 지체부자유자가 부르는 사랑의 노래는 구걸이 아니라 구세求世의 절규라고 여깁니다. 이 시대가 필요로 하는 불교의 사상은 무엇이며, 어디에 있습니까. 사제님과 저는 혹시 절이라는 무대 위에 있는 것은 아닙니까.

악惡의 꽃

섭수攝受와 절복切伏

보살님, 아침 일찍 김장밭에 가 보면 배추며 무 잎사귀들이 점점 갉아 먹히는 양이 많아집니다. 씨앗을 심을 때부터 농약을 안치겠다고 다짐하며 배추벌레를 하나하나 잡는 것으로 버티어 보았지만 한 이틀 쉬고 나니 잎사귀의 구멍은 점점 커지고 어떤 것은 이미 다 먹혀 버려 큰 가시 모양을 하고 있습니다. 하루 온종일 김장밭에 발을 묶어 둘 수는 없는 일이어서 오늘은 농약을 주기로 마음을 바꿨습니다. 농약의 해독을 모르는 바는 아니지만, 지금 배추밭의 형편으로 비추어 보면, 농약을 주지 않는 것은 곧 김장밭을 포기하는 것과 마찬가지이기 때문입니다.

배추벌레를 하나하나 잡아내는 일이 비폭력의 방법으로 무공해 배추를 생산하는 일이라면, 농약을 살포하는 일은 폭력의 방법으로 유독성 배추를 기르는 일이겠지요. 그래서 배추벌레보다도 배추벌레를 죽이는 농약이 더 위험한 일임은 숨길 수 없습니다.

배추의 입장에서 본다면 농약을 주는 것보다는 배추벌레를 잡아 줄 것을 요구할 것입니다. 그러나 이것은 벌레 먹지 않은 싱싱한 배추들의 경우이며, 당장 벌레에게 잎과 줄기를 먹히고 있는 배추의 경우라면 농약으로든 손으로든 어떤 방법으로라도 빨리 벌레를 잡아 주기를 바랄 것입니다.

실제로 농약에 곤혹스러워하는 싱싱한 배추는 벌레에 먹히는 배추 때문에 자기 스스로가 피해를 입고 있다고 생각하는 것일 뿐, 농약의 필요와 불필요라는 현실 상황에 대해선 무감각합니다. 농약의 필요와 불필요에 대한 인식은 현실의 상황, 곧 벌레에 먹히는 배추들의 상황 속에서 가름되어야 합니다. 만약 배추밭 전체가 위기에 놓여 있다면 싱싱한 배추 서너 포기의 안위를 염려할 틈도 없이 곧바로 농약을 주어야만 할 것입니다.

물론, 농약과 비료에 의해 배추의 천적인 배추벌레가 없어졌지만 그만큼 배추의 자생력은 상실되었으니 화학적 폭력이 또 다른 폭력을 낳은 셈입니다. 배추밭에 농약이라는 폭력을 쓰지 않는다고 배추벌레라는 배추의 천적이 많아지는 것은 아닙니다. 다른 밭의 작물에 주는 농약에 의해서도 배추의 천적은 죽어 갑니다. 만약 다른 밭에는 농약을 쓰고 있는데 배추밭에만 무농약을 강조하는 것은 배추의 생명력을 상실케 하는 결과를 낳습니다. 오히려 농약을 쓰는 폭력보다는 농약을 만들어 내는 폭력, 농약을 쓰도록 유도하는 폭력, 그것이 문제일 것입니다.

이것을 다시 생산자와 소비자의 처지에서 살펴본다면 소비자는 늘상 먹는 사람의 처지에서 농약의 유해성을 강조합니다. 그러나 생산자는 먹는 처지에서가 아니라 얼마만큼 생산할 수 있느냐의 문제에서 출발합니다. 이를테면 배추를 얼마만큼 잘 가꿀 것인지를 먼저 생각합니다. 농약의 피해에 대해서도 소비자보다 생산자가 더욱 실감하고 있습니다. 소비자는 농약의 유독함을 지식에 의해서 알지만 생산자는 그것을 피부로 체험하지도 그러면서도 농약을 택하는 것은 배추의 생존이 생산자의 생존과 직결되기 때문입니다.

오늘날 우리 사회에는 배추벌레를 어떻게 죽일 것이냐는 물음들이 설왕설래합니다. 다시 말하면 독재와의 투쟁 방법이 폭력이냐 비폭력이냐 하는 문제가 그것입니다. 많은 소비자가 얼마쯤은 농약 기피증에 걸려 있듯이 많은 사람들이 폭력에 대해서 무조건적인 알레르기 반응을 보입니다. 배추벌레가 잎새를 어떻게 갉아먹는지를 보지 못했으면서도 농약만을 위험시하는 것과 같습니다.

배추벌레가 있기 때문에 농약이 존재하듯 폭력적인 방법의 투쟁도 그 근원은 사회의 배추벌레를 잡아내기 위한 것이라 생각합니다. 농약과 배추벌레와 배추벌레의 천적이 서로 상관관계를 갖듯이 폭력도 그 사회의 상황과 그 속에 숨어 있는 벌레들과 상관관계를 갖고 있다고 할 것입니다. 벌레와 배추밭의 상황을 무시한 채 농약만을 문제시하는 것이 옳지 않듯이 사회의 상황과 벌레들의 확산을 무시한 채 폭력 자체만을 문제 삼는 것은 온당치 못하다고 하겠습니다.

비폭력만이 유일한 해결이라고 부르짖는 사람들은 언제나 소비자, 가진자의 처지에서 말합니다. 폭력이나 농약의 유해성은 신랄하게 밝히지만 정작 배추벌레의 왕성한 식욕과 번식을 막을 만한 아무런 현실적 준거를 제시하지 못합니다.

농촌의 실상을 알지 못할 뿐더러 농부의 밭 근처에도 와 보지 못한 사람, 혹시 와 보긴 하였어도 밭 가운데 들어서서 호미 한번 잡아 본 적이 없는 사람들일수록 무공해 식품을 더욱 밝히는 것과 마찬가지입니다. 농약의 해독을 근본적으로 치료하는 일은 무공해 식품을 찾는 소비자의 손이 아니라 생산자의 손에 달려 있습니다. 폭력이냐 비폭력이냐 하는 것은 가치의 문제가 아니라 생산자(민중)의 상황 의식으로 가름될 일입니다.

생산자가 손에 농약을 쥐도록 하지 않는 일은 한국사회 전체 구조의 관계를 개선하는 길에 있다 할 것입니다. 아무리 유기농법이 발달해도 그 유기농법을 적용시킬 농촌에 죽음을 기다리는 농민들만 있다면 농약과 비료로 해결할 수밖에 없습니다. 유기농법은 많은 일손이 필요하기 때문입니다.

배추벌레를 손으로 잡을 것이냐 농약으로 몰살시킬 것이냐는 지금으로서는 생산자의 선택에 달려 있습니다. 지금 우리는 폭력이나 비폭력 자체의 옳고 그름을 따질 때가 아닐 것입니다. 우리의 상황이 어떤 것을 요구하고 있느냐를 더욱 올바르게 파악하는 일이 중요할 것입니다. 자칫 손으로 배추벌레를 잡아내다가 배추밭 전체를 망가뜨린다거나 배추 농사 때문에 고추 농사, 논농사를 망치는 우를 범해서야 되겠습니까. 비폭력을 고집하다가 민족의 역사를 잡아먹히면 되겠습니까. 그렇다고 폭력이 정당하다는 뜻은 아닙니다. 비폭력이 어느 때나 적용될 수 있는 진리가 아니듯이 폭력적 방법도 절대화될 수는 없습니다. 만약 비폭력이 절대의 방법이라면 외세가 침입하더라도 총과 대포를 들이대서는 안 될 것입니다. 간디가 비폭력을 고수했던 것은 인도의 상황이 비폭력을 요구했기 때문이며, 만약 간디가 리비아에서 태어났다면 카다피와 같은 폭력의 방법을 취했을지도 모릅니다.

노동자의 폭력이나 학생들의 폭력은 볼 줄 알면서도 권력의 폭력이나 보이지 않는 문명의 폭력, 메커니즘의 폭력은 보지 못하는 어리석음들은 비폭력에 절대의 가치를 두는 어설픈 기준에 있다고 생각합니다.

농약은 배추벌레를 죽이는 데 목적이 있는 것이 아니라 배추를 살려내는 데 목적이 있습니다. 살림과 죽임의 엄격한 차이는, 죽임은 배추의 생명을 염두에 두지 않고 농약을 살포하고, 살림은 배추의 생명 속에서 배추벌레를 파악하는데 있다고 할 것입니다. 만약 농약을 살포하는 목적을 배추벌레를 죽이는 데만 둔다면 그것이야말로 선의를 가장한 악의 폭력이 될 것입니다. 농약의 유해성만을 강조하는 소비자의 발상으로는 배추 한 포기 살려내지 못합니다. 생산자는 배추를 '먹는 것'으로 생각하는 것이 아니라 먼저 '키우는 것', '살려내는 것'으로 생각합니다.

폭력과 비폭력, 그것은 생명을 살리는 훌륭한 도구이면서 동시에 생명을 죽이는 무기가 될 수 있습니다. 폭력과 비폭력의 문제를 해결하는 길은 모든 사람들이 생산자의 처지에서 객관성 있게 현실을 파악하고 선택하는데 있을 것입니다. 비폭력도 폭력이라는 식의 억지 주장은 하지 말아야 하겠습니다. 폭력을 정당화시키지도 말아야 하겠습니다. 그런 행위는 모든 생명을 살릴 때 정당화 될 것입니다.

중이 폭력을 쓰지 않아야 한다면 학생이나 노동자도 폭력을 쓰지 말아야 할 일입니다. 학생이나 노동자의 물리적 저항이 온당하다면 중의 물리적 폭력도 온당하게 받아들여야 합니다. 지난 유월 항쟁 때 중이 폭력을 휘두른다고 수없이 비난을 퍼부었던 종교인들, 문규현 신부가 이북을 방문한 것을 두고 종교인의 상식에서 벗어난 일이라고 비난을 퍼부었던 종교인들은 폭력과 비폭력의 문제가 아니라 오히려 '종교의 성역화'에만 관심 있는 분들이겠습니다.

보살님, 저는 어쩔 수 없이 배추밭에 농약의 폭력을 씁니다. 그것이 오늘 저의 상황이며 한계이기 때문입니다.

이렇게 끝말을 만들어 봅니다.

악에 분노가 없는 비폭력은 추상이며
사랑의 눈물이 흐르지 않는 폭력은 죽임이다.
비폭력이 폭력을 상대하고
폭력이 비폭력을 상대하는 그것이야말로
악의 꽃이다.

성현 씨에게 보내는 편지

진달래는 두견의 울음으로 피어나야 하는데 높은 담장을 가진 화단에 셋방살이로 들어앉은 모습은 보기에도 눈물겹습니다. 차라리 산등성이에서 한번 캐이면 죽음 밖에 없다는 옹골찬 성품이라도 지녔다면 서울로 서울로 팔려 가지는 않았을 텐데. 셋방살이 삼 년에 산 빛마저 잃어버린 비승비속非僧非俗의 처량한 꽃이 되어 버렸습니다. 산으로 돌아가고 싶어도 산으로 돌아갈 수 없는 육종의 꽃이 되어 버렸습니다.

성현 씨, 어제 저녁 당신의 상의에 한마디도 대답해 주지 못한 저의 무능함 때문에 오늘 서울에 올라오면서 내내 무거운 가슴이 되어야 했습니다. 그래도 명색이 중이라고, 중이라면 좋은 방안을 가르쳐 줄 수 있을 것이라고 찾아 왔을 터인데, 대답이라고는 한숨뿐이었으니 당신께는 실망이 컸으리라 생각합니다.

저에 대한 실망이야 저의 무지함을 늦게라도 아셨으니 다행스러운 일이지만, 어딜 가도 당신이 고민을 해결할 수 없다는 데서 느낄 낭패감을 생각하며 하루 종일 민망해 있습니다. 그 민망스러움이 글을 쓰게 합니다.

당신이 어제 저에게 의논하였던 문제는 대강 다음과 같은 이야기 입니다. 당신은 농사를 짓고 싶으나 농사를 지어서는 입에 풀칠하기도 힘드니 도시로 나가 살아야 하겠는데 도시 생활은 도저히 적성에 맞지 않아서 어찌해야 할 바를 모르겠다는 것이었습니다. 또 한 가지 더욱 당신을 힘들게 하는 것은 마을에는 젊은 총각이 당신 혼자이기에 마을 사람들의 따가운 눈총을 받아내야 한다는 것이었습니다.

젊은 사람이 벌어먹고 살 게 없어서 농사를 짓느냐며 주는 그 눈총은 예로부터 출세하여 금의환향하는 것을 최고의 가치로 여겨 왔던 인습에서 비롯된 것이므로 마땅히 인내하기 힘든 일이라 할 것입니다. 물론 이 눈총이 주는 다른 큰 의미도 있습니다.

역사적으로 농사일은 지주와 소작인의 관계 속에서 엄청난 수탈과 착취를 경험해야 하였고, 최근에는 경제개발이라는 미명 아래 끝없는 희생을 요구받아야 했습니다. 이제는 농산물 수입 개방과 우루과이 협상으로 농촌 경제가 지탱하기조차 힘들어졌으니 농촌에 남아 있는 것에 대해 눈총을 받을 만도 합니다. 내 딴에는 농업이 나라의 근본이 되고 농촌이 인간의 학습장이 될 때 나라의 도덕과 윤리가 바로 세워지고 민족의 삶이 가치 있게 펼쳐질 수 있다고 생각했습니다. 그리고 농업에서 갖는 노동이야말로 개인에게 인천지도人天之道를 피부로 깨닫게 하는 길이라 생각했습니다. 그러면서도 선뜻 물음에 대답하지 못하고 한숨만을 쉬었던 까닭도 지금 당장 밥 먹고 살 길이 막막한데 농촌과 농업의 중요성을 새삼 강조해 본들 무슨 올바른 대답일 수 있을까 하는 생각이 들어서입니다.

그러나 성현 씨, 저는 농촌을 떠나 도시에 살고 있는 많은 사람들이 고향을 그리워하며 돌아가고 싶어 하는 것을 보았습니다. 저는 그들과 대화하면서 한 가지 발견한 것이 있습니다. 그들이 돌아가고 싶어 하는 까닭은 단순히 고향에 대한 그리움이나 회귀 본능 때문이 아니라는 것입니다. 그것은 문명에 찌들대로 찌들어버린 인간 상실에서 오는 절망감 때문입니다. 그 절망감은 고향의 풀 한 포기, 흙, 새소리들이 삶에서 어떤 가치가 있는지를 깨닫게 하고 고향에서의 노동이야말로 삶의 의미를 확인시켜 준다는 것을 깨닫게 하기 때문입니다. 그러나 사람들은 고향으로 돌아가고 싶어 해도 사회 구조의 단단한 벽이 사람들을 도시에 가두어 놓고 있습니다.

성현 씨, 며칠 전 성현 씨와 함께 깨밭의 비닐을 걷어 내면서 사뭇 심각하게 생각해 본 문제가 있습니다. 들풀은 병충해도 입지 않고 잘 자라는데 왜 인간들이 심는 품종들만 병들어 농약을 쳐야만 하느냐는 것입니다. 처음에는 인간들이 심고 가꾸는 품종들도 자연 속에서 들풀처럼 있던 것은 아닙니까. 그런데 왜 자꾸 이 품종들이 병들고 또 그래서 병을 치료하는 농약을 만들어야 할까. 왜 인간이 심는 품종은 저리도 병에 약한 것일까. 그 원인은 도대체 무엇인가. 내 나름대로는 이 품종들이 육종이 되어 버렸기 때문이라고 생각하였습니다. 인간의 손에 의해 가꾸어지다보니 씨앗이 본디 갖고 있던 야성野性, 곧 스스로 저항하는 능력을 상실하여 인간의 손에 의해 보호받지 않으면 자랄 수 없는 육종이 되어 버렸다는 것입니다. 육종이 되어 버린 품종들은 획일적으로 심어져 배추는 배추의 모습, 깨는 깨의 모습만 보고 자라납니다. 다른 씨앗들의 삶은 볼 수가 없습니다. 들풀의 강인한 힘은 들풀이 다른 많은 꽃이나 씨앗들과 서로 부딪치고 관계를 가질 때 이루어지는 것이라고 생각합니다. 육종은 그들끼리 하나의 관계만 갖지만 들풀은 여럿이 관계를 이루는 협력 관계로써 병과 병충해를 극복하는 것이 아닐까요.

성현 씨, 서울로 갈 것이냐, 시골에 남을 것이냐에 대해서 제가 무어라 말할 수는 없습니다. 그러나 한 가지 농부가 농촌을 버리고 도시로 들어가면 산업 문명에 길들여지는 육종이 된다는 것만은 말씀드릴 수 있습니다. 도시로 나가면 밥을 먹을 수 있을지는 몰라도 풍부한 삶이 문명의 기계들에 지배당하는 꼴이 됩니다.

농사꾼이 농촌을 버리면 농촌의 문제는 어떻게 해결될 수 있겠습니까. 지금처럼 농촌이 파탄할 지경에 이른 것은 정치와 경제의 구조가 왜곡되어 있는 데도 큰 이유가 있겠지만 농민이 그 정치와 경제의 구조에 빠져들어 가는, 다시 말하면 농민이 농촌을 버리는 데에도 큰 이유가 있다고 생각합니다.

성현 씨, 도시로 나가서 공장 생활을 하는 것이 결코 삶을 가치 있게 하지는 않습니다. 그렇다고 저는 파탄에 빠진 농촌에 남아 있으라고 권유할 수도 없습니다. 다만 도시로 나가는 이유가 농촌에 있으면 돈을 벌 수 없을 뿐 더러 총각 귀신이 되기 때문이라면 그것은 정말 무가치한 이유며 태도라고 말할 수 있을 뿐입니다. 그러한 삶의 태도는 다져진 자리를 놓아두고 갯벌에서 말뚝 박을 자리를 찾는 것과 같습니다. 농촌이 피폐한 것은 농사꾼의 말뚝이 튼튼하지 못하기 때문입니다. 마을 사람이 줄어드는 것은 그들이 이 땅의 사람들로부터 오랫동안 버림받아와 쌓인 한恨 때문이기에 탓할 일은 아니지만, 마음 아픈 것은 농업이 천지간에 근본이 되는 일임을 깨닫지 못하고 농업을 생산 수단으로만 여겨 온 마을 사람들의 한계입니다. 따라서 눈총을 주는 일은 마을 사람들이 극복해야 할 문제인 까닭에 성현 씨가 의식할 바는 아닐 것입니다.

삶의 가치는 삶에서 무엇을 찾느냐 혹은 무엇을 얻느냐에 있는 것이 아니라 일을 통해 삶을 깨닫고 그 일을 지켜 나가는 데 있을 것 같습니다. 그러나 빚에 쪼들려 야밤에 고양이 잰걸음으로 마을을 떠나는 사람들에게는 이 말이 아무런 도움도 되지 못하겠지요. 오히려 성현 씨의 낭패감에 불을 댕기는 말이 될지도 모르겠습니다.

성현 씨, 당신에게 아무 도움도 되지 못하는 실없는 편지가 되어 버리고 말았습니다. 그러나 서울에 가서도 서울 사람이 되지 못하고 고향마저 잃어버린 많은 사람들의 이야기는 결코 다른 이웃들만의 이야기는 아닐 것입니다.

마을의 밭과 논도 이제는 하나 둘씩 유휴지가 되어 갑니다. 그 유휴지에 투기꾼들의 눈이 번쩍입니다. 당신의 건강한 팔뚝이 일 없이 쉬어야 하는 논과 밭들에게 튼튼한 힘줄이 되길 기대합니다.

화단의 진달래가 산으로 옮겨지길 기대합니다.

어떤 대화

어느 날 문득 저는 스스로 삶의 태도에 확신이 없음을 발견하였습니다. 그래서 하루 종일 괴로워하고 고민하고 있는데 갑자기 방문을 두드리는 소리가 들렸습니다. 다른 스님의 소개로 사십 대쯤 되어 보이는 처사님이 찾아온 것입니다.

괴로울 때 사람이 찾아오면 승려라도 번거로움을 지나서 귀찮다는 감정이 앞서게 됩니다. 그러나 감정을 그대로 나타낼 수 없는 것이 승려여서 속으로는 앓고 있어도 겉으로는 반갑게 맞이할 수밖에 없었습니다.

제가 "어떻게 찾아왔습니까?" 하고 물으니 "스님, 어떻게 하면 만족할 수 있겠습니까? 저는 모든 생활이 괴롭습니다. 자식도 마누라도 괴로움일 뿐입니다." 하며 가르침을 구하려고 찾아왔으니 좋은 법문을 부탁한다고 했습니다. 저는 속으로 '답답하구나. 내 괴로움에 다른 괴로움이 얹히는구나. 나도 괴로움을 해결하지 못하는데 어떻게 당신의 괴로움을 해결할 수 있겠는가. 제발 그냥 돌아가시지요.' 하고 웅얼거렸습니다. 그러나 응대하지 않으면 나를 중으로 보지 않을 것 같아서 짐짓 깨달은 사람인 양하기 시작했습니다.

"당신의 괴로움은 어디서부터 옵니까?"

"……"

"당신의 괴로움은 물질적인 것입니까? 아니면 정신적인 것입니까?"

"먹고 사는 데는 문제가 없습니다. 삶의 목표를 잃어버렸습니다. 이젠 어떤 일도 의미가 없습니다."

"이보쇼, 당신은 이미 자신의 괴로움의 원인을 알고 있는데 무엇 때문에 예까지 왔습니까?"

"……"

"돌아가시오. 나는 당신의 하소연을 받아들일 틈이 없소."

"하소연이라니요. 또 하소연이라 해도 스님이 되어가지고 중생의 하소연쯤 받아 주시면 안 됩니까. 그리고 제가 하소연이나 하려고 소개 받아서 여기까지 찾아왔겠습니까? 도대체 스님은 무엇 때문에 중이 되었습니까?"

"아하, 처사님, 말씀은 되게 잘하시네. 예까지 찾아온 마음은 어떤 마음입니까. 잘 살펴보슈."

"……"

"나를 찾아온 마음으로 세상을 살아가면 되지 않겠습니까?"

괴로워한다는 말은 괴로움의 원인을 알고 있다는 뜻입니다. 그러면서도 괴로워하는 것은 괴로움을 해결하는 방법을 찾지 못해서가 아니라 해결하려는 의지가 부족하기 때문이거나 괴로움을 스스로 즐기기 때문입니다. 자신에 집착하고 세상을 보지 못하는 데서 괴로움이 생깁니다. 세상을 본다면 괴로워할 시간이 없을 것입니다.

출가자의 효행은 만유의 근본 자리를
깨닫게 하는 것

- 어버이날에

삼 년이라는 세월의 다리를 건너 걸망 하나 지고 이렇게 돌아왔습니다. 술잔 하나, 마른 건포 하나 준비하지 못한 채 빈손으로 왔지만 봄 햇살 하나로도 부자父子의 정은 넉넉할 듯합니다.

삼 년 전에 올 때나 지금이나 당신은 언제나 무덤입니다. 그러나 삼 년 만에 당신을 만나러 오는 저는 오늘 튼튼한 법열의 발걸음으로 왔습니다. 언제나 당신을 그리워하는 마음, 당신의 죽음에 대한 슬픔과 비애도 훌훌 벗어 버리고 다시는 이곳에 오지 못하리라는 사연을 갖고서 정연情緣을 정리하고자 왔습니다. 아마도 당신이 이러한 저의 마음을 헤아릴 것을 생각하니 슬픔에 슬픔이 더합니다.

당신과 마주하는 주봉主峰이 구름으로 얼굴을 가리고 있습니다. 무덤에는 지난 세월 가난의 아픔처럼 듬성듬성 쑥들이 올라와 있습니다. 당신 곁에 모신 할머니 무덤가에는 이름 모를 풀꽃들의 군무群舞가 있습니다. 이 정경은 죽어서도 자식을 사랑으로 지키고 있는 할머니의 애틋함이겠지요. 그러나 저의 가슴이 차오르도록 복받쳐 오는 까닭은 두 분이 무덤으로 여기에 계시기 때문이 아니라 바람 속에서 모자母子의 정은 "못 끊는다, 못 끊는다." 하고 소리치며 달려오는 어머님의 목소리 때문입니다.

그러나 아버님. 정연情緣은 그 자체가 서글픈 것이니 어찌 정연이 존재의 참모습을 깨닫게 하겠습니까. 제가 비록 아버님, 어머님의 뼈와 살을 빌어 몸을 받은 자식이긴 하지만, 저로 인하여 당신들께서 수십 년 동안 고통 받으심은 혈연 속에 숨어 있는 정연 때문이 아니겠습니까. 정연을 끊고 생명의 눈으로 자식을 바라보았으면 형님들의 태어남도 저의 태어남도 뜨락에 피어나는 꽃과 같은 만유萬有의 잉태임을 알 수 있었을 터인데, 무엇이 이토록 아버님과 어머님을 괴롭혔습니까. 세간 사람들은 이것을 빌어 부모의 사랑이라고 말하지만 그것은 세간 사람들의 사랑법일 뿐, 어찌 출가자와 출가자 부모의 사랑이겠습니까.

『법구경法句經』에 "사랑에서 근심이 생기고 사랑에서 두려움이 생긴다." 하였습니다. 이 말은 사랑을 버리라는 뜻이 아니라 한 사람 한 사람에게 집착되어 있는 정애情愛를 만물에 생동하는 진리의 사랑으로 바꾸라는 뜻이지요.

내 자식만 보고 남의 자식 보지 못하거나 사람의 자식만을 보고 송아지 새끼를 보지 못하거나 송아지 새끼를 보아도 산천초목의 생장과 생육을 보지 못하는 사랑은 참된 사랑이 될 수 없습니다. 그래서 『신심명信心名』에 말하기를 "지극한 도는 깨닫는 데는 어려움이 없으나 가름이 허물이다. 미움과 사랑이 둘 다 없어지면 훤하게 밝아진다."고 하였습니다. 그런 까닭에 진실로 사랑할 줄 아는 사람은 만상萬像의 공통된 생명을 발견한 사람만이 진실로 사랑할 수 있습니다.

물이 흐르고, 바람이 흐르고, 세월이 흐르고 사람이 흐르고, 모든 생명이 흐름을 지키는 자연의 소리, 법의 소리, 불성佛性의 소리를 깨달을 때 당신과 저는 참된 사랑의 소리를 낼 수 있을 것입니다.

아버님, 부모는 누구나 자식에게 입신출세를 바랍니다. 또한 늘상 자식을 곁에 두고 싶어합니다. 지난날 당신께 향한 저의 고통도 부모를 곁에서 모시지 못하는 마음, 이름을 드날려 두 분을 흡족하게 하여 드리지 못하는 정연의 고통이었습니다.

세간의 효행은 자식을 낳아 후사를 잇는 데 있으나 이는 다 부모와 함께 부와 귀와 영화를 누리는 것에서 벗어나지 못합니다. 그러나 출가의 도문道門에서는 부귀와 영화는 뜬구름 같다고 하였으니 이는 부귀와 영화를 아무리 갖추어도 도를 깨달 수 없다는 뜻이며, 그런 까닭에 출가자의 효행은 도를 깨달아 부모에게도 만유의 근본 자리를 깨닫게 하는 데[濟度] 있습니다. 그래서 사비師備 스님의 아버지는 "자식이 출가하여 심지心地를 밝힌 덕분에 천상에 태어날 수 있었다"고 하였으니 이는 바로 도를 얻는 것이 큰 효가 됨을 표현한 것입니다.

제가 살펴보건대 자식을 낳아 기른다는 것은 비록 인륜이라 하나 인륜을 벗어난 천의天意가 있으니, 첫째는 자식의 입태入胎를 통해 우주질서(생명의 실상)의 오묘함을 깨달아 알아야 하는 데 있음이요. 둘째는 자식의 키움을 통해 모든 만물(자연)의 질서를 지키고 생장을 배우는 일입니다. 열 달이 되어야만 세상으로 출현하는 신비, 자식을 키움에서 아이가 짜증내고 울고 웃고 화내는 모습이 대자연이 폭풍치고, 벼락치고, 비오고, 따뜻하고, 풍요한 것과 무엇이 다르겠습니까.

양개 화상은 "부모가 아니면 태어나지 못하고, 천지가 없으면 생장하지 못한다." 하였으니 사람의 양육은 부모와 천지天地가 하는 것이라 함이 이 뜻이 아니겠습니까. 따라서 부모는 자식을 소유물이 아닌 우주와 자연, 생명의 덕상德相으로 보아야 합니다. 이럴 때야말로 부모와 자식의 사랑은 진정한 생명의 열림으로 연결될 수 있겠지요. 요즈음 사람들이 부모에게 불효하고, 자식을 낙태시키고, 또 해외로 수출함은 바로 생명의 덕상, 한 사람 한 사람이 곧 우주임을 모르기 때문이며, 자식에의 사랑이 우주의 사랑이요. 부모에게 효도함이 우주의 질서를 지키는 사랑임을 모르기 때문입니다.

이렇게 볼 때 제가 비록 한빈寒貧한 몰골을 감추지 못하고 떠돌고 있지만 저의 도道 깊음만이 있다면 부모님께 손주의 재롱을 보여주지 못함도, 곁에 모시지 못함도 그다지 한탄할 일이 아닐 것이라 사려 됩니다.

사람들은 자식을 잉태해도 다른 모든 생명을 보지 못하고 자식을 길러도 자연의 생장生長을 보지 못하니 슬프고 슬픈 일이 아닐 수 없습니다. 그렇다고 제가 그 우주의 질서를 보았다는 뜻은 아닙니다. 다만, 그러한 모습을 깨닫고자 정진하는 몸으로 천하만물을 자식으로 대하고자 하니 당신께서는 오히려 기뻐할 일이지 않을 수 없습니다.

아버님, 당신께서 저에게 바라는 마음이 세속의 부富와 귀貴가 아닌 줄 어찌 모르겠습니까. 오로지 덕행德行과 도道가 깊어지기를 기원함이시겠지요.

행여라도 그 기원하심 속에 이름 드날리는 중[名字僧]이 되기를 바라신다면 중이 비단옷을 입고 금의환향 꼴이 되겠지요. 이 일은 마치 여인들이 화장으로 얼굴을 예쁘게 치장하려는 것과 다르지 않겠습니다. 화장을 아무리 하여도 본바탕은 바꿀 수 없는 것. 잠들 때에는 본래의 모습으로 돌아와야 하는 것과 같습니다. 이러한 치장은 자신을 위한 것이 아니라 남에게 보여주기 위한 것이지요. 타인에게 본모습을 보여주는 것이 아니라 화장으로 꾸며진 얼굴을 보여준다는 것은 타인으로 하여금 꾸며진 아름다움에 취하게 만드는 것이니 이는 겉치레에 나도 멍들게 하고 타인도 함정에 빠뜨리는 결과이지 않을 수 없습니다. 그러한즉 명승名僧이 되어야 한다는 바람도 아버님이나 저나 모두 씻어버려야 할 일이지 않을 수 없습니다. 돌이켜 생각해 보면 지난 저의 승려 생활이 참으로 부끄러울 뿐입니다.

이제는 그 모든 끈끈한 정연의 허상들 모두 버리고 당신이 묻힌 산을 배우고 산의 숨결로 이 세상 건너가야 하겠습니다. 이것이 진정한 입산이 되겠지요.

아버님, 당신께서 제가 입산 직후 보내주신 편지를 기억합니다. "입산을 하였으니 산의 법심신法心身 충실히 귀의하게. 법은 산의 질서를 깨달으라는 뜻이요. 마음은 산의 마음을 깨달으라는 뜻이며, 몸[身]은 가지런히 하라는 뜻이네." 이 말의 뜻을 그때는, 편지의 마지막 구절 "아비가 자식을 보고 싶은 만큼은 정진해야 하네."라는 말에 가슴이 막혀 보지 못했으나 이제사 계합契合할 듯합니다.

아버님.

상여를 메고 다리를 건너던 옛일이 생각납니다. 일가친척 그리고 어머님의 눈물도 개울가에서 만났습니다. 그때에 저는 중이라는 신분 때문에 목울대로 넘어오는 울음을 끝없이 삼켰어야 했던 가련한 모습도 눈에 선합니다. 죽음이 만상의 적멸하는 표현임을 깨달았다면 슬퍼할 것도 기뻐할 것도 없는 것이거늘 인간도 못 되고 중도 못된 중옷만이 상여를 따라다녔으니 어찌 가련타 않겠습니까. 저뿐만이 아니었지요. 다시 만날 수 없는 슬픔과 자신이 죽어야 할 운명까지 보태어 서럽게 울던 사람들, 그 사람들 지금 어떠한 모습으로 있을는지요. 모두 모두 가난한 생명들입니다.

당신의 돌아감은 결코 사로死路가 아니라 활로活路입니다. 당신의 생과 사가 온 우주의 흐름임을 가르쳐 주기 때문입니다. 따라서 당신이 원적하시어 혼이 있든 없든 천당에 계시든 저에게 아무런 의미가 없습니다. 천당과 지옥의 있음과 없음이 저의 수도修道에 아무런 장애가 되지 않기 때문입니다. 당신께서도 열린 마음이 있다면 그 또한 어디에 있은들 무엇이 문제이겠습니까. 우리에겐 심로心路(깨달음과 역사의 하나됨)를 찾는 수행과 실천이 있을 뿐입니다.

이제 이곳에는 얼마 지나지 않아 큰어머님도 어머님도 돌아오실 것입니다. 당신의 자손들도 적멸의 빛으로 차례차례 돌아올 것입니다. 그러나 저는 출가사문出家沙門, 한 평의 누울 자리조차 허락될 수 없는 적신赤身, 산음山音 한 점 물고 뒷산에 날아오르는 새 있거든 그것이 저의 자취임으로 생각하소서.

아버님.

당신은 죽은 것이 아니라 만물로 살아 있고 사람들 속에 호흡하고 계시니 오늘 정연情緣을 끊고 그 아픈 자리 법연法緣으로 이어놓고 떠납니다.

이제 떠나야겠습니다. 오늘 이렇게 당신 앞에서 다시 출가의 마음을 찾았으니 이제는 종신終身토록 수도修道의 마음을 버리지 않겠사옵니다. 이것으로 출가의 효를 다할까 합니다.

고향마을에도 빈 집이 늘어간다고 밭일 나온 할머니가 아는 체하며 가르쳐 줍니다. 아주 어려서 떠난 고향이건만 할머니의 따뜻한 배려가 고향을 실감케 합니다. 그 마음 뒤에 서린 고향의 아픔도 간직합니다. 아마도 당신의 무덤은 이 할머니의 따뜻한 손길이 지켜주시겠지요.

난승 스님, 부동 스님의 인사를 전해 드리며 떠남의 아픔과 당신에 대한 그리움으로 진묵 스님의 제문을 외어 봅니다.

열 달 동안 품어주신 태중의 은혜 무엇으로 갚으리오.
슬하에서 삼 년 동안 길러주신 은혜
잊을 수 없어라.

만세를 살고 다시 만세를 사시어도
자식의 마음은 그래도 부족하온데
백년 생애를 채우지 못하시니
어머니의 수명은 어찌 이리도 짧습니까.
발우를 들고 길가에서 걸식하는 이 못난 중은 그렇다 해도
비녀 꽂고 규방에 처한 미혼의
누이 슬픔은 무엇으로 달래오리까.
단에 올라 불공을 마치고 단을 내려와 파하자마자
스님들은 제각기 방으로 찾아듭니다.
앞에도 산 너머 산이요. 뒤에도 산이 산을 이고 있는데
당신은 어디로 떠났습니까.
아! 애닯도다.

흙냄새

받으소서

꾸며 낸 이야기

산바람이 들에 나서면
들꽃이 죽고
들바람이 산에 들면
산꽃이 죽는데
오늘밤
산자락 들바람이 봄바람 속에
다툼을 멈추더라.

마을 사람들 1

"짐을 져다 주서서 고맙습니다."
"고맙기는요. 같이 해야 할 일이지요. 이제 우리 마을에 한 사람이 더 늘었습니다. 같이 잘 살아 봅시다."

"젊은 스님이 어떻게 이런 마을에서 혼자 살아요."
"일하면서 살지요."
"그 허연 손으로 무슨 일을 할 수 있겠습니까. 밭에서 염불이나 해 주세요."

보살님, 농촌생활을 시작한 지 열흘쯤 되어 가는군요. 종소리, 목탁 소리, 염불 소리, 이런 소리들은 아예 끊어지고 귀에 익지 않은 소쩍새 울음소리만 밤마다 이어집니다. 오늘은 제가 이 마을에 이삿짐을 부릴 때의 이야기를 하겠습니다.

서울에서 트럭에 싣고 온 짐을 제가 살고 있는 집까지 옮기려면 칠백 미터쯤 되지요. 제가 혼자 옮기려면 한 시간 이상은 족히 걸릴 짐이며 거리였습니다. 혼자 옮기려니 참 아득했지요. 게다가 장마철인지라 소낙비가 금방이라도 쏟아질 것만 같았습니다. 지게를 빌려 막 옮기기 시작하려는데 갑자기 동네 분들이 몰려들기 시작했습니다. 지게를 멘 어른들이며, 아줌마, 아이들까지 몰려와서 나는 어리둥절했지요. 중이 오니까 호기심 때문에 구경삼아 모이는가 보다 했지요. 아, 그런데 이 분들이 저의 짐을 지어

나르기 시작하는 거였습니다. 제가 도움을 청하지도 않았는데도요. 아저씨들은 지게에 지고, 아줌마들은 머리에 이고, 아이들은 조그만 손에 드니 꼭 피난 행렬 같았어요. 이렇게 한두 번쯤 왔다 갔다 하니 몇 분 안 되어 다 나르게 되었습니다.

보살님, 그 때 저의 가슴에는 무어라 형언하기 어려운 감동이 있었습니다. 아니, 감동이라기보다는 충격이었다고 해야 할까요. 아무튼 무어라 딱히 말할 수 없는 파문이 있었습니다.

그 감동은 짐을 운반해 준 고마움 때문도 아니며 시골 사람들의 넉넉한 마음 씀씀이 때문도 아니었습니다. 서울생활이 몸에 배어 있는 저로서는 모든 것을 혼자 하려고만 하였지 조그만 일도 함께 할 줄은 전혀 몰랐지요. 이웃이 없었던 것이에요. 옆 사람들에 대한 불신이랄까. 또는 개인화되어 있는 서울 사람의 습성이나 승려 생활의 독존적인 습벽이 똬리를 틀고 앉아 있었기 때문인지도 모릅니다. 그래서 짐도 혼자 날라야 한다는 생각이 앞서 있었는데, 청하지도 않은 마을 분들이 그렇게 나설 줄 누가 알았겠습니까. 한 사람의 일에 온 마을 사람들이 나서는 모습을 서울의 보살님께서도 상상 하지는 못하였을 겁니다. 그런데 또 묘한 느낌이 든 것은 이 분들이 저의 일이 아니라 마치 자신의 일처럼 하는 것으로 보였기 때문입니다. 저의 이사 옴에 대해 별다른 관심-이사 오는 사람에게 흔히 하는 물음, 즉 어디에서 살다 왔느냐, 왜 이곳으로 이사 왔느냐, 하는 따위의 물음을 할 만큼의 관심-도 없었어요. 그저 아이들이 승복을 쳐다보며 호기심의 눈길만 건넬 뿐이었습니다. 왜 이럴까 싶어 한참이나 멍해졌지요. 그러다가 일을 마치고 나서 "도와주셔서 고맙습니다."라고 아저씨들께 인사를 드리니 "같이 해야 할 일이지요. 이제 마을에 한 사람이 더 늘었습니다. 같이 잘 살아 봅시다." 하는 것이었습니다.

보살님, 그분들이 저의 짐을 날라다 준 것은 제가 승려이거나 혼자이기 때문이 아니었습니다. 저 개인을 도와주려는 것도 아니었습니다. 그것은 제가 이 마을에 들어섬으로써 이사하는 일이 저 개인의 일이 아니라 마을의 일로 자리하기 때문이었습니다.

이삿짐을 나르는 일이 마을의 일로 자리한다는 것은 저의 몸은 물론이거니와 정신까지도 마을 사람이 되어야 한다는 것을 뜻합니다. 마을에서는 따로 개인으로서는 존재할 수 없기 때문입니다. 결국 저의 이사는 짐이 옮겨 가는 것이 아니라 저의 몸과 마음이 이곳 사람들의 '마음의 터'에 들어가는 것이며 마을 사람들이 그 터에 저를 받아들이는 것이었다고 생각합니다. 이것이 제가 이사할 때 느낀 충격이며 깨달음이었습니다.

보살님, 저의 이사는 서울에서 시골 농촌으로라는 단순한 지리적 자리 옮김이 아니었습니다. 보살님께서는 제가 승려 대중처소로 들어가 생활하지 않는 것을 염려하셨지만 이곳 '마을'이 곧 대중처소이며 또 하나의 공동체였습니다. 오히려 이 마을에는 어떤 대중처소보다 더 엄격한 '공동체 질서'가 자리잡고 있습니다. 임의적으로 만들어진 강제된 질서나 제도가 아니라 마을 속에 숨 쉬고 있는 보이지 않는 계율 같은 것에 의해서 말입니다. 혹시 제가 이 마을의 보이지 않는 질서를 찾아내지 못하거나 순응하지 못한다면, 저는 마을 사람들에게서 소외당하는 꼴을 면하지 못할 것입니다.

보살님, '마을'이란 국어사전에 나와 있는 것처럼 리里나 면面 등의 집단 촌락만을 뜻하지는 않는 것 같습니다. 저는 마을의 속뜻을 다양한 사람들의 마음이 어울려 있는 보이지 않는 '터'라고 하겠습니다. 그러기에 제가 마을 사람이 되려면 그 사람들의 터에서 저의 마음을 잘 일구어야 합니다.

보살님, 서울에서는 옆집에 누가 이사를 오든 이사를 가든 서로 상관하지 않습니다. 아예 누가 이사하는지조차 모릅니다. 구도 있고 동도 있는데 마을이 없습니다. 동네라는 말도 없어졌지요. 겨우 남아 있는 것이 산동네이던가요. 서울 사람들이 상대방 사는 곳을 물을 때는 "어느 동네에 삽니까?" 하지 않고 "무슨 동에 삽니까?" 하고 묻지요. 어느 동네에 사느냐는 물음 속에는 상대방이 어떤 공동체의 질서 속에 있으며 그곳의 마을 문화와 마을 전통은 어떠한지에 대한 물음이 함께 있다고 생각합니다. 그러나 무슨 동에 사느냐는 물음은 단순히 지역에 대한 물음일 뿐입니다. 가령 산비탈에 고급 주택들이 들어서 있다고 해서 산동네라고 하지는 않지요. 산비탈에 들어섰으되 그곳이 이 땅의 정치, 경제, 문화로부터 소외당한 곳이거나 집 없는 보살들이 사는 곳이기에 산동네라 할 것입니다.

산동네를 제외하면 마을은 없고 개인만 존재하는 서울이 정치, 경제, 문화의 중심이라고 하니 역사의 '변태'를 느낍니다. 이런 왜곡된 역사가 농민이나 노동자, 산동네 주민을 싸잡아서 역사의 변두리로 쫓아 보내는 것이겠지요. 그래서 눈이 바로 뜨인 사람들은 이런 역사의 변태를 치료하기 위해 노동자, 농민을 변혁의 주체로 삼고자 합니다. 그러나 이제는 한 걸음 더 나아가서 농민, 노동자 개인이 주체가 아니라 농민 마을, 노동자 마을이 역사의 주체로서 자리잡아 나가야 할 때인 것 같습니다. 그래서 마침내 이 땅 전체가 마을이 되어 세계사의 중심이 되는 보살의 마을을 이루어야 하겠습니다.

보살님, 엊그제는 여울 건너에 사시는 은순 엄마라는 분이 오셔서 마을에서 사는 법을 가르쳐 주셨습니다. 이미 말씀드린 것처럼 마을에서 사는 법이란 보살의 마음을 가꿔나가는 법을 말하지요.

그 분이 "젊은 스님이 이런 곳에서 어떻게 살아요." 하고 물었습니다. 제가 무심코 "일이나 하면서 살지요." 하였더니 "아니 그 허연 손으로 무슨 일을 할 수 있겠어요. 밭에서 염불이나 해 주시지요." 하더군요.

기가 막혔습니다. 일손인가 아닌가를 알아보는 은순 엄마의 일성一聲이 내게는 마치 냉혹한 작두와 같았습니다. 저의 손이 창백한 손이 되어 단박에 잘려 나가고 말았습니다. 그 분의 말씀은 허연 손을 지닌 저를 질책하는 것이기도 했지만, 한편으론 손에 낫을 들고 호미를 드는 일만 일이 아니라는 소리이기도 했습니다. 곧 당신이 가장 잘하는 일이 염불이니 방구석에서만 염불하지 말고 밭일하는 사람들 가운데서 염불하라는 것이지요. 호미를 손에 들지 않는 대신 염불로 마을 사람들의 일을 도우라는 뜻입니다. 보살님은 어떻게 생각하십니까. 이만하면 이분들이 얼마나 지혜로운가를 알 수 있지 않겠습니까. 사실 이분들은 별달리 배운 것도 없습니다. 그저 많이 배웠다고 해보아야 국민학교나 중학교 중퇴이지요. 아는 체 많이 하는 서울 사람들보다 훨씬 더 많이 저를 깨우쳐 줍니다. 앞으로도 이런 식으로 마을 사람들에게 더욱 혼이 날 것 같습니다. 아무튼 마을이 거저 이루어지는 것이 아니란 생각이 듭니다. 빈손으로는 마을을 이룰 수 없고 일손들로만 마을을 이룰 수 있다는 생각도 해 봅니다.

보살님, 겨울밤에 아무도 몰래 흰 눈이 소록소록 쌓이듯이, 이곳에서의 나의 삶에도 첫눈이 내리는 것을 느낍니다. 하루하루 무언가 자꾸 쌓이는 것 같습니다.

보살님, 마을로 이사하는 것은 마을 사람들이 어울려 있는 터에 들어서는 것이며, 마을 사람이 된다는 것은 마을의 보이지 않는 질서와 정신과 하나 되는 것이며, 마을에 사는 방법이란 마을 일손이 되는 것임을 알겠습니다. 그리고 역사라는 것도 정토라는 것도 '마을'을 이루는 것임을 알겠습니다. 이것이 이곳 덕두원에서 얻은 첫 깨달음입니다.

보살님, 마을을 이루기 위해서는 일이 없는 사람의 빈 손, 허영의 욕망만 움켜쥐고 있는 사람의 빈 손, 마을 밖에서 어슬렁거리며 마을을 훔치려는 도적의 손, 이런 손들을 호미로 뽑고 팽이로 파내고 낫으로 베어 버려야 할 것 같습니다.

잡초는 뽑아도 돌아앉으면 어느새 돋아난다는 말이 있습니다. 그렇습니다. 잡초는 늘 쉼 없이 뽑아내고 솎아내야 합니다. 마찬가지로 마을을 이루려면 앞서 말한 사람, 그 손들에게서 한 순간도 돌아앉지 말고 경계해야 합니다. 지금 우리가 민주화와 통일로 가느냐 못 가느냐 하는 것은 역사의 도적들을 뽑아내느냐 못 하느냐에 달려 있습니다.

보살님, 호미를 들고 낫을 들고 팽이를 들고 마을의 밭으로 나갑니다. 거기서 농민 마을, 노동자 마을, 보살의 마을을 생각하며 잡초를 뽑아냅니다. 나의 마음 밭을 솎아냅니다.

마을사람들 2

처음에는 한 사람씩 한 사람씩 마을을 떠나더니 그 다음에는 한 집씩 두 집씩 떠나고, 이제는 마을이 하나씩 둘씩 없어지는 기막힌 현실 앞에서는 도정道情도 또 하나의 소유가 됩니다.

떠남들이 자의적이었다면 길이라도 닦으며 언젠가는 돌아오리라 기약이라도 해보련만, 마을을 떠날 수밖에 없는 이유가 차라리 흉년과 재난이라면 뼈아픔이라도 남을 터이지만, 해마다 신기록을 세우듯 풍년이 되어도 마을이 비어 감을 어떻게 이해해야 할는지요.

보살님, 관청 사람들이나 텔레비전의 보도원들은 나락의 숫자를 헤아려 풍년인지 아닌지를 가늠합니다. 그러나 농부들은 벼 한 포기 한 포기를 손아귀로 베어 나가며 풍년인지를 압니다. 손아귀에 전해지는 느낌이 농부들의 측량 기준이지요.

이삭이 많아서, 그래서 그 무게가 많이 나가기 때문에 풍년이라고 함은 어찌 보면 당연한 듯합니다. 그러나 이렇게 풍년을 가늠하는 것은 산술적인 계산에 따른 것일 뿐이며 실제의 풍년은 그와는 상당히 차이가 있습니다. 양에 따르는 질의 문제가 복합되어야 풍년의 기준이 될 수 있습니다.

다수확 품종이 결코 양질의 변화를 가져오지는 않듯이 양이 질을 결정하지는 않습니다. 그러므로 단순한 산술적 계산은 질의 문제를 간과해 버린 양의 척도만을 따를 뿐입니다.

풍년을 가름하려면 질의 문제 곧, 벼 한 포기 한 포기에 대한 점검이 필요합니다. 벼 한 포기를 점검하는 일은 농부 한 사람 한 사람의 마음을 헤아리는 일입니다. 따라서 나락을 헤아리는 산술적 계산이 풍년을 가름하는 기준이 될 수 없으며, 풍년은 손아귀로 느끼는 농부 한 사람 한 사람의 뿌듯함으로 감지되어야 옳을 듯싶습니다.

해마다 풍년이라고 하지만, 농부들의 손아귀에는 해마다 점점 더 큰 슬픔의 무게만 전해집니다. 늘상 손아귀에 슬픔을 움켜쥐고 있는 사람들이 어찌 농민뿐이겠습니까. 기계를 잡은 손, 하루 일거리의 손, 그물을 잡는 손, 팁을 받는 손 이런 손들도 슬픔의 무게를 느끼겠지요. 슬픔은 또 하나의 분노입니다.

보살님, 산술적 계산에는 풍년의 무게가 없듯, 산술적 계산으로 가치의 기준을 세우는 사람들에게는 슬픔과 기쁨의 무게가 없을 것 같습니다. 이와 같이 무게를 느끼지 못하는 빈 손아귀를 지닌 사람들이 슬픔이나 기쁨을, 현실이나 역사를 더 잘 아는 것처럼 말합니다. 이런 사람들은 머리로 산술적 계산을 하듯 역사나 현실을, 슬픔이나 기쁨을 머리로 알지요.

머리의 앎과 손의 앎에는 농사법을 책으로 배워서 아는 것과 직접 지으면서 깨닫는 것만큼의 차이가 있습니다. 손의 농사에는 소가 있어야 하고, 이웃도 있어야 하고, 땅과 햇빛과 지렁이가 있어야 하고 마을 사람이 있어야 합니다. 그러나 머리 농사에는 책만 있으면 됩니다.

지난번 편지에서 말씀드린 것처럼 마을이란 다양한 손들의 모임입니다. 마을이란 집으로 혹은 사람으로 이루어지는 것이 아니라 바로 손들의 모임 속에서 이루어지는 것입니다. 현실을 역사의 손으로 아는 사람들에게는 '마을'이 있지만 머리로만 아는 사람들에게는 '개인'만 존재하지요.

계산법이 제아무리 발달하더라도 손아귀에서 살아 숨 쉬는 무게의 힘을 어찌 알 수가 있겠습니까. 지식이나 논리적 사고의 한계도 여기에 있는 것이 아니겠습니까. 그런데 어리석은 사람들은 자꾸 산술적 계산법만을 좇아갑니다. 그러니까 머리가 손을 지배하고 마을을 깨뜨리는 것이라 생각합니다.

이렇게도 생각해 봅니다. 우리가 말하는 선禪이라는 것은 농부가 손아귀로 볏단을 잡을 때의 직감과 같은 것이라고. 그러나 그 직감은 오랫동안 일을 함으로써 얻어내는 것이지 결코 일이 없는 사람들이 상상력만으로 얻어내는 것은 아닙니다. 깨달은 자만 깨달음을 알듯 논에 발목을 적셔 본 자만 이 풍년과 흉년을 알 수 있습니다. 논의 근처에도 와보지 못한 사람들이 무슨 풍년을 알겠습니까.

보살님, 마을을 이룬다는 것은 손아귀의 느낌들을 주고받음이며 사람과 사람, 사람과 일, 사람과 자연, 머리와 손이 통일을 이루는 것입니다. 서울을 마을이라 하지 못함은 개인의 머리들만 수없이 존재하기 때문이겠지요.

불교에서 말하는 보살의 길을 이룸이란 곧 보살의 마을을 이루는 데 있다고 생각합니다. 보살의 마을은 일과 깨달음이 함께 머무는 곳입니다.

보살님, 추석이 되어 농촌을 떠났던 마을의 아들딸들이 돌아옵니다. 늙은 애비와 에미들만 지키는 마을이 되어버린 시골은 평소에는 쓸쓸한 기운만 가득하지요. 돌아오는 사람들은 어머니의 품속 같은 고향이라고 말하지만, 그 어머니의 품속에서 병이 깊어감을 알기나 할는지요. 오랜만에 마을이 훈훈합니다. 굴뚝 연기도 힘차게 솟아오릅니다. 병든 어머니 품도 자식들이 안김으로써 몰라보게 나아진 것 같습니다.

권종이네 집에선 어미 소가 애기 낳았다고 빨리 오라고 야단입니다. 해산날에서 일주일이 지나도록 소식이 없어 애를 태우더니 추석 전날 밤에 낳은 것을 보면 어미 소도 고향 사람들을 기다린 모양입니다. 돌아오는 사람들에게는 대단한 환영의 선물이기도 하지만 그보다도 아기 송아지는 아마도 농촌이 있어야 추석이 있음을 가르쳐 주려고 어미 뱃속에서 나갈 때를 기다렸나 봅니다. 추석이란 농부들의 명절이며 문화이지 화려한 넥타이를 맨 이들의 것은 아니지요. 농촌 문화 속에서 자라온 송아지의 마지막 힘겨운 안간 힘을 보는 듯하여 안쓰럽습니다.

특별한 이름을 준비하지 못하여 아기 소에 '한가위'란 이름을 지어 보았습니다. 모래쯤 다시 마을의 아들딸들이 떠나고 나면 농촌은, 농촌의 한가위는 또 다시 외로워질 것 같습니다.

무상無常을 노래함

누가 봄이 왔다고 말하는 사람이 있다면
겨울은 어디로 떠났냐고 묻고 싶네.
나는 다만 이 아침,
느티나무 가지에 새잎이 돋아남을
노래할 뿐.

보살님, 이윽고 봄이 왔습니다. 어느 길목으로 봄이 왔는지는 모르겠지만
참새 떼의 부산함을 보아도 봄임을 알 수 있습니다. 사람들도 봄을 맞이하
려는 듯 겨울 방에서 외출을 서두릅니다. 이런 날엔 뜨락에 나가 따스한
봄빛 아래 한 그루 나무로 앉아 보면 한 가닥 빈 마음의 가지 위에 어느덧
새잎이 돋아남을 느낍니다.

봄을 찾으러 온종일 신발이 닳도록 헤매다가 결국 봄을 만나지 못하고 돌
아와 문득 문밖을 보니 눈 속 매화나무 가지에 꽃이 피어 있더라는 내용의
시구가 어슴푸레 생각납니다.

그러면, 보살님, 봄은 어디에 있는지요. 지금 제가 쬐고 있는 이 따뜻한 햇
살이 봄입니까. 꽃이 피어남이 봄입니까. 봄이 왔다면 겨울은 어디로 떠
난 것입니까.

나무며 산, 강이며 들, 길, 들풀 그 밖의 무수한 꽃, 그리고 인간이 모두 새
빛으로 깨어나고 있습니다. 이것을 사람들은 춘색春色이라 하던가요. 비록
봄이 어디 있는 줄은 모르더라도 천하 만물에 가득한 봄빛은 육안만으로

도 알 수 있습니다. 그래서 우리는 매화나무 꽃이 열리고 들풀이 허리 세움을 임의대로 봄이라고 말합니다. 사물 하나하나는 그저 제 스스로 우주의 생성과 소멸을 지키고 있을 뿐인데 말입니다.

만약 봄이 실체가 있다면 어릴적 느끼던 봄과 작년의 봄과 올해의 봄은 모두 같아야 할 터인데 분명히 올해의 봄은 작년의 봄과 다릅니다. 우리집 뜨락의 느티나무만 해도 작년 봄보다 더 무성한 나뭇잎과 가지를 키워내고 있습니다. 그리고 무엇인가 조금씩 조금씩 자리를 옮기거나 형상을 달리하고 있습니다. 아랫집에 사시는 할머니가 장한長恨의 목소리로 심어 놓았던 꽃나무도 제 키만큼 자랐습니다. 뿐만 아니라 스스로도 작년의 나와 올해의 내가 다름을 느끼며, 그러한 내가 느끼는 봄도 또한 작년과 올해가 다릅니다. 이처럼 봄이라는 계절은 같지만 봄빛은 무언가 변화된 모습이니, 봄이 돌아왔다거나 봄이 왔다는 표현도 틀린 듯합니다. 올해의 봄이란 다만 끊임없는 변화와 생주이멸生住異滅의 하나인 까닭이지요. 결국 우리가 말하는 봄이라 함은 삼월에서 오월까지라는 시기를 정해 놓고 이를 봄이라고 부르자는 인간끼리의 약속일뿐이며, 정작 그 실체는 없는 것 같습니다. 두두물물頭頭物物이 우주 안에서 태양의 위치에 따라 때로는 따뜻하게, 때로는 뜨겁게, 때로는 서늘하게, 때로는 춥게 변화할 뿐이니 달리 이것이 봄이라고 불릴 까닭은 없습니다. 따라서 내가 뜨락에 나와 있는 지금은 겨울이 떠난 것도 아니며 봄이 온 것도 아니겠지요. 무수한 생성과 변화 가운데 따뜻한 변화와 마주하고 있는 셈이지요. 이 따뜻한 변화에는 겨울의 추위가 숨어 있고 가을의 서늘함과 여름의 뜨거움도 함께 있습니다. 그러니 봄날 속에서 가끔씩 찾아오는 추운 날이 겨울의 모습이며 가끔씩 찾아오는 더운 날은 여름의 모습이라고 할까요. 하루를 살펴보아도 그렇습니다. 봄이라 하더라도 새벽은 춥고 아침은 따뜻하며 대낮은 조금 더 뜨겁고 저녁은 서늘하니, 하루에 사계절[春·夏·秋·冬]이 함께 하고 있음이 역력합니다. 그런 까닭에 봄은 실체가 없으며, 다만 그 변화가 사계절을 포용하고 있을 뿐입니다.

제가 주제넘게 이런 말씀을 드리는 것은, 사람들은 언어를 빌어서 사물이나 역사를 말하지만 언어의 뒤에 숨어 있는 사물이나 역사의 변화를 보지 못한 채로 감상의 오류에 떨어지기 쉬움을 불현듯 느꼈기 때문입니다. 그렇다고 언어의 표현을 멀리하자는 뜻은 더욱 아닙니다. 다만 언어와 사물과 역사가 연결되어 있는 길을 틔우자는 뜻입니다.

보살님과 제가 맞이하는 봄은 틀림없이 그 느낌이나 정경이 다릅니다. 봄이 왔다는 표현은 사물의 변화와 생성을 표현하는 데 목적이 있습니다. 봄빛에 취한 감성에 봄이 와도 봄을 만나지는 못합니다.

어찌 보면 봄은 온갖 존재들에 있습니다. 이제 우리가 해야 할 일은 봄을 보는 눈을 여는 일입니다. 모든 존재가 변화, 생성, 소멸하는 힘을 깨닫는 것이 봄을 보는 일이며, 봄소식을 듣는 일이겠지요.

선가에서 말하는 '직지인심 견성성불直指人心 見性成佛'이라는 말도 변화의 실상을 깨달으라는 뜻이 아닌가 생각합니다. 역사의 문제도 마찬가지라고 생각합니다. 역사를 평면적으로 보거나 한정된 시간과 공간 속에서 파악하려 해서는 안 될 것입니다. 역사의 사건이나 삶의 뒤에 있는 움직임을 깨달을 때, 역사는 비로소 살아있는 역사로서 자리할 것입니다. 그것을 깨닫는 일은 춘색春色 속에서 진정한 봄을 찾는 일과 다르지 않습니다.

무상한 것은 허망하다는 것이 아니다

보살님, 저는 앞에서 봄을 통해 생성과 변화를 깨닫자고 하였습니다. 이것을 불가에서는 제행무상諸行無常이라고 하던가요. 무상은 변화를 가리키는 말이지 싶습니다. 그러나 무상하다는 말을 우리가 종종 허망한 것으로 표현하고 있음을 볼 때 무엇인가 잘못된 것 같습니다.

흔히 사람들은 계절이 바뀔 때마다 세월이 무상하다고 말합니다. 또는 죽음에 가까이 다가서거나 절망할 때 인생이 무상하다고 합니다. 이 말의 속뜻은 허망하다는 것이지요. 그러나 무상하다는 것이 허망하다는 뜻이 아니라 변화한다는 뜻이므로, 인생이 끝없이 변화하는구나 하는 표현으로 바뀌어야 할 것 같습니다.

이러한 표현은 우리 주위에 수없이 널려 있습니다.

무상하다는 말의 글자를 풀어 보더라도, 항상[常]함이 없다는 뜻이니, 곧 모든 것은 변화한다는 뜻이지요. 따라서 무상하다는 말은 존재들의 객관적 변화를 말하는 것이고 허망하다는 말은 개인의 심리를 표현하는 것입니다. 무상이 변화의 실상을 파악하여 창조의 힘을 발산하는 반면, 허망은 절망에 따른 퇴보만을 합니다.

무상함이 허망함의 뜻으로 쓰이고 있음은 오늘의 일만은 아닙니다. 우리가 늘 찬탄을 아끼지 않는 고시나 고승들의 법어에서도 인생의 무상함을 허망하다는 뜻으로 노래하고 있습니다. 무상이 개인과 사회와 자연이 서로 어울려 변화함을 말하는 것이므로 허무의 뜻을 담아 인생이 무상하다고 하는 것은 모두 틀린 이야기입니다. 어떤 사람이 이렇게 잘못된 뜻으로 인생이 무상하다고 한다면, 그것은 인생 자체가 허무한 것이 아니라 그가 스스로 잘못 살아왔으며, 그래서 그의 삶이 허무하기 때문입니다.

고승들의 한담이나 고전 속에서 인생은 꿈과 같다고 하는 표현도 거짓입니다. 살아가면서 꾸는 꿈이나 잠자며 꾸는 꿈도 삶의 한 귀퉁이임에도 불구하고 굳이 허망의 뜻을 담아서 꿈이라고 표현하는 것도 무상을 제대로 깨닫지 못했기 때문일 것입니다.

어떤 지식인은 무상을 시간이 흘러감이라고 말합니다. 그러나 이렇게 말하는 사람은 대단히 이론에 치우쳐 서구적인 시간과 공간의 개념에 빠져 있는 사람이라고 말하고 싶습니다. 무상이라는 말은 시간이나 공간의 뜻을 지니고 있는 말이 아닙니다. 왜냐하면 사물의 변화와 생성은 일정한 시간과 공간에 의해서 이루어지는 것이 아니라 조건과의 관계 속에서 끊임없이 이루어지기 때문입니다. 그러므로 사물 하나하나는 스스로 시간성과 공간성을 갖추고 있다고 해야 하겠습니다. 보기를 들면 사람의 시간과 동물의 시간, 그리고 하루살이의 시간은 저마다 다릅니다. 하루살이의 삶은 인간의 시간으로는 하루지만 하루살이의 시간으로는 일생입니다. 그래서 생성과 소멸이 확정된 시간 속에서 이루어지는 것은 아니며 그 변화 자체가 시간임을 깨달아야 하겠습니다.

보살님, 무상하다는 말이 변화와 창조의 실상임에도 불구하고 이 말을 이렇듯 허무와 체념의 뜻으로 받아들임은, 우리나라 사람들이 예로부터 체념을 달관의 경지로 이끌려고 한 데서 비롯하는 듯합니다. 그리고 다른 한편으로는 역사나 사회 같은 객관 세계의 관계 변화에 대한 살핌 없이 모든 문제를 개인의 삶의 태도로 한정하려는 데서 비롯한다고 생각합니다.

허무주의적 체념과 달관이라는 개인주의의 태도들이 오늘 이 땅에서 민주주의와 통일을 이루지 못하게 하는 것은 아닌지 살펴보아야 하겠습니다.

보살님, 변화가 어떻게 이루어지는지에 대해서는 지식으로 알 수 없습니다. 그것은 세계와 자기의 개조를 끊임없이 실천하는 과정 속에서만 알 수 있습니다. 따라서 내면을 키우는 일도 더할 수 없이 중요하지만 바깥 세상에 대한 변화를 파악해야만 안과 밖, 내면과 세계의 통일을 이룰 수 있습니다.

보살님, 봄이 왔지만 봄빛을 탐하는 몸짓을 거두고 마치 겨울산 같은 냉정함을 지니고서 봄의 변화 속에 있어 보는 것도 또한 이 봄을 봄답게 하는 길이라 생각합니다.

오늘 허튼소리로 보살님의 방문을 열어 봅니다. 보살님의 봄은 어떠하신지요.

밥 먹으러 가는 길

절집의 식탁은 밥과 두부의 흰색을 제외하면 날마다 녹색 테이블입니다. 육식을 금하는 절집의 계율 때문이겠지요. 그러나 밥 먹을 때마다 녹색을 대하다 보면 자칫 밥 먹는 일이 지겹다는 생각을 내기 쉽습니다.

오늘 아침에도 변함없는 녹색들의 축제를 보고 내가 "또 여물이구나!" 하며 한탄하니, 한 스님이 "여물은 여물이로되 사람이 먹는 녹색 여물이지요. 소도 여물을 먹어서 순하니 우리도 여물을 먹어야 소처럼 순해질 것입니다. 색깔 중에서도 가장 순수한 색깔이 녹색이므로 녹색 여물을 많이 먹으면 사람도 녹색에 물들어 순수해질 것이니 열심히 먹읍시다." 하는 것이었습니다. 제 농담을 받아 깊은 의미를 부여하는 그 스님의 말씀을 듣곤 수행이 깊으면 밥 먹는 일조차도 수행으로 여기는구나 생각되며 내 자신이 부끄러워져 몸 둘 바를 몰랐습니다. 이미 그 스님은 산채 속에 담긴 자연의 신비와 인간의 땀방울을 온몸으로 느껴서 알고 있는 것 같았습니다. 보살님, 오늘은 그 스님의 뜻을 이어서 밥에 대한 이야기를 정리해 보고 싶습니다.

어렸을 적에 저의 부친께서는 밥상 앞에서 말을 하면 호통 치셨던 것을 기억합니다. 저의 부친뿐만 아니라 이 땅의 어르신들께서는 모두 한결같이 말은 물론이거니와 밥 씹는 소리조차 못 내게 하셨지요. 당연히 밥투정은 엄두도 못 낼 일이었습니다. 돌아가신 저의 스승께서도 밥은 먹는 것이 아니라 받는 것이라고 누누이 강조하셨습니다. 남들의 희생을 몸이라는 그릇으로 받는다는 것이었습니다.

지금은 절집 풍토가 많이 바뀌어서 밥을 짓는 자세마저도 달라졌습니다. 제가 행자 시절, 그러니까 공양주를 할 때만 해도 밥을 지으려면 먼저 조왕 대신 앞에 촛불과 향을 사르고 시작했습니다. 밥을 지을 때 촛불과 향이 사르어져 있지 않으면 스승님이 내려와 호통을 치셨지요. 밥을 지으면서 다른 곳에 가 있거나 하지도 말고 언제나 솥 앞에서 염불을 하라고 하셨습니다. 밥은 불이 아니라 염불 소리로 익히는 것이라고 하셨지요. 그러시면서 "밥을 짓는 것은 밥을 하는 것과 다르다. 밥을 짓는 것은 다른 여러 사람들의 노력과 희생을 한 덩어리로 만들어서 부처님과 만인에게 공양을 올리는 데 그 뜻이 있거든. 그래서 밥을 짓는다고 하는 것이지. 만인에게 공양하는 것은 모든 사람들이 깨달음의 세계를 얻게 하는 데 힘이 되게 하기 위함이야. 그러나 밥을 한다는 것은 먹기만을 위한다는 말이니 그것은 잘못된 표현이다. 그러므로 밥을 짓는 사람은 하늘과 같은 마음, 부처님과 같은 마음이 있어야 해. 밥을 짓는 데 필요한 솥이나 그릇들도 형상으로 보지 마라. 그것은 하늘과 우주를 담는 그릇이야 그래서 공양간(밥 짓는 곳)의 물건은 누구도 손을 대서는 안 되며 다른 용도로 쓰여서도 안 되는 까닭이 여기에 있다. 그 물건들은 오로지 밥 짓는 데만 사용해야 해. 그 그릇들이 우주를 담는 그릇이며 만인의 희생을 담는 그릇이라면, 너는 우주를 움직이는 사람이며 만유의 희생을 승화시켜야 할 책임을 지는 사람이다. 그러므로 절집에서 공양주를 가장 귀하게 여기는 까닭도 여기에 있으며 처음 출가한 사람에게 공양주를 시켜 세속의 마음을 비우게 하는 까닭도 여기에 있는 것이다."라는 말씀을 하셨습니다.

이 땅의 옛 어르신들이나 저의 스승님이 밥 앞에서 겸허한 자세와 정성을 요구했던 것은 모든 생명체들의 희생이 밥 속에 담겨 있기 때문이겠습니다.

보살님, 남들은 불교가 어렵다고 합니다. 그러나 저는 불교가 다름 아닌 밥 먹는 법을 가르치는 종교이기에 어쩌면 가장 쉬운 종교일 수도 있다는 생각을 내어 봅니다.

밥 먹는 일을 배우는 것은 인생을 배우는 것과 같다고도 생각합니다. 사람들은 늘상 밥을 먹으면서도, 밥을 왜 먹는지 또는 밥이 자기 앞에 어떻게 이르는지를 모릅니다. 인생을 살면서도, 왜 사는지 어떻게 살아야 하는지를 잘 모르는 것과 같습니다.

외국어를 완벽하게 숙달하는 데도 수년 또는 십년 이상은 족히 걸립니다. 이처럼 많은 시간을 들여가며 말을 배우면서도, 책 몇 권이나 글자 몇 줄로 인생을 알려고 하며, 그 이상의 노력은 좀처럼 기울이지 않습니다. 어찌 인생을 단박에 깨달을 수 있으며, 인생을 깨닫는 법을 가르치는 불교를 단번에 알 수 있겠습니까. 그러나 하고자 하는 사람에게는 외국어처럼 세월을 허비하지 않아도 되는 것이 인생을 깨닫는 일이며 밥 먹는 것을 배우는 길이지 싶습니다. 밥 먹는 것처럼 쉬운 일도 없으나 또한 그처럼 어려운 일도 없다는 것은, 밥 먹는 것을 깨닫기 위해서는 외국어를 배울 때처럼 시간을 들여야 하는 것이 아니라 마음을 열어야 하기 때문입니다. 사람들은 밥 먹는 일이 너무나 일상적인 일이라 그것에 깊은 의미를 부여하지 않습니다. 그러나 평상심이 도라는 말이 있지 않습니까. 높고 큰 것은 사실은 일상적인 일에 있습니다.

인생을 깨닫는 일이나 새 세상을 만드는 일도 일상적으로 해야 하는 일일 뿐 특별한 일은 아니지요. 혁명이니 민주운동이니 하는 일도 밥 먹듯 일상의 일처럼 해야 한다는 것입니다.

보살님, 절집에서는 밥 먹는 일을 공양供養이라고 하지요. 공양이란 베푼다는 뜻과 기른다는 뜻이 있습니다. 베푼다는 것은 다른 생명들이 희생을 한다는 뜻이고, 기른다는 것은 그 희생으로 나의 생명을 기른다는 뜻입니다. 내 생명을 기른다는 것은 다시 내가 또 다른 생명들에게 희생하는 뜻이라고 생각합니다. 이렇게 본다면 밥 먹는 것이란 다른 생명의 희생을 받아서 내 생명을 기르고 내 생명을 또 다른 생명에 바친다는 뜻이지요.

민주열사들의 죽음을 생각해 봅니다. 그들의 죽음은 단순한 죽음이나 자살이 아니라 세상을 살리기 위한 분신공양이라고 함이 옳을 것입니다. 주리고 목마른 사람들을 위해 참된 밥이 되었다는 뜻이지요. 그들이 준 밥을 내가 어떻게 받을 것이냐 하는 것은 나는 또 어떠한 밥이 될 것이냐 하는 것과 같습니다.

요즈음에는 절집에서조차 밥 먹는 마음을 잃어버리는 것 같아 매우 서글퍼집니다. 지금도 몇몇 큰 사찰에서는 발우공양을 하지만 그 밖의 사찰에서는 발우공양이 아닌 식탁공양으로 대신하고 있으며 그나마 예전처럼 밥을 받는 여법한 가풍은 느낄 수가 없습니다.

보살님, 발우공양에 대해 말씀드려 볼까요.

발우공양이란 세 가지가 청정해야 합니다. 첫째는 밥이 청정해야 하고, 둘째는 음식을 받는 사람이 청정해야 하며, 셋째는 공양 받는 자리가 청정해야 합니다. 밥이 청정해야 한다는 것은 공양을 올린 사람들이 정당한 노동을 통해서 마련한 밥이어야 함을 말하는 것이지요. 만약 투기를 한 것이거나 다른 사람의 노력을 빼앗아 마련한 것이라면 밥이 될 수 없습니다. 밥을 받는 사람이 청정해야 한다는 것은 밥을 받을 자격을 갖추어야 한다는 뜻입니다. 공양 받는 자리가 청정해야 한다는 것은 밥을 받는 자리가 생명을 열기 위한 자리여야 함을 말하는 것이지요. 밥을 받는 자리는 곧 모든 생명들이 나에게로 오는 길이며 나의 생명을 모두에게로 열어 놓는 길입니다. 이와 같이 밥을 받는 자리는 모든 생명들의 평등함과 안락을 함께

구하는 자리여야 하므로, 번뇌 하나, 욕심 하나 끼워 넣을 자리가 없이 깨끗해야 합니다. 절집에서 뜨거운 여름에도 가사와 장삼을 수하고 삼십 분이 넘는 염불 가락을 염송하며 밥을 먹는 이유가 여기에 있습니다. 밥을 안 먹는 사람도 함께 공양에 참여하는 까닭도 밥을 먹는 자리가 곧 희생을 받기 위한 자리이기 때문입니다. 중들은 늘상 빌어먹는 사람들이기에 이렇게 생각하는 것이 당연 하다고 생각할지 모르지만 세속인들도 역시 마찬가지라고 생각합니다.

또 밥을 받을 때마다 네 가지를 생각합니다. 첫째는 옛 성현들의 가르침에 귀의하고 공경하는 마음을 가져야 하는 것이며, 둘째는 모든 생명들에 대해서 감사와 자비심을 일으켜야 하는 것이며, 셋째는 자신의 수행에 대해 반성하고 자신도 희생하는 마음을 내어야 하는 것이며, 넷째는 모든 생명들과 함께 밥을 나누어 먹는 마음을 가져야 하는 것입니다. 저희들의 공양 기도는 바로 이 네 가지에 대하여 염念하는 것입니다. 하느님이 밥을 주셨다든지, 부처님이 밥을 주셨다고 하는 말은 어느 한 곳에서도 찾아볼 수가 없지요.

사람들이 모여 밥을 받기 전에 발우를 펴면서 — 발우란 네 개의 그릇이 한 벌을 이루는 밥그릇인데 포개어 놓으면 하나처럼 보입니다. 발우를 편다는 뜻은 포개어진 그릇을 밥을 받기 위해 펼친다는 말입니다. — 다음과 같이 염송합니다.

"부처님께서 전해 주신 그릇을 내가 이제 받아 펴오니 원컨대 모든 중생들로 하여금 삼륜三輪이 청정케 하소서."

삼륜이란 공양을 올리는 사람과 공양을 받는 사람과 공양물 곧 밥을 말하는데, 이렇게 염송하는 것은 밥 먹기 전에 세상을 향해 마음을 활짝 열어 놓기 위함입니다.

이렇게 기도를 하고 난 뒤 발우에 밥을 받습니다. 모든 사람에게 배식이 끝나면 다시 밥그릇을 하늘 높이 올리고 오관게五觀偈를 외웁니다. 그러면서 이 밥이 내 앞에 오기까지 있었을 크고 작은 모든 생명들의 희생과 노동을 헤아리며 나의 덕행이 이 밥을 받을 자격이 있는지를 헤아립니다. 그러곤 "탐貪, 진瞋, 치痴 등이 더러운 마음을 일으키나니 중생의 희생으로 얻어진 이 밥은 몸과 마음을 다스리는 좋은 약으로서 안락한 세상을 이룩하기 위해 받나이다."라고 합니다.

그 다음에 하늘로 쳐든 밥그릇을 땅바닥에 놓으며 온갖 귀신들에게 밥알을 몇 개씩 나누어 주는 의식을 합니다. "삼라만상에 가득한 귀신들이여, 내 이제 그대들에게 공양을 베풀어 이 음식의 공덕이 모든 곳에 두루 있을지니 일체 함령이여 공양을 받으라."

여기서 귀신이라 함은 신적인 것이 아니라 우리가 이름붙이지 못한 온갖 생명의 활동을 말하는 것이라 생각합니다. 비록 밥을 혼자 먹을 때라도, 사실은 모든 생명들과 함께 나누어 먹는 것임을 뜻합니다.

이렇게 하고 난 뒤에는 밥을 먹습니다. 밥을 다 먹고 난 뒤에는 이제 그릇을 씻을 차례가 옵니다. 절에서는 밥 먹는 자리에서 맨손 설거지를 하는데, 공양을 받을 때 이미 씻을 물도 함께 돌리지요. 절에서는 하늘의 물[天水]이라고 합니다. 그릇을 씻으면서 "하나의 물방울을 자세히 관찰해 보니 여기에도 팔만사천의 벌레가 살고 있네. 내 어찌 저들을 위해 기도를 하지 않을 수 있겠는가." 하며 주문을 외웁니다. 하나의 물방울에도 수많은 미생물들의 희생이 있다는 것과 물 자체가 하나의 생명임을 뜻하는 것입니다. 그래서 또 생수生水, 천수天水라 하는 것이지요.

율장에는 흐르는 물에도 침을 뱉지 말라고 하였으니, 발우공양에서 맨손 설거지를 하는 것은 그 의미가 참으로 깊다 하겠습니다. 곧, 물의 생명을 다치게 할 수 없으며 물의 생명 속에 살고 있는 또 다른 생명을 위해 기도한다는 뜻이지요.

그런데 우리는 어떻습니까. 물의 생명을 죽여 사수死水로 만들고 있습니다. 깨끗하게 닦으려고 세제를 쓴다면 깨끗한 것을 좋아하는 사람들이 어찌 세상을 이토록 더럽게 만들었습니까. 요즈음엔 절집에서조차 퐁퐁이며 트리오가 일상적으로 쓰이고 있으니 무어라 할 말이 없습니다.

이 뒤로도 몇 가지가 더 있지만 생략하고 마지막 중요한 부분만 말씀드리겠습니다. 그릇을 씻은 물은 온갖 찌꺼기가 가라앉아 탁하기 마련입니다. 그런데 이 찌꺼기를 버려서는 안 됩니다. 위에 있는 맑은 물은 다른 큰 그릇 — 천수통이라 합니다만 — 에 비우고 찌꺼기는 자신이 먹어야 합니다. 그 찌꺼기는 바로 중생의 희생물이기 때문이지요.

발우를 씻은 물을 비울 때는 "내가 발우를 씻은 물은 하늘나라의 감로수와 같아서 이제 땅속에 있는 생명들에게 베푸니 모두 받아 마시고 배불러지이다." 라고 염송합니다. 발우를 씻은 물은 한 데 모아서 공양방 밖 댓돌 옆에 있는 천수대에 쏟는데 이때 만약 찌꺼기가 나오면 그날의 공양은 법도에 어긋났다 하여 그 다음의 공양 때 공사工事를 빌려 주의를 환기시킵니다.

이런 과정을 거친 뒤에야 다음의 게송을 염송하며 공양을 끝냅니다.

"이제 밥을 받아 힘이 솟아나니 시방삼세에 몸을 나투어야 할 큰 사람이 되어야 하겠네. 인과가 역연하나 생각 속에 두지 아니하니 일체 중생들이 이제는 깨달음을 얻게 하리."

중생의 희생으로 내가 살고 있으니 이젠 내가 중생을 위해 희생하겠다는 실천 의지의 게송이지요.

보살님, 밥을 대하는 것은 뭇생명을 대하는 것이며 뭇생명을 대하는 것은 일체 생명들의 공덕을 기리는 것이지요. 그런 까닭에 밥을 육체의 그릇에 받는 것은 일체 중생을 평화와 안락의 세계로 인도하는 힘을 기르려는 뜻이라고 하겠습니다. 이것이 불교에서 공양할 때 염송하는 기도이며 발원입니다. (여기서는 기도문이 많이 생략되었습니다.)

김지하 선생은 제사나 미사를 밥 먹는 일로 비유한 것으로 알고 있습니다. 그러나 제사든 미사든 밥을 받는 사람들의 정당한 노동이 없거나 제물에 청정한 노동이 스미지 않았다면, 제사나 미사는 다 헛것일 수밖에 없겠지요.

제사란 고인을 추모하는 자리가 아니라 산 자와 죽은 자가 어울리는 생명의 축제이니, 밥을 받을 자격이 없는 사람들의 제사와 미사는 무슨 의미가 있겠습니까. 그래서 제사나 미사가 귀천의 구별 없이 평등한 밥을 받는 자리며 이 밥을 나누는 법석法席이라면, 일상의 식사도 제사나 미사와 같다고 하겠습니다.

요즈음엔 밥 먹을 자격이 없는 사람이 너무나 많습니다. 남의 밥을 빼앗는 사람들, 남의 희생을 즐기면서 먹는 사람들, 편안하게 밥을 받으려 하는 사람들이 많기 때문에 이 세상이 미친 듯한 것이겠지요. 저도 그런 사람들 중 하나입니다. 정말 좋은 세상을 만들려고 한다면 밥을 받는 자세부터 고쳐야 하겠습니다. 한 끼의 밥 속에서 농민의 아픔을 보지 못한다면 아무리 박사, 대통령, 도승이 되더라도 식충임을 면할 수 없습니다. 가가호호 밥의 의미를 깨달아 저마다 밥 먹는 자세를 제대로 갖춘다면 아마도 새 세상은 빨리 오리라 믿습니다.

보살님, 문안인사가 늦었습니다. 안녕하셨는지도 때마다 공양은 잘 하시는지요. 저는 아직까지는 밥을 먹는다고 표현해야 할 듯합니다. 공짜 밥

을 많이 먹었으니 이제 다른 사람에게 밥을 나누어 주어야 할 일을 찾아야
하겠습니다.

견見과 관觀

"서울이라는 곳에서 중의 본분사를 삼 년만 지킬 수 있다면 보살이 될 것이고 그렇지 못하면 속승으로 전락할 것이다."

제가 처음 서울 생활을 시작할 때 도반스님이 들려주었던 말입니다.

서울 생활 십 년을 돌아보건대 제가 '보살'이 아님은 분명합니다. 오히려 부처님께 간물姦物로 남아 있는 것 같습니다. 부처님께서 일생 동안 걸음걸음마다 피워 놓으신 연꽃을 시비是非의 칼을 들고 훼毁하고 있으니 어찌 간물이라 하지 않을 수 있겠습니까. 애초에 수행의 힘이 없이 서울에 올라온 것부터 잘못인 것 같습니다.

이제는 출가의 본원本願조차 기억에 남아 있지 않군요. 아마도 다음의 생은 제가 정법正法을 훼한 만큼 천형을 면치 못할 것 같습니다. 행여나 뿌리 연약한 저의 도근道根마저 악습에 잘려 나갔다면 그 어떤 선업을 쌓아 입으로나마 원왕생願往生을 부르오리까.

오래 달군 쇠일수록 좋은 말을 만든다고 하지요. 그러나 저의 근기는 불 속에 들어가기만 하면 녹아버리는 용렬한 것임을, 어쩌자고 서울의 불속에 뛰어들어서 나와 천하를 속였는지 모르겠습니다. 보살님, 이 허물을 어떻게 벗어날 수 있겠습니까. 세세생생토록 축생의 몸을 받을지라도 불연佛緣만큼은 끊어지지 않기를 간절히 기원할 뿐입니다.

보살님, 서울 생활을 청산하면서 짐을 챙겼습니다. 책이며 옷가지들, 중은 일의일발一衣一鉢로 살아야 한다는데 왜 이렇게도 짐이 많은지, 마치 하루하루 쌓아놓은 업장業障 같습니다. 그러나 눈에 보이는 짐이야 한 생각 돌이키면 벗어 버릴 수 있지만 베풀어 주신 시은施恩은 근본을 잃어버린 어리석은 사람이 어떻게 감당할 수 있겠습니까. 그 시은이 앞길을 막고 도반의 형형한 눈빛이 뒷길을 막고 있는데, 어느 길로 어느 곳으로 몰래 떠날 수 있을는지 막막하기만 합니다. 그러나 상경이 있으면 낙향이 있고 모임[結]이 있으면 풀어냄[解]이 있으니 저의 낙향을 숙제를 풀기 위한 몸짓으로 여겨 주소서.

보살님, 선가에는 개구즉착開口即錯이라는 말이 있습니다. 진리의 본체는 말로써 표현할 수 없으니 본체를 말하고자 입을 여는 즉시 본체에 어긋난다는 뜻이지요. 떠나는 사람이기에 말없이 가야 할 줄 알고 있지만 개구開口가 착錯이라면 함구緘口도 역시 착임을 변명삼아 몇 가지 사족蛇足을 늘어놓을까 합니다.

사람들은 종종 불교가 산에서 내려와야 한다고 말합니다. 그러나 불교가 산을 내려와야 한다고 하면서도 도시에 중이 있는 것은 싫어하지요. 이 사람들의 눈은 산에서 중을 만나야 중다워 보이고 도심의 한가운데서 중을 만나면 구경거리쯤으로 보이는 것 같습니다. 결국 불교는 산을 내려와도 중은 산에 있기를 바라는 것인데, 이쯤 되면 이율배반의 기심奇心이 아닐 수 없습니다. 중이 다방이나 레스토랑에 가도 중이 올 곳이 못 된다는 눈초리들이지요. 신도들도 산에서는 합장인사를 잘 하면서도 도시의 거리에서는 그냥 지나칩니다.

또 한 가지 기이한 일이 있습니다. 요즈음 사업한다는 사람들 치고 점을 보지 않는 사람이 없으며 중마저 전문적으로 점쟁이질을 하는 사람이 있다고 하니 기막힐 일입니다. 이란에서는 지진 사태로 오만 명이 한날한시에 죽었는데, 점을 쳤더라면 이 사람들이 한날한시에 죽을 운명이었을까요. 남의 운명을 본다는 점쟁이들이나 그들을 찾아가는 사람들이나 다 그렇고 그런 사람들입니다. 박정희 씨가 죽고 나자 희熙자를 풀어 부하[臣]의 칼에 죽을 상이라고 하였던가요. 전두환 씨가 물러나고 나니 정감록 운운 하였던 것은 또 무슨 일입니까. 제멋대로 해석하는 데 한몫하는 사람들의 한심한 짓거리이지요. 박정희 씨의 죽음은 장기집권의 결과이며, 전두환 씨의 물러남은 국민적 저항의 결과임은 눈멀고 귀먹은 사람도 알고 있는 평범한 사실임에도 불구하고 이들은 사술邪術로써 기사奇事를 만들어 냅니다.

보살님, 저는 이러한 일들이 일어나는 까닭은 관觀이 없기 때문이라고 생각합니다. 사람들은 늘상 보려고만[見] 하지요. 견見이 현상적인 것만을 보거나 지식이라는 분석의 틀로써 대상을 취하는 것이라면 관은 마음으로 보는 것이며, 지혜로써 사물을 관찰하는 것이라는 생각이 듭니다. 산에 있으나 도시에 있으나 중은 같은 중임에도 불구하고 다르게 보는 것은 경계를 따라다니는 견見만 있기 때문이 아닐까요.

일상생활에서 사람이 서로 다투고 싸우는 이유도 이쪽 사람이 저쪽 사람의 형상이나 관점으로 바라보려는 데 있을 것입니다. 이렇게 본다면, 본다는 것 곧 견은 주관과 대상에 빠져버리는 일대일의 관계입니다. 그러나 관은 주관도 대상도 비워 내는 일이므로 관한다는 것은 주관과 대상을 끊는 것이 아니라 일체화시키는 작업이겠지요. 그래서 일대일의 관계가 아니라 일一과 다多의 관계입니다. 일대일의 관계는 다툼과 대립이 있지만 일과 다의 관계는 화해와 포용이 있습니다.

지금까지의 저의 서울 생활이 실패한 까닭도 바로 '내'가 강조되고 견見에만 치우쳐 있었기 때문이었다고 생각합니다. 저만 그런 것이 아니라 요즈음의 세태가 나만 강조하는 그런 시대인 것 같습니다. 그래서 사회 구조는 보아도 사람은 보지 못하고, 학자가 있어도 학문은 세워지지 않는 것이 아닐까요. 한마디로 말하면 눈으로만 볼 줄 알았지 마음으로 관할 줄은 모릅니다.

보살님, 그런데 문제는 견이 없으면 관할 수 없다는 것입니다. 어떤 대상을 보지 않고 관한다는 것은 관념일 뿐이 아닐까요. 절집에는 결제와 해제가 있지요. 잘 아시듯이 결제는 함께 모여서 산문을 닫고 수련하는 기간을 말하며, 해제는 산문을 열고 만행을 하는 기간을 말합니다. 제 생각으로는 결제의 의미는 세상을 떠돌며 곧 만행하며 생명의 소리들을 듣고 본 것을 관조하는 데 있으며, 해제의 의미는 관조하면서 얻은 지혜를 다시 세상 속으로 풀어내는 데 있습니다. 다시 말씀드리면, 해제란 중생들의 고통스러운 삶의 현장을 보고 그것을 해결하려는 기간이며, 결제란 그 고통을 해결할 수 있는 방법을 찾는 기간이 아닐까요. 따라서 해제가 없이 결제를 이룰 수 없고, 결제가 없이 해제가 있을 수 없겠지요. 해제가 중생의 고통을 견하러 다니는 작업이라면 결제는 세상의 고통 구조를 관하여 해결의 지혜를 얻는 작업이겠지요. 보는 것이 없이 관할 수 없으며, 관이 없는 견이란 절름발이일 수밖에 없겠습니다.

요즈음 들어서 더욱 세상이 황폐해지고 사람들에게 이기심만 있는 것도 세상을 바라보려고 곧 견하려고만 할 뿐 온몸으로 다가서질 않기 때문이지요. 보살님, 결제와 해제가 절집에만 있는 제도는 아닐 것입니다. 사람을 만나고 활동하는 시간을 해제로 하고, 한가한 저녁이나 새벽을 결제로 삼는다면 심지心地를 찾을 수 있을 것입니다.

서울을 지옥이라 하나 지옥을 지옥으로 보지[見] 않고 지옥을 관觀할 줄 안다면 지옥의 불길 속에서 꽃이 피는 소식이 전해집니다.

보살님, 대문을 나서면 곧바로 눈에 들어오는 오이밭을 지나 고추밭이며 딸기밭이 발걸음 따라 이어지는 길을 걸어 소양호까지 나왔습니다. 호수

건너 몇 개의 불빛을 안은 산이 어둠을 지키고 있고, 비온 뒤의 호수는 천 길 침묵으로 가라앉아 있습니다. 여기까지가 제가 살아가는 마을 풍경입니다. 이제 그 풍경 속에서 딸기밭 한 뙈기로 살아가는 늙은 과부의 아픈 세월을 읽어 봅니다. 소양호가 저의 가슴에도 작은 호수를 만들어 줍니다. 그러나 흐르는 것이 본성인 물을 숨 막히도록 꽉 가두어 두고 있는 소양댐의 어리석음도 관합니다.

문명의 허상처럼 서 있는 숲속의 안테나를 숲과 함께 바라봅니다. 견과 관의 일치가 지知와 행行을 구족具足하는 길이라 믿습니다. 세상을 보는 것이 아니라 몸을 던져 관하는 슬기를 발휘하는 것이 바로 이 시대의 댐을 열어 물을 트이는 일이라 믿습니다. 제불보살에게 모든 죄장을 참회 드리며 아울러 저의 낙향이 부처님께 한걸음 가까이 다가서는 길이 되길 빕니다.

여기는 소양호입니다. 원왕생願往生.

※ 관에 대한 나의 생각은 경전에 뿌리를 둔 것이 아니므로 오해 없기를 바랍니다.

달과 달빛

뒷산에서 뻐꾸기 울자 앞산은 달을 토해 놓았습니다. 달이 뜨니 개울물이 깊어집니다.

"옛 사람, 지금 사람 흐르는 물처럼 지나왔어도 달을 보는 마음들이야 나와 한 가지이겠네."라고 한 옛 시인의 말이 어찌 사람만을 두고 한 말이겠습니까. 달이 뜨면 개울물도 깊어지고 소쩍새 울음도 깊어지니 만상이 사람과 한 가지여서 그 마음은 다름이 없을 듯합니다. 달이 뜨면 개울물이나 호수나 바다나 다 똑같은 깊이를 이루는 까닭이 여기에 있지 않겠습니까. 그러나 이백과 개울물과 소쩍새 울음과 고금의 사람들이 달이 잠긴 깊이는 같을지라도 그릇에 따라 달의 소리가 다르다는 사실을 깨달아야 하겠습니다.

바다에 잠긴 달은 파도로 말하고, 개울에 잠긴 달은 개울물로 찰랑이고, 호수의 달은 고요함을 머금고 있습니다. 어머니의 달은 자식을 보고픔으로, 청춘 남녀의 달은 그리움으로 물들어 있습니다. 화가의 달은 그림으로, 음악가의 달은 노래로 표현됩니다. 그런데 농촌의 달은 우루과이 협상으로 창백하며, 노동자의 달은 아내의 버짐 핀 얼굴을 담고 있습니다. 그러나 한가 지 유념해야 할 것은 이 모든 정경들이 달에 있지 않고 달빛을 느끼는 색정色情에 있다는 것입니다. 그러므로 달을 보는 것은 달의 형상을 보는 것이 아니라 달빛을 보는 것이라고 해야 할 것입니다. 그러나 사람들은 달빛을 보는 것이 아니라 달을 본다고 말합니다. 달을 본다고 말한다면 낮에도 달을 보아야 할 터인데 낮에는 달을 보지 못함은 무슨 까닭이겠습니까. 그러므로 우리가 본다는 달은 달의 형상이 아니라 달의 빛이라고 해야 옳을 것입니다.

성인이라 일컬어지는 분들에 대한 우리의 우러름도 자칫하면 세상이 만들어 놓은 달의 형상으로 얽매이기 쉽습니다. 많은 사람들이 부처나 예수를 어떤 고정된 형상으로 곧 우상으로 만들어 버리는 것은 달을 달빛으로 보지 않고 형상으로 보려는 것과 마찬가지라고 할 것입니다. 곳곳의 교조주의적 견해도 달을 달빛으로 보지 않으려는 태도이려니 생각합니다. 달이 호수와 바다의 소쩍새에 잠길 수 있는 것도 달빛에 있습니다. 만물을 깊게 하는 것은 달이 아니라 달빛에 있음을 지나쳐서는 안 될 것 같습니다.

성인의 가르침(달빛)이 무엇인지를 깨달아야 성인(달)을 알 수 있습니다. 그런데 요즈음의 사람들은 성인은 알아도 성인의 가르침이 무엇인지를 알지 못한 채 그 위대함만을 예찬하니, 마치 눈먼 사람이 달을 말하는 것과 다름없습니다.

보살님, 또 어떤 사람들은 달 자체의 빛만 보았지 땅 위로 흐르는 달빛은 보지 못합니다. 이런 사람들은 성인의 가르침만 알았지 성인의 가르침이 하나하나 중생 속에 흐르고 있음을 보지 못합니다. 중생의 삶 속에 성인의 가르침이 있음을 알 때, 달과 달빛을, 성인과 중생을 함께 볼 수 있습니다. 땅 위로 흐르는 달빛을 볼 줄 아는 사람은 굳이 달을 가리키는 손가락을 볼 필요가 없습니다. 고개를 들지 않아도 달이 있음을 알 수 있을 테니까요.

보살님, 제가 서울에서 생활할 때에는 달을 구경한 적이 거의 없었다는 사실을 이곳 시골에 와서야 깨달았습니다. 제가 달을 보지 못한 까닭은 달이나 달빛이 없기 때문이 아니라 서울의 화려한 네온 불빛이 땅위로 흐르는 달빛을 삼켜 버렸기 때문입니다. 어찌 화려한 것이 네온 불빛만이겠으며 삼켜진 것이 달빛만이겠습니까. 재물이나 허위의식 같은 것들도 그 화려함을 한껏 발하며 인성人性도, 성인의 말씀도 다 삼켜 버렸지요. 제가 시골에서 마을을 비추는 달빛을 볼 수 있듯, 서울에서도 화려함만 거둔다면 달빛을 볼 수 있으리라 생각합니다.

달과 달빛을 각각 실존적 문제와 존재론적 문제로 비유해 봅니다. 모든 실존적 문제들은 존재론적 상황 속에서 풀리며, 존재들의 삶의 문제는 실존적 문제를 통해 해결할 수 있습니다.

오랜 승려생활 동안 달만 보고 달빛은 보지 못한 데서 병이 깊어졌음을 알겠습니다. 마을 사람이 되는 일은 머리를 쳐들고 달을 보면서 발등에 내려앉은 달빛도 그와 함께 보는 것에서부터 시작한다고 하겠습니다. 민중을 달로만 볼 것이 아니라 달빛으로 보아야 한다고 믿습니다.

땅위로 달빛이 흐르고
연종이, 은순이 얼굴에도 달빛이 흐르고
개울의 고기는 달 속에서 살포시 얼굴을 내밀고
계수나무 아래서 나는 낮과 밤을 잊고 있네.

소몰이 가락을 들으며

한 사내가 양지 마루에서 졸고 있었습니다. 황톳길 따라 흘러오던 생경한 가락 하나가 대문을 넘어서자 사내는 조용히 눈을 뜨고 귀를 기울입니다.

"마─으라 마─으─마라 마라 에 잇─치

아냐─아냐 이─냐 마라 마─라"

어찌 보면 상여 소리처럼 들리고 어떻게 들으면 어산魚散 같이 들리는 노랫소리에 취한 듯 사내는 가락 흐르는 곳으로 따라갔습니다.

노래가 시작되는 곳은 밭을 가는 곳이었습니다. 한 농부가 멍에를 씌운 두 마리 소를 끌고서 땀을 뻘뻘 흘리며 마늘밭을 갈고 있었습니다. 노랫소리는 밭을 갈면서 농부가 읊는 가락이었습니다.

소가 흰 거품을 물고 힘겨워합니다. 농부도 쟁기질이 여간 힘에 부치지 않는가 봅니다. 소도 사람도 불쌍하게 보입니다.

사내는 옆에서 조용히 지켜보다가 농부가 쉬는 틈을 타서 물었습니다.

"그 가락 무슨 가락이요?"

"소몰이 하는 노래지요. 소가 힘들까봐 해주고 소가 졸까봐 해주는 노래지요. 노래를 하면 소도 덜 힘들어 하고 나도 지겹지 않지요."

"그냥 흥얼거리는 소리 같던데 무슨 특별한 뜻이 담겨 있습니까?"

"소 두 마리로 함께 밭갈이를 하잖아요. 왼쪽에 있는 소는 안소라 하고 오른쪽에 있는 소는 마라소라 하지요. 그런데 때때로 두 마리 소는 쟁기를 끄는 힘이 각각 다르게 되지요. 오른쪽 소가 힘을 너무 쓰면 쟁기는 오른쪽으로, 왼소가 힘을 너무 쓰면 왼쪽으로 쏠립니다. 오른소와 왼소의 힘이 같아야 쟁기가 똑바로 가겠지요. 그래서 '마—라' 하면 오른소 보고 힘을 내라는 신호가 되고 '이—냐'는 왼소한테 보내는 신호가 됩니다. '에잇—치'는 돌아서라는 뜻입니다. 이 세 가지에 군소리의 잡염을 넣는 것이지요."

"아니, 소가 그 말을 알아들어요?"

"알아듣지 못하면 무엇 하러 신호를 보냅니까."

"소 스스로가 안소인지 마라소인지까지도 안단 말입니까?"

"알지요. 소를 밭갈이에 처음 세울 때 안소로 할 것이냐, 마라소로 할 것이냐를 정하지요. 그러면 마라소는 죽을 때까지 마라소고, 안소도 마찬가지인데 왜 모르겠습니까. 그래서 누구네 집 소는 안소고 누구네 집 소는 마라소임을 마을 사람들도 다 알지요. 안소와 마라소를 제 위치로 세우지 않으면 제멋대로 가기 때문에 밭을 갈 수가 없어요."

"그러면 가락을 잘 뽑는 사람이 소몰이도 잘하겠습니다."

"가락을 잘 뽑는다 못 뽑는다 하는 기준은 목청에 있는 것이 아니라 소의 호흡과 쟁기의 장단에 얼마만큼 잘 맞추느냐에 있어요. 제아무리 목청이 좋아도 장단에 못 맞추면 가락이 아니지요. 소와 쟁기와 사람이 일치해야 소몰이가 되는 것이지 노래만 잘한다고 소몰이를 잘하는 것은 아니에요. 그래서 소를 사랑하고 아낄 줄 아는 사람만 소몰이 자격이 있지요."

"……"

"밭을 많이 갈아 본 소는 일도 참 잘해요. 그런데 미련한 소를 만나면 밭을 갈 때 힘이 엄청 들어요. 보습이 돌멩이에 걸리면 일 잘하는 소는 멈춰 서는데 미련한 소는 힘으로 마냥 밀어붙이려 해요. 이런 것을 보면 소란 놈도 참 영물인 것 같아요. 사람도 미련한 사람은 힘으로 모든 걸 해결하려고 하지 않습니까."

"...가락을 다시 한 번 뽑아 보실래요."

"아 참, 스님도 장단이 있어야 뽑지요. 쟁기와 소가 장단을 쳐 줘야 소리가 나오지 맨바닥에 앉아서 무슨 소립니까."

"……"

이제 밭갈이도 경운기에 밀려 소는 할 일이 없어졌습니다. 소가 사람을, 사람이 소를 서로 사랑하고 아낌을 확인할 수 있는 것은 소와 사람이 함께 일을 할 때였습니다. 소가 사람의 고통을, 사람이 소의 고통을 확인할 수 있는 것도 밭갈이를 하면서 함께 하는 호흡이 있기 때문이었습니다. 그러나 사람과 소의 사이에 경운기가 끼어들면서부터 소와 사람의 거리가 멀어지기 시작했습니다. 사람과 소가 멀어지자 소는 송아지라는 상품을 낳아 주는 '씨받이'로 전락하였습니다. 씨받이 아니면 도살장 신세, 그게 소의 운명이 되어 버렸습니다. 사람이 사람을 고문한다고 떠들면서 소에게는 거리낌 없이 사람 멋대로 합니다. 사람이 소를 아낄 줄 모르는데 소값 파동은 당연한 일인지 모르겠습니다. 소값 파동이 일어나는 것을 겪고 나면 곧 사람값 파동이 오겠지요.

요즘 노래가 왜 사람의 소리보다 악기의 소리가 더 요란한, 괴성과 광란의 노래인 줄을 이제야 알 듯합니다. 소몰이 가락은 사람과 하늘과 땅의 상호 교감으로 이루어지니, 곧 자연의 노래입니다. 그런데 경운기로 밭을 갈면 경운기의 소음에 모든 것이 묻혀 버립니다. 가까운 사람의 소리조차 들을 수 없습니다. 괴성을 질러야 하지도 소를 다루는 마음자리에 기계가 앉아 버렸으니 오죽하겠습니까.

숲으로

가는 길

꽃과 꽃나무

꽃을 보는 사람은 한 계절을 기약하지만
꽃나무를 보는 사람은 사계 속에 있네.

숲으로 가는 길 1

숲으로 가는 길에는 어느새 가을꽃들이 자리를 펴고 있습니다. 문득 고개를 들어 하늘을 보니 내 안식眼識의 그물에는 푸른 하늘이 퍼덕이고 있습니다. 그 푸른 하늘 불러 길섶의 코스모스 바라보면 코스모스 앉은 자리가 가을이 머무는 자리가 됩니다.

스님, 가을과 푸른 하늘과 코스모스, 이 세 가지는 전혀 어울릴 것 없는 독자적 실체이면서도 어쩌면 이렇게 완벽하게 연관되어 있는지요. 가을을 떠나 푸른 하늘이 있을 수 없고, 가을을 떠나 코스모스를 노래할 수 없습니다. 푸른 하늘이 있기에 가을이 가을답고, 코스모스도 제자리를 찾습니다. 더욱이 들판에 세워진 볏단 속으로 스며드는 저녁노을은 이러한 서로의 관계의 깊이를 더욱 느끼게 합니다. 실로 자연만이 보여줄 수 있는 관계의 미美와 신비입니다.

들판에 서서 이러한 전경을 바라보노라면 어찌하여 인간은 저와 같은 아름다운 관계를 가질 수 없는가 라는 서글픔이 일어섭니다.

과연 인간이란 무엇인가. 인간은 세계와의 관계 혹은 우주와의 관계 속에서 어떠한 역할을 갖는가. 인간이 무엇이기에 저 자연의 조화를 깨뜨리고 주인이 되고자 하는가. 인간은 왜 그들끼리 조차도 서로 어울리지 못하면서 만물의 영장이라 자처하며 세계를 지배하려 하는가. 인간이 창출해 낸 철학, 과학, 종교, 그 무슨 이념들. 그것은 또 무엇을 위하여 나타났는가. 그것은 인간이 만물의 영장임을 나타내거나, 혹은 인간이 그 모든 것을 지배하기 위한 하나의 '꾀'는 아닌가 하는 생각이 떠나질 않습니다.

생각해 보면 인간이야말로 뭇 생명들에 대해 독재자처럼 느껴집니다. 인간은 자연의 생태를 보고 조화롭다고 말합니다. 그러나 자연은 인간의 조화라는 말 이전의 조화이며, 관계의 미美입니다. 아니 조화라는 말이 필요치 않는 공空입니다. 어쩌면 우리가 가야 할 숲이란 바로 이것인지도 모릅니다. 존재들은 서로 존재하도록 하는 연기적 숲의 삶이 이것이 아니겠습니까.

스님, 자연은 존재하는 모습이 서로서로 특상特相을 나타내면서도 서로를 포용합니다. 서로에 대해서도 무애합니다. 존재하는 모습들이 서로 개방되어 있습니다. 그러면서 또한 개체이면서 세계를 함유합니다. ― 코스모스와 가을과 가을 하늘의 푸르름은 하나의 독립된 상태이지만 코스모스는 가을과 하늘을 여의지 않으면서 코스모스로서 존재한다. 그러나 코스모스의 생명력은 가을과 가을 하늘에 의해서 존재합니다. ― 이렇게 열려진 관계들이 우리가 가야 할 숲이라면 닫혀진 관계의 삶들을 열어 놓는 길이야말로 가장 선결해야 할 일이라고 생각합니다.

닫혀진 관계를 일으킨 주역은 인간입니다.

지금까지 모든 종교와 철학, 과학은 이러한 인간의 문제를 해결하고자 하였습니다. 그러나 아직도 인간의 문제는 해결되지 않고 있습니다. 인간의 문제 때문에 자연의 문제, 세계의 문제가 발생하였습니다. 따라서 인간의 문제가 해결됨으로써 자연의 문제, 세계의 문제가 해결될 수 있습니다. 불교에서는 인간의 문제가 발생한 까닭을 '존재한다는 의식意識' ― 존재를 '나'로 규정할 때 나를 실체로 생각하여 나를 집착하고 고정화시켜서 나에 대한 편집된 사랑을 갖는 것, '나'를 인간으로 바꿔서 생각하면 인간임을 집착하고 인간임을 자애하는 것 ― 이 있기 때문이라고 합니다. 그러므로 인간의 문제를 해결할 수 있는 길은 인간이라는 상相을 벗어 버릴 때 가능합니다. 곧 인간이 만물의 주인이라거나 인간만이 특별한 영적 존재라는 생각을 버릴 때 인간은 다른 모든 생명들 ─ 존재하는 모든 것 ─ 과 함께 어우러질 수 있습니다. 불성을 깨달으라, 견성하라는 이야기도 모든 생명들의 무아의 연기적 실상을 바로 보라는 뜻이며, 그것은 곧 모든 생명의 평등성을 말합니다.

요즈음 우리는 인간의 자주성이라는 것에 대해서 말하곤 합니다. 인간의 자주성이란 곧 인간으로서 누려야 할 생명의 자유, 평등, 평화를 말하는 것이며, 또한 인간이 스스로 주인임을 말하는 것이기도 합니다. 그러나 이 자주성이 '인간으로서 누려야 할'이라는 부분이 전제되는 자주성이라면 또다시 인간 중심의 사고에 떨어집니다.

우리가 자주성이라고 할 때, 그것은 인간만이 갖는 자주성이 아닙니다. 세계는 인간만이 존재하는 것이 아닌 까닭에, 뭇 인간들이 보편적으로 관계하고 있는 자주성으로 파악할 뿐만 아니라 뭇 생명들과 산천초목까지도 공유共有로 관계된 자주성으로 파악해야 합니다. 그럴 때에만 열린 세계로 나아갈 수 있습니다.

스님, 기독교에서는 사랑을, 불교에서는 자비를 가장 으뜸 되는 덕목으로 말합니다. 비록 기독교인이나 불교인이 아닐지라도 사랑과 자비는 인간의 삶에서 가장 필요한 덕목이라는 것은 누구나 공감하고 있습니다. 그러나 사랑이나 자비심을 잘못 인식하는 사람들도 종종 있음을 봅니다. 용수龍樹의『대지도론大智度論』에 따르면 "대자大慈라 함은 일체중생에게 낙을 주는 것이고, 대비大悲는 고苦를 여의는 조건을 중생들에게 만들어 주는 것이다."라고 말하고 있습니다. 이것으로 보아서도 자비는 단순히 감정의 상태를 표현하는 것이 아니며, 동정심이나 연민을 나타냄은 더욱 아닙니다. 자비는 중생들의 괴로움의 원인을 없애 주는 적극적인 의미입니다. 보기를 들어 여기 어떤 윤락 여성이 있다고 가정해 봅시다. 그 윤락 여성이 스님께 괴로움을 하소연할 때, 연민의 마음이 일어나 그 여성을 위로만 한다면 그것은 일종의 동정심일 뿐입니다. 자비란 그 여성의 괴로움의 원인이 어디에 있는가를 밝혀내어 그 괴로움의 원인을 없애주는 실천의 뜻을 담고 있습니다. 따라서 그 여성에 대한 자비란, 그 여성의 괴로움이 인간 사회가 만들어 낸 괴로움이라는 것을 파악한 바탕에서 사회적으로 윤락 여성들이 생겨나지 않게 함으로써 그 괴로움을 없애는 것이라고 하겠습니다. 다시 말하면 자비란 타인의 괴로움을 나와 일체화시키는 것입니다. 바로 이것이 연기적 삶으로 나아가는 길이 되겠지요.

스님, 저는 앞서 '존재한다는 의식'이 인간의 문제를 일으켰고 인간의 문제가 세계의 연기적 질서를 흩뜨려 놓았다고 하였습니다. 불교에서 자비를 가장 큰 덕목으로 삼음은 인간이 아我에 대한 집착을 끊게 하여 연기적 세계로 나아가게 하는 근본이 바로 자비이기 때문입니다. 그래서 용수도 대비는 보살 공덕의 근본이며 반야의 어머니라고 말한 것입니다.

자연의 관계에는 사랑이나 자비가 필요하지 않습니다. 이미 열려진 관계이기 때문입니다. 이와 같이 자비와 사랑은 인간 때문에 닫혀진 관계들을 자연의 관계처럼 다시 회복하고자 하는 인간의 정신일 뿐입니다. 그것은 인간과 인간의 대립적 관계, 인간과 자연의 정복적 관계를 청산하고 모든 생명과 하나 되는 길로 나아가게 하는 힘이며 세계에 대한 책임이기도 합니다.

스님, 지금 이 땅에서 일어나고 있는 모든 운동들도 바로 인간이 흩뜨려 놓은 뭇 생명들의 관계를 연기의 숲으로 열고자 하는 뜻이라고 생각합니다. 가진 자는 소유하였기 때문에 오는 괴로움에서 해방시켜 주고, 못 가진 자는 못 가진 괴로움에서 해방시켜 주어 서로서로가 공유하는 세상을 가꾸어 보자는 것이 우리의 운동일 것입니다. 남북의 통일을 논함도 민주화를 부르짖음도 역시 마찬가지이겠지요. 이런 뜻에서 저는 민중을 단순히 정치, 경제적으로 소외된 계층으로 파악하고 싶지 않습니다. 민중은 함께 어울러 살려고 하는 사람들이며, 또한 그 시대의 인간과 역사와 사회의 관계를 올바르게 유지시켜 주는 힘 ― 경제적이든 정치적이든 ― 을 가진 사람들이라고 생각합니다. 따라서 민중이 해방되는 세상, 곧 민중이 주인 되는 세상이란 민중이 지배하는 세상이라는 뜻이 아니라 민중적 삶이 올바른 가치이며, 닫혀진 모든 존재들의 관계를 열어 주는 세상이라는 뜻이 되겠지요.

스님, 우리는 인간성을 회복하자는 말을 씁니다. 이 말은 모든 사물들과 조화를 이룰 수 있는 참생명을 회복하자는 뜻이며 나와 네가 하나 되는 연기緣起의 숲으로 가자는 뜻일 것입니다. 그러나 숲으로 가는 길은 아직 멀고 험합니다. 남북의 분단이 있고 대립이 있으며 독재가 있기 때문입니다. 그러나 숲은 사바의 고향인 까닭에 그곳으로 가는 길이 아무리 험난할지라도 그 길은 우리의 희망이며 기쁨입니다. 그러므로 발걸음을 늦추거나 멈추거나 할 수 없습니다.

가을이 보여 주는 것, 연기적 조화의 실상이 있기에 우리는 힘 있는 몸짓으로 나를 버릴 수 있습니다.

스님, 우리 모두 독재獨在 의식을 버리고 숲으로 가는 길에서 만납시다. 가을과 하늘과 코스모스와 인간의 삶이 하나가 되어 봅시다.

숲으로 가는 길 2

스님이 계신 산사도 이제는 관광객의 발길이 끊어졌으리라고 생각합니다. 지난번에 주신 소식에서 장안보다 더 시끄러운 곳이 산사라고 하셨는데, 저는 이번 여행길에서 그 말씀을 실감하였습니다. 오랜만에 찾아간 산사의 정경은 마치 옛날 창경원과 같다고 해야 좋을 듯싶었습니다. 그래서 오늘날 국립공원 안에 있는 사찰은 아두頭에 관광이라는 말을 붙여 관광사찰이라 말하는 모양입니다.

관광사찰, 이 말 속에는 분명히 사찰보다는 관광의 뜻이 더 많이 담겨 있습니다. 그러면 이런 관광사찰 속에 있는 승려들은 또 무엇입니까. 과연 중이 원숭이 이상은 되지 못하는 것일까요. 수많은 사람들의 구경거리가 된 중, 정중함이란 조금도 없이 호기심만으로 바라보는 눈길들, 참으로 서글프고 절박한 일입니다.

매표소 입구에서부터 관광객들은 저마다 한마디씩 합니다. 돈이 없으면 산사에도 갈 수 없다는 등 관람료가 너무 비싸다는 등 관람료를 많이 받으니 절이 살찌고 중이 자가용 타고 다닌다는 등, 저마다 나름대로의 불만과 감정을 토로합니다.

저는 그 사람들에게 변명할 아무런 말도 찾을 수 없습니다. 그들이 법당이나 법당에 앉아 계신 부처님을 하나의 장식물이나 유물로 보더라도, 도시의 거리 어디에서나 볼 수 있는 마네킹처럼 여긴다 하더라도, 지금 한국불교가 대답할 수 있는 것은 아무것도 마련되어 있지 않기 때문입니다. 그래도 굳이 변명을 해야 한다면 이렇게 말해 주겠지요. 관람료는 정부의 시책 때문에 어쩔 수 없이 받는 것일 뿐 우리의 뜻은 아니며, 오히려 우리도 관람료 받기를 원치 않는다고요. 그리고 주지의 권한이 비대해지고, 주지자리 싸움이 벌어지고, 기관과의 타협이 이루어지고, 신도 조직이 붕괴되고 — 종교는 종교의 실천 모습이 신도들에게 발양되어 시주나 공물에 의하여 운영되어야 하는데 사원 경제가 관람료에 집중되면 신도들에게 소홀하게 되는 결과를 가져와 마침내 단위 관광사찰의 신도 조직이 붕괴됩니다. — 자립 경제의 토대가 무너지는 것 등이 관람료를 받는 것에서 비롯되는 바가 크니, 어찌 우리가 그것을 원하겠느냐고 하겠지요. 그러나 이것은 옹색한 변명일 뿐, 중이 산문 하나 제대로 지켜 내지 못한 책임에 대해서 무어라고 변명하겠습니까.

스님, 스님께서 말씀하신 시끄러움은 오늘날 우리가 감당해야 할 몫입니다. 그 시끄러움이 비록 독재정권이 만들어 낸 관광정책과 문화정책이라는 불교를 족쇄 채우려는 고도의 술책에서 비롯된 것이라고 하더라도 시끄러움을 가라앉히는 일은 다른 사람 아닌 바로 우리가 해결해야 할 임무임을 깨달아야 합니다.

사람들이 교회나 성당에 갈 때 핫팬티 차림으로 가지는 않을 것입니다. 그러나 여름 산사의 뜨락에 서 있자면 형형색색의 짧은 팬티 차림으로 나다니는 무리들을 봅니다. 스님, 이것이 한국불교의 모습이며 현재적 실상입니다. 어찌 하시럽니까. 그대의 후배들에게도 이러한 낡은 사원을 물려주시럽니까.

산중으로 처음 들어가신 스님께 또다신 속된 이야기로 선정을 어지럽힐까 염려되지만, 한 가지 이번 여행에서 생각한 것을 말씀드리고 싶습니다. 스님께서도 『생경生經』에 나와 있는 토끼의 구도 이야기와 『육도집경六度集經』에 나와 있는 원숭이의 설화를 잘 아시겠지만 간단하게나마 그 줄거리를 이야기해 보겠습니다.

많은 토끼를 휘하에 거느리고 있는 토끼왕이 있었지요. 그런데 토끼왕은 짐승의 몸을 버리고 사람의 몸을 받고자 하였습니다. 토끼왕은 수행자의 경 읽는 소리와 가지런히 앉아 수행하는 자세가 너무 좋아서 언제나 먹을 것을 준비하여 그로부터 가르침을 받고자 하였지요. 그러나 겨울이 되어 숲속에 먹을 것이 떨어지자 수행자는 마을로 내려가고자 하였습니다. 이에 토끼왕은 슬퍼하면서 저희들이 먹을 것을 구하여 드릴 터이니 머물러 가르침을 베풀어달라고 간청을 하였습니다. 이어 정히 저희들을 버리고 가시겠다면 저의 몸을 버려 공양으로 바치겠다고 까지 했습니다. 수행자가 묵묵히 있자 토끼왕은 불속에 뛰어들어 자신의 몸을 바쳤다고 합니다. 그 공덕으로 토끼왕은 내생에서 인간의 몸을 받았다고 경전의 설화는 전합니다.

또 『육도집경』에 나와 있는 설화는 이렇습니다. 많은 원숭이를 거느리고 있는 원숭이왕이 있었습니다. 한번은 원숭이가 사는 숲속에 가뭄이 들어 먹을 것을 구할 수가 없었습니다. 그러자 원숭이왕은 원숭이들을 이끌고 개울을 건너 사람들이 사는 성으로 들어가 임금의 집에 있는 과일을 몽땅 따먹어 버렸습니다. 이에 임금은 사람들을 시켜 원숭이들을 모조리 잡아들일 것을 명령했습니다. 원숭이왕은 이 사실을 알아차리고 자신의 목숨을 버려서라도 다른 원숭이들을 구해 낼 것을 결심했습니다. 원숭이왕은 등덩굴을 여러 가닥으로 엮어서 길게 이어, 한 쪽은 성 쪽의 큰 나무에 동여매고, 다른 한 쪽은 자신의 허리에 매었습니다. 그러고는 하늘을 날아 원숭이가 살던 숲의 큰 나무를 붙잡았습니다. 성과 숲 사이에 다리가 놓이게 된 것입니다. 그런데 등나무 줄이 조금 짧아서 원숭이왕은 나뭇가지를 단단히 붙들고 있어야 했습니다. 원숭이들이 이 등덩굴 줄다리를 타고 다

건넜을 때 원숭이왕은 더 이 상 지탱할 힘을 잃고 떨어져 기절하였다가 잡혀 버렸습니다. 임금의 앞에 선 원숭이왕은 "이 모든 죄는 다 제게 있습니다. 다른 원숭이들은 제 명령을 따랐을 뿐이니 용서해 주십시오. 저는 살이 얼마 되지는 않습니다만 여러분의 하루아침 찬은 될 것입니다."라고 하였습니다. 원숭이왕의 행동을 처음부터 끝까지 지켜본 임금은 감복하여 용서해 주었을 뿐더러 원숭이들에게 갖가지 음식을 나누어 주었다고 합니다.

여행을 하던 중에 포항 해변가에서 어느 노동자를 만나고 난 뒤에 불현듯 떠오른 이 두 가지 설화는 저에게 많은 것을 새로이 깨우쳐 주었습니다. 요즈음 흔히 불교에서는 공덕의 의미가 단순하게 복福을 짓는다거나 선을 행하는 것으로 이해되고 있음을 봅니다. 불교가 기복으로 흐르게 된 이유도 공덕을 이렇게 해석하여 가르쳐 온 탓일지도 모르겠습니다.

그러나 제가 이번에 새삼 깨달은 바는 자기 생명의 투신과 희생 없이는 공덕이 이루어지지 않는다는 것이었습니다. 희생이란 생명의 비움이며 나눔입니다. 그리고 나눔은 다른 사람을 위해 바쳐질 때 이루어질 수 있는 것이지요. 앞서 말씀드린 설화에서 토끼가 불 속에 몸을 던지는 것도 토끼 스스로 생명을 던져 먹이가 된다는 것 자체가 중요한 것이 아니라, 생명을 비움으로써 고깃덩이가 새로운 큰 생명으로 발현되는 것에 의미가 있습니다. 토끼의 투신은 새로운 세계에 대한 희망으로서 바로 우리가 말하는 공덕일 것입니다. 또한 원숭이왕이 목숨을 비움으로써 다른 모든 원숭이들의 생명으로 가득 채워짐은 바로 우리가 간절하게 바라는 완전한 덕상德相입니다. 그러므로 산다는 것의 진실한 가치는 스스로의 생명을 다른 생명들에게 끊임없이 투신하여 비워 내는 데 있습니다. 나에게 집착한 선행이나 희생은 그것이 아무리 많은 것을 베푸는 것일지라도 공덕이 될 수는 없을 것입니다.

그런데 공덕을 가만히 앉아서는 쌓을 수 없습니다. 깊은 산속에 홀로 고요히 앉아서는 깨달음의 묘용妙用을 얻지 못합니다. 공덕 곧 자기 생명의 희생은 나의 생명과 연결된 다른 모든 생명들과의 만남 속에서, 그리고 역사와 현실 속에서 구체적인 일로 나타나야 합니다. 따라서 덕德이란 구체적인 일과 그 실천을 나툴 때 진덕眞德이라고 할 수 있습니다. 깨달음에도 덕이 있어야 합니다. 막연하게 깨달은 사람이나 착한 사람을 공덕을 쌓은 사람이라고 말하고 싶지 않습니다. 그렇다고 마음이 풍요한 것을 덕이라고 말하고 싶지도 않습니다.

스님, 지금 우리를 이 땅에 존재하게 하는 것은 이 땅의 많은 토끼와 원숭이들의 공덕입니다. 지금 이 순간 우리를 역사의 땅에서 숨 쉬게 하는 것은 산 속의 깨달음이 아니라 불 속에 몸을 사른 열사들과 대자비의 끈으로 허리를 동여매고 일하는 보살들의 공덕, 곧 생명의 비움입니다.

어떤 사람들은 불교의 목소리가 따로 있는 것처럼 말하지만, 어떻게 세상의 아픔 속에서 고유한 몸짓을 나투겠습니까. 석가모니의 일생도 모든 중생에게로 생명을 비워냄이었지요.

스님, 중생 속에서 중생 속으로 투신하여 거기서 생명의 화엄경을 이룹시다. 거짓된 자와 억압하는 자와 핍박하는 자들을 모두 물리치고 난 끄트머리, 생명을 비워 내는 용기 있는 사람들의 터전에 우리의 숲이 있습니다. 이제 목숨을 비우러 떠납시다.

노동, 그 창조하는 힘

스님, 오랜만에 쉬는 날이라 잠을 넉넉히 자고 일어나 보니, 빨래 한 무더기가 방 한 귀퉁이를 차지한 채 손길을 기다리고 있습니다. 십여 년이 넘도록 해온 일임에도 불구하고 빨래는 사람 만나는 일과 더불어 가장 큰 괴로움으로 남습니다. 저보다 더 오랜 세월 동안 산문을 지켜 오신 스님께서는 '빨래 수행'을 어떻게 해 오셨는지요.

저의 이런 어리석은 질문을 혹시나 살림하는 아낙들이 비웃지 않을까 싶어 얼굴이 뜨거워집니다. 저야 한 주일에 두어 번 치루는 고역이지만 가정주부들은 날이면 날마다, 그것도 제 혼자 것이 아니라 온 가족의 것을 빨아야 함을 생각하니, 이 따위의 넋두리는 여유 있는 자의 즐김 같아 죄송하기까지 합니다. 그래도 아낙들이나 저나 빨래거리를 대하는 심정은 같을 것입니다.

빨래하기 전에는 빨래거리가 괴로움의 대상이 되어 빨래하는 것이 고역인 듯 느껴지지만 깨끗한 빨래를 널 때의 그 상쾌함과 후련함은 나뿐 아니라 아낙들의 일상의 큰 기쁨이겠지요. 그래서 멀리서 빨래를 너는 아낙의 모습을 보노라면 아름다움으로 충만해 있는 듯 보이는 것이겠지요. 그러나 한편으로는 저의 이러한 느낌이 자칫 감상의 오류에 빠지는 게 아닌가 하고 저으기 염려되기도 합니다.

스님, 만일에 빨래를 널고 있는 그 아낙이 하루에 오천 원을 받고 일하는 파출부라면 빨래하고 난 뒤의 그 기쁨을 과연 맛볼 수 있을까요?

저나 보통의 가정주부가 빨래하는 것은 새로운 옷으로 갈아입기 위한 창조적 노동이라 한다면, 파출부가 빨래하는 것은 대가를 얻기 위한 단순한 임금 노동입니다. 저나 주부의 빨래가 주체적인 노동이라면, 파출부의 빨래는 비주체적인 노동입니다. 비주체적인 노동에는 기쁨이 깃들어 있을 수 없습니다. 그 결과도 마찬가지로 스스로에게 아무런 의미를 주지 못합니다. 그 노동에는 진한 아픔만 고여 있을 뿐이니 곧 고통 그 자체 입니다. 이와 같이 노동 자체가 고통인 사람이 많으면 많을수록 그 사회는 질곡이 커질 것입니다.

우리가 이 사회를 올바른 사회로 가꾸어 나가자 함은, 한편으로는 노동이 모든 삶의 기쁨이 되는 그런 사회를 여는 것을 의미하기도 합니다. 이러한 사회는 사람과 사람의 만남이, 사람과 일의 만남이 일체가 되는 사회입니다. 그런 사회를 열려면 무엇보다도, 사회 제도가 공동체의 삶을 위하는 쪽으로 변화하는 것부터 앞서야 합니다.

바로 이러한 관점에 서서 한번 스님께 삶의 문제, 만남과 깨달음의 새로운 사회에 대해서 이야기해 보고 싶습니다.

스님, 날마다 계속해서 사람들을 만나다 보면 사람 만나는 일만큼이나 피곤하고 두려운 것이 없을 것 같다는 생각이 듭니다. 가치관이 서로 다른 사람, 또 역사를 보는 눈이 다른 사람과 마주하면 서울의 꿈쩍 않는 교통 체증이 연상될 만큼 답답해지고, 옹골찬 역사의식을 지닌 사람 앞에 서면 도끼날 아래의 장작처럼 섬뜩해 집니다. 더구나 겨울날의 노동자를 만날라치면 그가 온통 교회당 종소리, 범종 소리, 쇠망치 소리 되어 나의 생명을 천 근 무게로 짓누릅니다. 그러나 생각해 보면 그러한 만남이 없을진대 나의 삶은 허위의식으로 가득할 뿐일 것이며, 그 만남이야말로 우리의 삶을 풍부하게 해주는 것임을 알 듯합니다.

부처님께서 말씀하신 연기의 깨달음도 결국은 만남의 깨달음이라 생각됩니다. 나와 나의 관계, 나와 너의 관계, 나와 세계의 관계, 중생과 부처님의 관계들이 모든 대립과 모순 관계 속에서 하나로 통일되는 만남이 된다면 그것이야말로 깨달음의 세계이겠지요. 나의 모습 속에 역사가 각인되며, 너의 모습 속에 내가 투영되며, 중생 속에 부처가 살며, 부처 속에 중생이 각인되는 그런 관계의 평등성이 곧 진정한 만남이 아닐는지요. 이런 의미에서, 불교에서 말하는 무명은 만남의 닫힘이며, 깨달음은 만남의 열림이지요. 그렇다면 우리가 늘 부딪치는 문제로서, 삶은 무엇이라 말할 수 있겠습니까. 스님, 열린 삶은 무엇이며, 닫힌 삶은 또 무엇이겠습니까.

삶은 인간과 객관적 조건의 관계 속에서 이루어지는 활동입니다. 활동은 단순한 움직임을 말하는 것이 아니라 살아 있음을 체득하게 하는 구체적 행위, 곧 노동을 말하는 것이지요. 다시 말하면 노동의 행위를 통하여 관계 짓는 것을 삶이라 할 수 있겠지요. 곧 노동은 생명의 활동이며 생명의 확인입니다. 따라서 열린 삶이란 노동이 기쁨을 창출하는 것이며, 닫힌 삶이란 노동이 괴로움으로 나타나는 것입니다. 전자의 삶에서는 노동이 스스로의 창조력과 생명력을 확인하고 발전시켜 나아가는 것인 반면에, 후자에서는 먹고 살기 위한 투쟁이나 소비의 노동, 즉 생명의 죽임입니다. 그러므로 앞서 말한 바와 같이 열린 사회가 되려면, 곧 노동이 삶의 기쁨이요 원천이 되려면, 먼저 노동에 대한 참된 사회적 가치가 부여되는 세상이어야 합니다.

그러나 우리 사회는 노동을 살아가기 위한 수단으로 치부해 버립니다. 그리하여 노동에 대한 정당한 가치를 부여받지 못한 노동자는 불안한 삶, 살기 위한 노동, 닫힌 관계의 삶을 이어나갈 수밖에 없습니다. 노동이 삶의 창조력을 발양시키는 것이 아니라 노동이 생명의 창조력을 억누르는 것입니다.

한 어머니에게서 태어난 형제들끼리도 경제적 조건에 의해서 우애를 깨뜨리는 일을 자주 봅니다. 그것은 경제적 조건, 곧 부의 축적 정도에 따라서 그 사람의 위치를 규정짓곤 하는 우리 사회의 전도顚倒된 가치에 기인합니다. 그런 가치의 전도는 바로 삶의 현장성을 결여한 가치관이 팽배한 데에서 비롯되었습니다. 곧, 인간과 외적 조건들의 관계라고 할 수 있는 삶의 노동이 그 참가치가 무시된 채 단순한 자본으로 잘못 파악되기 때문입니다. 삶을 노동의 현장에서 파악하지 않고, 다만 정신의 고유한 관계로 파악하려는 태도가 여기에 있을 것입니다.

또 이 고유한 정신적 가치관들은, 인간의 삶의 목적은 물질적인 데에 있지 않고 정신적인 데에 있다고 인간의 감성에 호소합니다. 정신적인 것이 근본이라 하면서 물질적인 것은 부차적인 것이라 치부합니다. 나아가 현재에는 고통의 극복이 물질에 있지 않고 정신의 자유를 얻는 것에 있다고 말합니다. 그리하여 마침내는 물질적인 것을 쾌락적이고 감각적인 것으로 몰아버리면서, 정신적인 것과 물질적인 것을 서로 대립하는 관계로 만들어 놓았습니다. 이러한 이분적인 태도는 '나'와 '우리', '개인'과 '공동체'를 구분하고 나와 나의 것을 고정화시킵니다. 이런 태도는 인간을 공동체로부터 이탈시키며, 또한 공동체에로의 의지나 활동을 제약합니다.

스님, 불교에서는 정신과 물질을 하나로 파악하지 않습니까. 그러나 이 '하나'는 여러 가지의 다양한 요소의 관계에서 이루어지는 것을 뜻할 뿐더러 시간과 공간 속에서 변화하며 진행하는 것을 전제하지요. 바꾸어 말하면 가식적인 한 물건[一物]이라 표현해 보면 어떻겠습니까.

'나'라는 말도 '모두'와 연결된 객관화된 나입니다. 그러므로 불교에서는 '나'라는 말은 존재할 수 없으며 다만 서로 관계된 '하나의 세계'가 존재할 뿐입니다. 이러한 관점에서 보면, 무소유의 개념은 물건을 소유하지 않는다거나 검소하게 산다거나 그 무엇도 갖지 않는다는 뜻이 아니라, 어떤 물질도 모든 것이 서로 관계된 하나의 세계 — 곧 관계된 공동체 — 에서의 공유라는 뜻이 아니겠습니까. 곧 나와 우리, 나와 나의 것이 일체화된, 다 같이 어우러진 공동체이며, 어떠한 물건도 내 것이라 할 수 없는 공유의 재산이라는 말입니다.

그렇다면 석가모니께서는 깨달음을 얻고 난 뒤 왜 이 세상을 사바세계, 고통의 바다라고 표현하셨을까요. 우리는 이러한 지적에 대해서도 매우 유의해야 할 줄로 압니다. 단순히 생로병사의 연속적인 굴레 때문이었을까요. 저는 이러한 문제에 대해서 단호하게 아니라고 말하고 싶습니다. 왜냐하면, 석가모니께서 연기법으로 바라본 인간 세상은 사람들이 서로 자기 문제에만 집착해서 인간과 인간의 만남이 닫혀 있는 모습이었을 터이고, 이와 같이 탐진치로 물든 개인적 삶을 극복하기 위한 공동체적 삶의 노력이 보이지 않았기 때문에 이 세상을 고해苦海라고 하신 게 아닐까요. 그러므로 우리는 정신적인 자유만을 추구하는 관념론에도 물질적인 대상에만 치우치는 가치관에도 머물지 않아야 할 것입니다. 그래서 열린 관계의 공동체를 건설하는 원동력이야말로 삶의 힘과 가치가 되어야 하겠습니다. 서로의 관계를 열어 주는 열린 만남을 이룰 때 노동에는 참된 가치가 부여되겠지요.

이 일은 우선 노동자들이 각성하여, 그들이 사회적으로 정당하게 대우를 받은 제도적 장치를 확보하려는 데서 시작되어야 하겠습니다. 하루 열네 시 간을 일하고도 먹고 살기 힘든 노동자가 있는 사회라면 달리 무슨 일이 중요하겠습니까.

스님, 우리가 잘 쓰는 용어 중에 '법'이라는 말과 '중노릇'이란 말이 있지요. 어떤 사람들은 법[法]을 물이 흐르는 것과 같은 자연스런 모습이라고 지극히 도가적인 발상으로 해석합니다. 법은 본디 연기법을 말하지만, 이렇게 해석하는 류의 사람들을 위해서 제 나름대로의 해석을 붙여 보겠습니다. 만일에 법을 물이 흐르는 모습이라고 한다면, 물이 흐르는 것은 바다라는 공동의 터전으로 가기 위함이지요. 물이 바다에 이르기까지는 온갖 장애와 막힘이 있지요. 그러나 물은 모든 것을 극복하여 결국 도도히 바다에 이릅니다. 이 바다는 사후의 세계가 아니라 현실입니다. 물이 바다로 흘러가면서 많은 장애를 극복하고 여러 형태의 물을 결합하는 힘의 원천은 바로 창조적인 노동에서 비롯됩니다. 이와 같이 창조적 노동은 바다라는 새로운 사회를 건설하는 힘의 원천이 됩니다. 따라서 법이나 법칙성은 자연스럽고 우연하게 이루어지는 것이라기보다는 '궁극의 곳'을 향해 끊임없이 흐르는 것이라고 보는 게 옳을 것입니다. 따라서 우리도 이 세계가 평화와 안락의 '공동체 마을'을 향해 흘러간다는 믿음을 갖고서 일하는 중[僧], 노동하는 보살이 되어야 할 것입니다. 떠도는 자의 모습이 아니라 땀내 가득한 모습으로 굳게 서서 오늘의 밭을 일구어야 하겠습니다.

저녁 공양이 들어오고 있습니다. 이 음식이 나에게 오기까지 있었을 수많은 사람들의 노동(공덕)을 생각하며 스님의 안부를 묻습니다. 오늘 스님의 방문은 열려 있는지요.

노동과 제도

스님, 아침 일찍 안개에 싸인 숲으로 귀를 기울여 보면 그곳에서는 떠나는 겨울과 돌아오는 봄이 만나는 소리가 들립니다.

아, 능욕의 겨울이었어. 여기 올 때는 민주화의 꿈으로 추운 바람 하나 데려오지 못했는데. 아, 기만의 겨울이었어. 다음에 올 때는 만주 허허벌판의 두 눈 부릅뜬 추위로 독립의 칼끝을 세워 오겠어. 미안해. 자네가 오기 전에 평화의 땅, 사람의 땅을 일구어야 했는데, 자네한테 이 무거운 짐을 지게 해서 정말 미안해.

아니야, 나의 몫이 남아 있음은 그것으로 행복해. 자네는 더 큰 목소리를 준비하도록 해, 올 봄엔 오공 비리도 반민주 악법도 반통일 세력도 쓰러뜨려야지. 자네가 올 때는 통일의 튼튼한 바람으로 돌아오길 기다리겠어. 사람들은 내가 와서 진달래꽃을 피운다고 좋아하지만, 아 글쎄, 꽃이 어디 나 때문에 피어나는가. 이 땅의 울음으로 피어나는 것이지. 나의 따스한 햇살을 산속으로 내리는 것이 아니라, 대학로로 종로로 내려 보내서 내 벗들의 힘센 두 손에 담겨지고 그들의 우렁찬 구호속에 스며들게 할거야. 자네는 마지막으로 백담사나 꽁꽁 얼려 놓고 가지 그래. 백담사 부처님은 영험이 없대나봐. 영험이 없는 부처, 세상에 있은들 무엇 하나.

옳은 말이야. 그럼 건투를 비네.

잘 가 겨울.

새봄 안녕.

스님, 지금 이 땅은 어둠의 계절인데 스님의 계절은 어떠한지요.
먼 곳에서 생활고에 못 이긴 농민의 집단 자살 소식이 날아들고, 여의도에
서는 농민들의 시위가 있었다고 합니다. 매스컴은 날마다 농민 시위에 대
한 소식과 정부의 대처 방안을 보도합니다. 그러나 정부나 매스컴은 오늘
의 농촌의 실상을 파헤치기보다는 사건의 확대와 왜곡으로 일관하고 있
습니다. 이와 같은 일련의 사태를 바라보노라니 불현듯 갑오농민전쟁이
생각납니다.

이미 밝혀진 일이지만, 갑오농민전쟁은 단순히 지배층의 수탈에 대한 반
발이 아니라 봉건적 지배 질서에 대해 새로운 변혁을 기도하는 민중의 각
성에서 비롯되었습니다. 그런 의미에서 오늘의 여의도 농민 시위를 바라
보는 우리의 시각은, 농민의 생존권 문제를 제기하는 것이라는 데 머물지
말고, 정당성을 잃은 지배집단에 대한 거부이며, 노예적 삶을 거부하는 주
체적 인간으로의 선언임과 더불어 농업에 대한 새로운 세계관의 요청임
을 볼 줄 알아야 합니다.

스님께서는 어떻게 생각하시는지요. 혹시나 그 모든 사태에 대해서 모르
고 계신 것은 아닌지요.

여러 해 전에 어떤 큰스님을 친견했을 때 당신께서는 수행을 위해 신문조
차도 보지 않는다고 하시던 일이 문득 생각납니다. 그 말씀은 물론 공부에
게으른 저를 경책하기 위한 큰스님의 배려라고 생각됩니다만, 행여 스님
께서도 짐짓 세상 소식을 단절하고 계신 것은 아닌지요. 만일에 스님께서
수행을 위해 일상의 다양한 삶의 목소리들을 멀리하신다면 과연 그러한
수행이 무슨 의미가 있을까요. 우리가 수행하는 것은 중생의 고통을 치유

할 수 있는 묘방을 얻기 위함이 아니던가요.

수행자들이 즐겨 하는 말 가운데 "숲속에서는 숲을 보지 못한다."는 속담이 있습니다. 중생의 세계 속에서는 중생을 올바로 알지 못하여 중생을 제도할 수 없다는 뜻이겠지요. 그렇다면 이렇게 묻고 싶습니다. 깨달음 속에서 어떻게 깨달음의 실체를 알 수 있겠습니까. 깨달음의 숲을 떠나 중생의 세계에서 확인하는 깨달음이야말로 올바른 깨달음이 아니겠습니까. 그러므로 저는 이 속담에 빗대어 불교적 깨달음의 내용을 포장하려는 온갖 수행자들의 몸짓을 거부합니다. 이는 올바른 깨달음이나 수행이 아니기 때문이지요. 부처님의 깨달음은 숲(중생 세계)과 숲을 바라보는 곳(깨달음)이 분리된 상대적 관점에 있지 않으므로 숲속에 숲이 있음을 깨닫는 일일 것입니다.

숲은 중생 세계의 실체입니다. 숲은 고정되어 있는 것이 아니라 살아 생동하고 변화하는 실상입니다. 중생의 숲은 죽어 있는 것이 아니라 변화하는 거대한 움직임입니다. 오늘의 중생은 어제의 중생과 다르고 미래의 중생과도 다릅니다. 사회의 형태에 따라서 중생의 모습도 다양하게 변화해 갈 것입니다. 그러므로 올바른 깨달음이란 변화하는 힘에 대한 올바른 파악이며, 그 속성을 깨닫는 일일 것입니다.

스님, 겨울 내내 정진을 하시다가 행각길에 오른 스님에게 우인愚人의 소견으로 무례하게 글을 드림을 용서하십시오. 다만 가난한 농부의 자살 앞에서, 농부들의 거대한 외침 앞에서, 아무런 대답도 주지 못하는 오늘의 한국불교와 한국 승려들에게 드리는 한 농부의 글이라고 생각하여 주시기를 바랄 따름입니다.

지난 글에 이어서 노동에 대해서 몇 가지 덧붙여 말씀드리려 합니다. 우리말을 유심히 살펴보면, 그 표현 방법이 아주 특출남에 새삼 애정이 깊어집니다. 노동 문제에서도 생각할 수 있는 것이 '일'과 '질'이 있어 달리 쓰이는 것입니다. 일이란 곧 노동의 대상을 가리키는 말이고, 질이란 노동의 주체자의 처지를 가리키는 말일 성싶습니다. 밭일, 논일, 목사질, 선생질, 중질과 같이 말입니다.

그러나 문제는, 일이라는 노동의 대상은 노동의 주체에 따라 질로 변화하곤 하거나 사회적 제도에 의한 직업의 차별성이 일을 질로 저하시킨다는 점에 있습니다. 보기를 들면, 목사나 승려나 선생은 다 같이 사회적으로 존경받는 대상이지만, 목사가 목사다운 일을 하지 못하고 승려가 승려다운 일을 하지 못하면, 사람들은 그들이 하는 일을 가리켜 목사질한다 중질한다 선생질한다고 표현합니다. 이런 표현은 누구에게나 적용될 수 있습니다. 다시 말하면 창조적 노동이 되지 못하고 나아가 개인의 물질적 향유만을 위할 때의 일이란 일이 아니라 질이 되겠지요.

한편, 사회의 제도에 의해 일이 질로 저하되는 것은 사회 제도가 노동에 대해 정당한 값어치를 부여하지 못했기 때문에 일어납니다. 흔히 지배자들은 직업에는 귀하고 천함이 없다고 강조하지만, 직업에 귀천이 없는 것이 아니라 일 자체에 귀천이 없는 것이지요. 그런데 사회 제도가 일을 질로 변질시킵니다. 막일꾼의 노동이 정당한 대가를 받지 못한 채 질로 치부되는 것이 그것이지요. 이런 사회 제도 속에서 어떻게 일이 일다울 수 있으며, 노동이 기쁨의 노동이 될 수 있겠습니까.

스님, 심지어는 스님들 사이에서도 노동을 정신적 노동과 육체적 노동으로 가릅니다. 그뿐만 아니라 흔히들 자신을 정신적 노동에 종사하는 사람이라고 스스로 위안하기까지 합니다. 그런 이들은 수행의 길도, 염불하고 기도하는 것도 모두 노동이라고 생각하는 것 같습니다. 그러나 노동이란 어떤 하나의 세계를 발전시키고 변화시키는 힘을 말하는 것입니다. 곧 변화시키는 힘이 하나의 현상 세계에서 구체화될 때에야 비로소 노동이라고 말할 수 있습니다. 변화시키는 것은 정신이나 물질의 어느 한 부분으로 가를 수 없습니다. 노동 그 자체가 정신과 물질에 통합하는 행위이기에 노동 자체를 정신적 노동이나 육체적 노동으로 가름할 수 없습니다. 따라서 '정신적 노동'이란 것은 존재할 수 없습니다. 종교적 노동의 정신이란 곧 중생의 사회적 고통을 해결해 주려는 실천적 삶을 지향하는 것입니다. 기도나 염불이나 수행 그 자체가 노동일 수는 없습니다. 구체적인 일로 나타나지 않는 정신이나 관념이 노동이라 할 수 없는 것이지요. 우리의 종교적 노동이란 결국 노동이 삶의 기쁨이 되는 사회를 만들어 가는 것일 겁니다.

스님, 노동이 기쁨이 되는 사회가 되려면 우선은 작은 제도를 바꾸어 가야 하겠습니다.

하나의 사회에서 제도란 신발과 같습니다. 실제적으로 인간의 가장 큰 고통은 제도에서 발생하지요. 발에 맞지 않는 신발을 신을 때 우리는 많은 불편을 느낍니다. 발보다 작은 신을 신으면 통증을 심하게 느껴서 걸을 수조차 없습니다. 발보다 큰 신발은 걸을 수는 있더라도 불편하기는 마찬가지입니다. 그러나 발에 잘 맞는 신을 신으면 아주 편하여 걸을 때 신은 것조차 느끼지 못합니다. 지금 우리의 사회 제도는 발보다 작은 신발과 마찬가지여서 사람들이 고통을 겪을 수밖에 없는 것이지요.

제가 늘 말씀드리는 민중에 대한 사랑은 민중이 편안한 삶을 누릴 수 있는 사회 제도로 개선하는 것에서부터 시작해야 합니다. 그리고 그 제도는 고정된 제도로 가만히 있는 것이 아니라, 새로운 시대가 되면 그 시대에 알맞은 제도로 또 다시 변혁되어야 하겠지요. 신발의 크기와 같은 본질, 곧 민중에 대한 사랑은 변하지 않지만 그 형태의 변화는 끊임없이 이루어져야 합니다. 민중에 기초하는 사회 제도로 바뀔 때, 우리의 삶은 비로소 노동의 기쁨으로 충만할 것이며, 우리의 걸음걸이는 활기찬 새벽을 걷게 될 것입니다.

스님, 큰스님들께서 '중노릇' 잘 하라고 말씀하십니다. 그러나 승려의 역할이 '노릇'으로 그쳐서는 안 될 것입니다.

지금은 어디쯤을 떠돌고 계신지요. 곳곳에서 승려들의 움직임이 부산합니다. 아마도 올봄엔 교단이 무척이나 시끄러울 것 같습니다. 개구리 울음 소리, 저승 소리 같을 것입니다.

노동자, 그는 누구인가?

스님, 한 열흘 동안 여행을 다니다가 돌아와 보니 옹기 시루에 자리 잡은 춘란이 누렇게 시들었습니다. 이 춘란은 작년 늦가을에 주인을 잃은 채 나무 그늘에 놓여 있길래 추위를 피하게 한답시고 방에다 옮겨 놓긴 했지만, 본디 성품이 게으른 저로서는 이 난을 그다지 잘 보살피지 못했습니다. 겨우내 몸살을 앓으며 지내다가 이제 제 철을 만났으나 아직 기운을 차리지 못 하는 난을 보니 주인을 잘못 만나 저리 고생이 심하다 싶어 마음이 착잡합니다. 이 착잡함은 난이 죽어가기 때문만이 아니라 제 자신이 난 하나도 제대로 키우지 못하는 어설픈 인간이라는 생각에서 온 것이지요.

예로부터 주인이 건강해야 난도 건강하다는 말이 있습니다. 이는 주인이 병들면 난도 따라서 병든다는 식의 주종 관계를 말함이 아니고, 주인과 난은 일상의 생활에서 연관 관계를 갖고 있음을 말하는 것이라 생각합니다. 물론 이 말에서의 건강이란 '맑은 생활'이나 '맑은 몸가짐'을 뜻하는 것이겠지요. 결국 저의 일상의 생활이 건강하지 못하였다는 것이 드러난 셈이니, 옛사람의 말씀이 그릇되지 않은 듯싶습니다.

차라리 처음 있던 자리에 그냥 놓아두었더라면 다른 사람이 가져다 키웠을 터인데, 그저 막연한 감상만을 앞세운 채 건강하지 못한 사람이 추위를 피해 주려다가, 오늘 난이 죽어가는 것을 보아야만 하는군요.

그런데 저와 같은 막연한 감상은 곳곳에서 볼 수 있습니다. 특히 우리 역사에서는 권력을 한번 잡아 보겠다는 일부 군인들의 막연한 감상 때문에, 제가 난을 죽이듯 국민을 죽음의 길목으로 몰고 간 사건들이 여럿 있었지요. 하기야 그들의 감상은 그저 막연하다고만은 할 수 없으니, 그 뒤에는 늘 계획된 음모가 도사리고 있었습니다. 다만 제가 말씀드리고자 하는 것은 주제를 파악할 줄 모르는 사람들이 정치와 권력에 대한 막연한 환상이나 동경만으로 뛰어든 것이 오늘날의 정치 마당이 아닌가 하는 점입니다. 주체적인 조건과 객관적인 조건들을 무시하거나 깨닫지 못한 정치군인들의 권력에 대한 막연한 환상이 오늘의 우리 시대를 암울하게 만들었다고 한다면 너무 비약해서 생각하는 것일까요. 아무튼 모두가 저와 같은 막연한 감상주의로부터 벗어나야만 할 것 같습니다.

스님, 저는 지금까지 스님께 노동이 기쁨이 되는 사회야말로 열린 사회라고 하였습니다. 그리고 이러한 사회는 노동의 세계관이 제도로서 정착할 때 가능하다고 하였습니다. 그런데 노동의 세계관이 제도로서 정착하기 위해서는 오늘날 노동자들이 과연 어떻게 삶을 영위하고 있는지, 그리고 그들이 누구인지를 밝혀 내지 않으면 안 될 것입니다. 따라서 행여 노동자들이 이 글을 보면서 저 역시 막연한 감상주의자라고 힐책할지 모르겠지만, 저는 스님께 드리는 이 글을 노동자의 입장에서 쓰지 않을 수 없습니다. 아무쪼록 스님께서는 저의 짧은 안목을 이해하시고, 미처 글로 담아 내지 못한 저의 생각까지도 깊은 혜안과 인내심으로 보아 주시기를 부탁드립니다.

우리는 공장에 다니는 선남선녀들을 '공돌이', '공순이'라고 부릅니다. 이는 그들이 스스로를 비하해서 부르는 말이 아니고, 이 땅의 지식인들과 학생들과 가진 자들이 그들을 천민이라 여기는 사고에서 비롯된 말입니다. 이 말은 우리 사회가 크게 두 가지로 계급화되어 있음을 보여줍니다. 곧 돈이나 학력이나 권력 따위를 가진 자와 못 가진 자의 이중 구조로 되어 있음을 말입니다. 이러한 이중 구조는 우리 사회의 내적 조건에 의해서 이루어지며, 또 이 조건은 우리 사회의 정치 제도와 경제 체제의 외적, 내적 관계에 의해 활동하는 사람에 의해서 만들어집니다.

따라서 우리 사회에서 노동자가 누구이며 어떠한 모습으로 있는가를 밝히는 작업은 바로 우리의 정치 체제와 경제 체제의 외적, 내적 관제들을 올바르게 규명하는 일입니다.

이제 공돌이, 공순이라고 부르는 말의 의미를 사람의 문제로서 다시 한 번 살펴보려고 합니다. 이 말에는 분명히 노동자들(민중)은 천민, 곧 노예적인 삶을 사는 자라는 뜻을 담고 있습니다. 이 사회에는 노예적 삶을 강요하는 사람과 강요당하는 사람의 두 가지 형태가 존재합니다. 그런데 문제는, 제도가 어떠한 형태이든지 그 제도를 이용하는 사람과 이용당하는 사람이 있기 마련인데, 두 사람이 동시적으로 제도에 대한 책임을 지어야 한다는 것입니다. 공돌이, 공순이라고 부르는 것이 가진 자들이 부리는 횡포라면, 그 횡포에 맞서거나 그 본질적인 속성이 드러나게 해야 하는 것은 이제 공돌이와 공순이라고 불리는 사람들이 해결해야 할 일입니다. 그럼에도 불구하고 한 사회의 제도의 형태를 국가나 가진 자에게 책임을 돌리는 식의 태도는 못 가진 사람들의 삶의 태도가 주체적이지 못하기 때문이라고 하겠습니다. 못 가진 사람들 스스로 각성하여 자기의 책임을 회피함으로써 가진 자들의 횡포가 더욱 커질 수밖에 없었다는 점을 깨달아야 합니다. 이러한 깨달음이야말로 가진 자와 못 가진 자를 동시적으로 책임지는 태도라고 할 수 있겠습니다.

그러나 진실로 우리가 이러한 태도의 변화를 가지려면 무엇보다 먼저 스스로 못 가진 자라고 생각하는 사람들이 가진 자들에게 무엇을 빼앗겼다고만 생각하기보다는, 가진 자들의 논리나 문화가 자신의 그것보다 더 좋다는 생각으로부터 해방되어야 합니다. 그리고 그러기 위해서는 우선 민중의 참가치가 민중 속에 있다는 절대적 신념을 갖고서 지금까지 우리를 길들이고 속여 온 지식인들의 논리에서 해방되어야 할 것입니다.

스님, 이제 노동자들의 실제 생활 처지를 살펴보도록 하지요.

기업주를 포함한 거의 모든 사람들은, 한국 경제의 성장은 생산 활동의 주체인 노동자들의 힘을 배경으로 하여 이루어졌다는 말하고 있습니다. 옳은 이야기입니다. 그러나 경제 성장의 밑거름이 되어 온 노동자들은, 이렇게 말하는 사람들에 의해서, 오히려 분배 과정에서의 참여가 제외되고 있습니다. 참여는 커녕 노력에 대한 정당한 대가를 요구하기만 하더라도 공권력과 구사대까지 동원하여 탄압하려 듭니다. 그러면서도 그렇게 말하는 것은 노동자들을 회유하거나 그들의 이윤이 노동자의 피땀 어린 산물임을 은폐하려 하기 때문입니다.

요즈음 들어서 정부는 최저생계비를 운운합니다. 그동안 노동자에게 정당한 대우를 해주지 못했음을 스스로 폭로한 셈입니다. 그나마 다행이라고나 할까요. 그러나 그들이 책정한 최저생계비라는 것은 먹고 입고 자는 데 드는 비용으로만 계산되어 있습니다. 노동자들도 최소한의 문화생활을 할 수 있는 여유쯤은 가져야 할 것 아니겠습니까. 어떤 사람들은 이렇게 말합니다. 이윤은 자본가들의 창조적인 경영 활동으로 생기는 것이라고요. 따라서 자본이 이윤을 얻는 것은 노동자가 임금을 얻는 것처럼 당연하다고 합니다. 그러나 자본주의 사회에서는 노동력이 상품화되어서 자본가에게 이윤을 만들어 주지도 노동력이라는 상품은 생산 과정에 투입되었을 때, 자신의 상품 가치보다 몇 배가 넘는 새로운 가치를 창조하는 특성을 지닙니다. 그래서 노동자 자신은 노동력을 값싸게 팔아 임금을 받지만 그의 노동 자체는 노동임금보다 훨씬 많은 가치를 창조하여 자본가에게 이윤을 줍니다. 모든 경제 성장의 바탕은 바로 노동자들의 노동력이라고 한 말은 얼마나 진실된 말입니까. 그러나 노사가 협조해야 한다고 말하면서도 노동자들을 저임금, 산업재해, 장시간 노동, 불량한 작업 환경에 시달리게 하고 있지 않습니까. 결국 이런 것들이 얼마만큼 자본가들의 이익을 증대시켜 주고 있습니까. 그 이윤으로 그들의 가족이 살찌게 놀고먹을 때 우리의 노동자들은 '공순이', '공돌이' 소리를 들어가며 주린 배를 움켜쥐고 일해야만 하는 것이 우리의 현실입니다. 이런 체제 아래서 노사가 협조해야 한다는 소리가 어떻게 나올 수 있습니까.

스님, 지난해 죽은 노동자 천창석 씨의 형이 낸 호소문을 살펴보면 오늘의 노동자의 삶이 어떠한지를 알 수 있습니다. 그 내용인즉, 죽은 천창석 씨는 동판을 깎는 면삭기로 하루 열세 시간의 긴 작업을 해왔답니다. 그런데 그는 9월 2일 새벽 네 시에 야근을 하다가 면삭기에 옷자락이 휘말려 들어가 처참하게 죽었답니다. 그는 목이 터져라 비명을 질렀겠지만 기계의 엄청난 소음 때문에 바로 위에서 일하는 사람조차도 그런 일이 벌어지는지를 모르고 있었답니다. 산업안전보건법 24조 2항에 따르면 회사는 안전보호망을 설치하도록 규정되어 있는데 그 회사는 보호망을 설치하지 않았답니다. 더욱 기가 막힌 것은 고인의 과실이라고 밀어붙이는 회사 측의 사람들이 빈소에까지 찾아와 행패를 부렸다고 합니다. 또한 경찰마저도 처음에는 안전시설이 안 되었다고 말하다가 곧 태도를 바꾸어 사망자 과실 80%라고 회사를 감쌌답니다. 이에 노동조합 측에서는 회사에 빈소를 차리고 산재보상 및 안전장치 설치를 요구하자 회사 측은 문을 닫는다고 협박하면서 기숙사 사람들을 내쫓고 조업을 중단시켰다고 합니다. 그리고 그 직접적 책임자인 노동부 의정부 사무소는 대형 사고가 났음에도 불구하고 유족의 말을 전혀 들으려 하지 않았다고, 유족과 주변 사람들은 호소하고 있습니다.

여기서 우리는 주목해야 할 사실들이 있습니다. 노동자들은 장시간 노동과 철야 노동, 불량한 작업 환경, 저임금 속에서 일하고 있으며, 그러한 노동자의 착취에 권력이 개입되어 있다는 점입니다. 우리나라의 산업재해율이 세계에서 가장 높다면, 노동 환경이 얼마나 열악하고 노동자들이 얼마나 착취당하고 있는지를 단적으로 증명해 주고도 남습니다.

대자본가들은 기업 운영의 어려움이나 적자를 이유로 노동 환경을 개선해 주려고 하지 않습니다. 그들은 회사가 운영이 어렵거나 적자여도 생활에 불편이 없습니다. 기업은 망해도 기업인은 망하지 않는다는 말처럼 축재해 놓은 돈이 많으니까요.

스님, 현대노조에 대한 회사 측의 피습 사건을 아십니까. 노조원이 칼에 등이 찔리고 머리가 찔리고 깨지고 부서지고 한 처참한 사건 말입니다. 아마도 잘 모르실 겁니다. 신문에는 이러한 사실이 정확히 보도되지 않았으니까요. 기자들이 보도하고 싶어도 이미 관(官)과 결탁한 기업이 되어 버린 신문사의 사주가 허락할 리 없겠지요.

스님, 오늘날 노동자는 누구입니까. 노동자와 노동은 모든 사회생활의 기초이며 탯줄이 아닙니까. 노동자가 경제 발전의 주역임을 인정하면서도, 그런 그들을 억압하고 착취하는 사람은 누구입니까. 노동자와 노동이 주체가 되지 못할 때 그 사회는 쾌락적인 문화와 감각적이고 물질적인 가치관으로 물들어 버리게 됩니다. 종교에서 흔히 말하는 마음속의 평화나 신에게의 순응만으로는 결코 세상을 평화롭게 만들 수 없습니다. 우리가 받고 있는 시주물 자체도 노동자들의 생산 활동에 따른 것입니다. 그러므로 종교 양식에 노동의 참가치를 부여하는 새로운 전환이 필요합니다. 만일 그렇게 하지 못할 때, 지금처럼 노동자를 착취하는 데 동조하거나 적어도 방임하는 모습으로 남게 되어서, 노동자의 각성을 마비시키고 그들의 피를 말리는 꼴이 되겠지요. 적어도 종교인이라면 노동자와 같은 삶을 살아가지는 못할 지라도 그들의 권익을 보호해 주고 노동의 에너지를 끊임없이 공급해 주는 역할만큼은 해야 할 것입니다.

스님, 노동이 기쁨이 되는 사회는 한마디로 노동의 대가가 임금이 아니라 기쁨이 되는 사회입니다. 노동자의 노동력이 상품이 되는 세계가 아니라 창조적인 사회를 만드는 힘이 되는 세계입니다. 그러므로 오늘날 노동자의 투쟁은 가진 자들에 대한 저항과 항거가 아니라 노동을 질로 저하시키는 모든 가치들에 대한 새로운 가치관의 요구이며, 그것은 가진 자와 못 가진 자들에 대한 동시적 해방을 약속하는 행위일 것입니다.

초파일이 가까이 다가옵니다. 그날 저녁의 등불들이 모든 노동자들의 기쁨으로 밝혀지기를 간절히 소망하면서 스님께 하직 인사를 드립니다. 건강하시어 난의 푸른 잎들을 깨우소서.

산으로 들어가는 스님에게

이른 아침 잠을 깨어 문을 열어젖히면 마당 가득 매미 울음이 고여 있습니다. 그 소리 시끄러워 문을 닫으면 다시 평안한 고요에 잠깁니다.

시끄러움과 고요함이 문 하나 사이를 두고 대치하고 있듯 내 빈 아침의 평안과 괴로움도 문 하나로 가름지워 집니다. 그러나 나는 언제까지나 평안한 방안에만 머무를 수는 없으니 이 고요한 시간은 잠시 스치는 순간일 뿐입니다. 그리고 이 고요는 문만 열면 바깥 경계에 허물어질 고요이니 달리 의미가 있을 수도 없습니다. 그래서 나는 이것마저도 버리고 싶어 마당으로 나가 온몸을 열어 놓습니다. 그러면 곧 어느새 나도 매미 소리가 됩니다. 이 아침에 나는 매미 울음바다에 내 평안과 괴로움의 두 가지 경계가 소멸되어 떠내려감을 봅니다.

스님, 시끄러움과 고요함의 이 두 가지가 저의 분별망상分別妄想에 의해서 일어났다면, 분별망상을 여의는 수행이 나타난 경계를 떠나 고요 속에만 있는 것은 아닐 터인데, 어찌하여 우리의 산문은 고요 속에 굳게 닫혀만 있는지요.

세상이 시끄럽다고 하여, 승단이나 승려들의 모습이 부끄럽다 하여, 산으로 산으로 향하는 스님들을 봅니다만, 도道가 산중에만 있을 리는 만무할진대, 그것은 또 하나의 방문을 걸어 닫음이 아니겠습니까.

한암漢岩스님의 시에도 이러한 구절이 있습니다.

어떤 곳이 바쁜 곳이며 어떤 곳이 한가로운 곳이던가

사람들은 언제나 이 두 가지에 머무르네
만약 바쁨 속에서 한가로운 뜻 알면
달리 한가로움 찾아 산중에 머물 필요 없으리

何處是忙何處閒
浮生常在兩分間
若知忙裡眞消息
不必求閒憩碧山

이와 같이 한처閒處와 망처忙處가 따로 있음이 아닐 것인데, 왜 우리는 수행을 빌미로 산으로만 가려 하는지요.

나는 불교의 깨달음이란 경계를 회피하는 것이나 초월하는 것이 아니라 경계를 타파하는 길이라 배웠습니다. 그런 의미에서 수행은 번뇌를 끊는 것이나 비움이 아니라 번뇌가 보리종자菩提種子가 되게 하는 길일 것입니다.[煩惱即菩提] 번뇌가 지혜종자가 되게 하는 길은 나타난 경계의 타파에 있을 것이며, 그 경계의 타파는 개인적인 형식에 있는 것이 아니라 주관인 나와 나타난 경계(사회)의 '사무침'에 있을 것입니다. 앞서 이야기한 매미 울음소리의 경우에는, 그 소리를 피하거나 혹은 방안에서 방 밖의 매미 소리를 의식적으로 아름답게 들으려고 하지 않고 매미 울음소리가 들리는 곳에서 그 소리와 하나가 될 때만이 방안이든 방 밖이든 소리의 경계가 타파되는 것이지요.

그런 까닭에 한암 스님의 시구처럼 역사의 현장을 떠나 달리 수행의 길을 찾음도 헛된 몸짓이며, 세간법[俗:忙]과 출세간법[眞:閒]을 가늠함도 또한 불법佛法이 아닙니다. 그런데 어찌하여 요즈음의 절집 풍토가 수행이라는 이름 아래 역사의 현장을 멀리하려고만 하는지요.

중생을 여의고 본질을 캐내거나 수행하고자 함은 거짓일 뿐입니다. 중생을 여의지 않으려면 모든 중생들의 신음 소리를 들을 줄 알아야 합니다. 중생들의 신음 소리를 듣는 귀가 되려면 항상 중생들의 곁에 있어야 합니다. 또한 깨달음도 중생들을 여의지 않은 깨달음일 때, 방편지혜方便智慧를 얻을 수 있습니다. 보살의 방편은 시기나 상황이나 사람에 따라 적중的中한 길을 일러줍니다. 그러므로 오늘을 사는 사람들에게는 오늘의 시기와 상황, 오늘의 인간과 조건을 파악하지 못하고는 방편의 가르침을 내릴 수 없습니다. 그러므로 번뇌가 지혜종자가 되려면 우리의 수행이 중생에 대한 끊임없는 책임과 헌신이어야 하며, 그럴 때의 번뇌는 곧 중생을 향한 열뇌熱惱입니다.

중생의 고苦는 다양합니다. 그리고 시대마다 중생의 모습이 다르듯 중생의 고苦도 다르게 나타납니다. 왜냐하면 고는 조건으로 말미암아 나타나기 때문입니다. 『상응부경相應部經』에서도 "변화하기 때문에 고苦요, 고는 연생緣生이라."고 말하고 있습니다. 따라서 중생의 고를 해결하고자 하는 것은 그 시대의 상황이 만들어낸 개인과 사회의 연기적 조건을 변화시켜 주는 것이며, 그것이 나와 중생의 삶의 경계를 허무는 길이라고 믿습니다. 불교에서 말하는 공空, 무아無我, 중도中道, 식識 같은 것들은 존재들의 법칙성을 밝히는 것이기는 하지만, 그보다 앞선 뜻은 모든 삶들의 문제를 해결하려고 한다는 것이지요. 그러나 저는 불교가 발달하여 오면서 그 철학적 깊이와 내용이 더욱 풍부하여졌음에 견주어 그 행동력은 역사적이고 구체적이지 못함에 대하여 의아해 하지 않을 수 없습니다. 석가모니 부처님은 평생을 중생의 삶 가운데에서 보내셨습니다. 그는 중생의 문제, 곧 고苦 ― 사회적인 고이든 개인적인 고이든 ― 를 해결하고자 하였기 때문이지요. 그런데 논사論師들, 특히나 대승론자들에게서는 왜 이러한 모습이 보이질 않는 것인지요. 그것은 바로 불교 논사들이 중생의 문제에 논리나 이론적 탐구로만 다가서려 하기 때문이 아닐는지요. 제가 이런 이야기를 하면 어떤 분은 제가 서구의 유물론이나 역사주의에 치우쳐 있다고 말하겠지요. 그러나 저는 그러한 관점을 갖고 말하는 것이 아니라 원융무애한 불교의 진리가 왜 불교의 울타리 안에만 머물러 있느냐 하는 점에서 말하는 것입니다. 불교가 사물을 실재화하거나 대상화하지 말아야 함을 늘상 말하면서도 왜 불교는 사회를 대상화하고 실재화하고 있습니까. 불교의 참뜻이 연기적 삶에 있다면 오늘의 사회와 민족의 문제는 바로 불교가 싸안아야 할 일입니다. 여기서 불교의 생명력이 길러질 것입니다.

흔히 어떤 스님은 현실에 집착하지 말고 삼세三世에 두루한 마음을 깨달으라고 합니다. 그러나 마음이 고정된 하나의 실체를 뜻하지는 않는 줄 압니다. 과거와 현재와 미래의 삼세가 따로 있는 것이 아니라 함께 나타난다는 말은 또 무엇이겠습니까. 현재를 떠나서 과거가 달리 있지 않으며 미래도 역시 단절되어 존재하지 않습니다. 과거와 현재와 미래는 고정된 실체가 아니므로 언제나 변화하는 것, 진행되고 있는 상태로 받아들여야 할 것이며, 그 속에 삼세가 동시에 진행되고 있음을 깨달아야 할 것입니다. 그러므로 현재 일어나고 있는 어떤 사건, 보기를 들어 통일 문제나 교원노조 문제 같은 것도 결국 오늘 이 시점의 문제가 아니라 삼세의 문제로 받아들여야 할 것입니다. 이제 우리에게는, 석가모니 부처님이 중생들에게 훌륭한 방편의 말씀을 나투었듯이 우리 시대의 방편문을 열어야 할 절박함이 있어야 하겠습니다. 이것은 방편이 여래의 실어實語, 곧 진리의 말씀이기 때문입니다.

스님, 학교를 졸업하고 유학을 준비하시다가 대중처소(선방, 강원)로 들어가기로 결정하셨다고 하니 참으로 반가움이 앞섭니다. 스님이 유학을 포기하시기까지에는 남달리 번민이 컸으리라 짐작이 갑니다.

옛날 스님들께서는 중물이 들었는가 안 들었는가를 곧잘 '장판 때'에 비유하셨지요. 장판은 때에 절어 윤기가 나야만이 제 모양을 낼 수 있지요. 때에 절은 장판은 충격에도 잘 견디어 냅니다. 큰스님께서 말씀하신 '장판 때'는 대중 속에서 얼마나 자기를 비워내고 묻혀 살았는가 혹은 승가 가풍이 얼마나 몸에 배었는가를 가늠하는 하나의 상징적인 비유이지요. 곧 승가 공동체 정신이 몸에 배어 있는가를 가늠하는 하나의 기준입니다. 누구든 일 년 중 한 철만이라도 대중 생활을 할 것을 권유하는 풍토가 절집에 있음은 그만큼 대중 생활이 중요한 까닭이겠지요.

스님, 솔직히 표현하자면 스님은 학교 다니시느라 아직 절집의 장판 때 한 번 못 묻혔지요. 저는 서울 생활에 조금 묻은 장판 때마저도 다 빠져나가 버렸구요. 그러면서 불교 운운함은 낯간지러운 소리입니다. 그러나 대중 생활로 들어가는 스님에게 한 가지 부탁드리고 싶은 것이 있습니다. 예전의 장판 때는 '대중 생활', '공동체 생활'이라는 철저한 무언의 가풍과 청규를 면면히 이어내려 왔지만 이즈음의 장판 때는 스님들을 오히려 자유주의자로 만들 우려가 있으니 경계하고 경계할 일입니다.

스님의 대중 생활이 청정가풍을 되살리는 계기가 되었으면 합니다. 그러기 위해서는 청규와 계율을 철저히 잘 지켜야 할 것입니다. 제가 말씀드리는 계戒는 계율주의나 교조주의에 입각한 계가 아니라 이 땅의 민중에 의지한 계율을 말합니다. 따라서 민중의 고난과 아픔의 거울에 비춰 볼 때의 계야말로 가장 올바르다고 하겠습니다. 청정승가 정신이나 그 가풍도 이 땅의 모습을 반영할 때 더욱 굳건하게 일어설 수 있습니다. 부처님께서 걸식하심은 밥을 빌기 위한 것이 아니라 중생들의 삶의 모습을 살펴보기 위한 것처럼 산중이나 대중 속에 있더라도 마음은 언제나 중생의 밭에 서 있어야 할 것입니다. 언제나 민중의 모습을 가슴에 새깁시다.

스님, 대중 생활에 많은 깨우침이 있어서 저에게도 법열을 나눠 주시길 빕니다. 스님의 대중 생활이 저자 거리와 함께 하고 있어야 함을 유념 또 유념하여 주시길 바랍니다.

민족의 어머니가 되소서

보살님, 가을이 오는 것을 귀로 안다면, 겨울은 시린 손발로, 봄은 눈으로, 그리고 여름은 등골에 흐르는 땀방울로 아는 것 같습니다. 하여 가을이 스산한 바람소리를 듣는 감성의 창이라면, 겨울은 아랫목을 지키는 내면의 뜨락이며, 봄이 꽃을 피우는 낭만의 숲이라면, 다리 건너 여름으로 다가서는 지금은 땀내 나는 일터입니다.

모두가 일손이 되어 버린 저녁에 논두렁을 지나가면, 빈손이 되어 있는 중의 모습이 왜 이리 부끄러운지요. 오늘 하루만이 아니라 십여 년이 넘도록 빈손이 되어 있음을 생각해 보면 참담한 마음까지 듭니다.

모를 심는 농부의 손길은 모든 관념의 옷을 벗기웁니다. 정토와 보살이 어찌 멀리 있는 것이겠습니까. 푸른 생명을 지닌 한 뙈기 논이 정토淨土며, 푸른 생명을 지닌 모 한 포기를 지키는 농부의 손길이 바로 보살이 아니겠습니까. 이 논과 저 논, 저 논과 이 논의 물꼬를 틔워 마침내 한반도의 생명을 이루나니, 여기가 바로 우리의 대장경이요 법전法典이 아니겠습니까. 이와 같을진대 나의 빈손은 이 땅에서 몰아내야 할 또 하나의 모습이겠지요.

그해 여름 유월의 함성과 몸부림은 독재를 거부하는 부정의 몸짓이 아니라 한반도의 모든 목숨들을 푸르게 심고자 하는 대긍정이었음을 오늘 저 농부의 일손이 가르칩니다. 오늘 이 땅의 논들은 말합니다. 다시 유월의 모든 함성과 크랙션 소리, 돌멩이의 외침으로 한 포기 생명의 모를 심자고.

보살님, 금년 초파일은 어떻게 보내셨는지요. 당신 가슴의 부처는 새롭게 탄생하였는지요. 행여 부처님오신날의 풍속이 당신 가슴을 상하게 하지는 않았는지 저으기 염려됩니다. 초파일의 풍속이 마치 등燈 장사를 하는 날처럼 변모한다면 차라리 등불을 모두 꺼버리고 새벽의 햇빛을 기다림이 좋을 듯합니다. 그러나 보살님, 시골 암자에서 보낸 초파일은 저에게 새로운 깨우침을 주었습니다. 쌀 몇 되를 머리에 이고 올라와 지성으로 등불을 켜는 할머니들과 몇 겹으로 꼬깃꼬깃 접혀진 돈을 꺼내는 아낙들의 모습은 눈물겨운 정경이었습니다. 불교 신자이니까 등불을 켜고 남들이 켜니까 나도 따라 켠다는 식의 태도에 익숙한 저에게는 도저히 가슴을 진정시킬 수 없는 감동이었습니다. 그날 저녁 암자 옆에 달린 조그만 토굴에 앉아 곰곰이 생각해 보았습니다. 과연 이 땅에서 불교를 지켜온 것은 누구이며, 불교를 불교답게 장엄하는 것은 무엇인가를 말입니다. 그래서 바로 저 가난한 노보살님들 쌀 몇 되가 우리의 불교를 지켜 왔고, 등불로 향하는 아낙의 마음이 바로 불佛 세계를 장엄하는 것이라는 생각에 이르렀습니다. 보살님은 어떻게 생각하시는지요. 우리가 해야 할 일은 바로 저들의 모습을 지켜 주는 일이 아니겠습니까. 저들 앞에서 무슨 존재니 인식이니 하는 따위의 너절한 말들이 필요합니까.

가난한 사바티[舍衛城] 여인의 등불 이야기는 단지 설화가 아니라 이 모든 사람들의 이야기가 아닐는지요. 저들이야말로 척박한 땅 위에 푸른 모를 심는 일꾼들이겠지요.

보살님, 저희들은 먹물옷을 입었다 하여 다른 사람들에게서 다음과 같은 세 가지 질문을 자주 받습니다. 첫째는 '왜 출가하였습니까' 둘째는 '언제 출가하였습니까' 셋째는 '나이는 얼마나 되셨습니까'라는 질문입니다. 참으로 대답하기 곤란한 질문입니다. 사람들이 단순한 호기심으로 묻는다면 한번 빙그레하며 웃어 주면 되겠지만 진지하게 물어 오는 사람에게는 그럴 수도 없습니다. 과연 나는 왜 세속적인 모든 것에서부터 출가하여 중이 되었는지, 나는 언제부터 살아 왔다고 말할 수 있을지, 아직 그 무엇 하나도 준비 된 답은 없는 것 같습니다. 형식적으로 답한다면 중이 좋아서 중이 되었고, 아직도 출가하지 못하고 있으며, 나이는 이 지구의 나이와 같다거나, 혹은 아직 진실로 출가하지 못하고 있으니 나의 나이는 있으나 마나 하다고 말할 수도 있을 것입니다.

보살님이 행여 이렇게 물어 온다면 나는 이렇게 다시 반문하겠습니다. 당신은 무엇 때문에 그곳에 살고 있으며, 당신은 얼마만큼 이 세상을 살아 오셨습니까. 동양의 성현들뿐만 아니라 유명한 소련의 혁명가도 하루를 살더라도 한평생 사는 것 같이 하라 하였는데 당신께서는 그와 같이 살아 오셨는지요.

그런데 이 세 가지의 물음은 본질적으로는 한 가지인 것 같습니다. 곧 지금 어떻게 살고 있느냐는 물음이지요. 그래서 왜 출가하였느냐는 문제가 아니며, 왜 사느냐는 문제도 아니지요. 다만 어떠한 문제의식을 갖고서 어떻게 구체적인 실천적 모습으로 사느냐 하는 문제는 어디에 살고 있느냐 하는 현실을 배경으로 하고 있음을 유념해야 합니다. 개인의 현실이 아니라, 나와 너를 서 있게 하고 나와 너의 관계를 이어 주는 살아 있는 절대적 현실 말입니다. 보기를 들면 찻잔들이 조화를 이루게 하고 찻잔과 찻잔을 관계 맺게 하는 것은 찻상이라는 현실이지요. 그와 같이 현실로부터 출발하는 삶의 태도와 실천이 우리의 삶을 올바르게 이끌어 간다는 것입니다. 그렇다면 현실에서 출발한다는 말은 어떤 뜻이겠습니까. 그것은 우리가 살고 있는 이 시대와 사회의 온갖 구조적인 모습을 파악하는 데서부터 출발한다는 것입니다. 그러므로 현실에서 출발하는 삶은 시대와 사회의 불합리함을 해결해 나가려고 할 수밖에 없습니다. 이와 같이 개인과 사회(현실)는 서로 나뉘어 있는 것이 아닙니다. 그러므로 개인의 깨달음이나 자아의 완성도 결코 사회라는 현실을 떠나서는 이루어질 수 없습니다. 어떻게 사느냐를 묻는 물음도 결국 삶이 사회의식의 반영 속에서 출발하는지를 묻는 물음입니다.

보살님, 이 세상에는 온갖 가치관과 철학과 사상이 있습니다. 그래서 사람들은 무엇이 올바른 가치인지를 혼돈합니다. 가치관과 사상이 부재하기 때문에 이 세상이 혼탁한 것이 아니라 가치관과 사상이 너무 많아서 서로 충돌하기 때문에 사람들이 방황하는 것이 아닐까요. 그래서 이 시대에서는 옳은 사상과 가치관을 찾아내기가 무척이나 어렵습니다. 이제 우리는 현실에 기반을 두지 않는 모든 철학과 사상을 골라내야 합니다. 우선은 현실을 제대로 파악할 줄 아는 능력을 키워야 하겠지요. 그러곤 그곳에 우리의 생명의 주춧돌을 놓아야 합니다.

보살님, 우리 개인의 완성을 위해 좀 더 적극적으로 우리의 현실로 돌아갑시다. 사회의 완성을 위해 좀 더 적극적으로 출가의 마음을 가집시다. 개인의 삶에서 역사의 삶으로 전환하는 것이야말로 출가의 참뜻입니다. 역사의 문제를 내 몸 안에 받아들이는 것이야말로 보살이 되는 길입니다. 우리 모두는 현실을 살아가는 일손이 됩시다.

보살님, 지난번에 주신 편지의 내용 가운데 언어에 대한 문제는 다음으로 미루기로 하겠습니다. 이번엔 우리나라의 문화에 대한 문제만 잠깐 말씀드리겠습니다.

우리가 쓰는 이력서에는 나이를 표기하는 공란空欄이 있습니다. 여기에는 반드시 만 몇 세라고 활자화되어 있지요. 우리나라 사람들은 예부터 만이라는 것으로 나이를 헤아리지 않습니다. 만 몇 세라는 표기는 서구 문화가 이 땅에 들어오면서부터 시작되었지요. 만 몇 세라는 말은 나이를 세상에 태어난 날부터 헤아리는 것입니다. 그런데 우리나라 사람들은 태중의 십 개월을 한 살로 셈하여 나이를 말해 왔습니다. 그만큼 생명에 대한 존귀와 사랑을 표현하는 셈입니다. 이처럼 좋은 문화의 풍토가 제국 문화가 침탈하는 과정 속에서 그들의 것으로 전환되었습니다. 음력과 양력에 대한 것도 마찬가지지요. 단기檀紀를 사용하지 않고 서기西紀로만 표현되고 있음도 역시 그러합니다.

보살님, 민족 문화를 지켜 내는 일은 참으로 중요합니다. 언제나 민족의 어머니가 되소서. 그것이 바로 보살님을 보살피게 하는 길이 됩니다. 모두의 어머니가 되소서. 가난한 사바티의 여인이 되소서.

민중의 언어로 삽시다

보살님, 며칠 전의 전화 통화에서 남해 보리암으로 기도를 떠날 계획이라고 하셨는데 다녀오셨는지 궁금합니다. 오 년만이라고 하셨지요. 왜 갑자기 기도하실 마음을 내었으며, 왜 보리암을 택하셨는지요. 보살님의 신행을 지켜본 저로서는 너무도 급작스러운 결행이신지라 선뜻 이해가 되질 않았습니다.

기도란 본디 부처님에게서 무엇을 얻기 위해서가 아니라, 부처님 앞에서 일상의 참회를 통하여 발원과 서원을 바로 세우기 위해서 하는 것이지요. 좀 더 간단히 말하자면 부처님과 내가 대화하는 시간을 갖는 것입니다. 이 시간엔 부처님과 나는 구원자와 구원받을 자로 존재하지 않습니다. 부처님은 살아 있는 이 세계의 거울이어서 나는 그 거울 속에 현재의 실상을 비추어 봅니다. 곧 세계(부처)와 나의 대화 속에서 내가 나가야 할 올바른 길을 찾아내는 것이 기도입니다. 그러나 요즈음엔 많은 사람들이 부처의 영험을 기대하여 유명한 기도처로 몰려갑니다. 영험을 좇는 태도의 밑바탕엔 언제나 개인주의와 출세주의가 도사리고 있습니다. 권력이나 명예나 돈을 많이 가진 사람일수록 더욱 그러합니다. 아마도 소유한 것을 지켜내기 위해서이겠지요. 지난번의 편지에서 잠깐 말씀드렸듯이, 가진 것이 적은 사람일수록 그의 기도는 부처를 대상화시키거나 우상화시키지 않습니다. 기도가 꾸밈이 없습니다. 일상의 생활을 있는 대로 드러내 보입니다. 그런 사람들에게 부처는 이미 부처가 아닙니다. 창조적인 의미에서 말하면, 부처는 그들의 한恨이며 새 세상에 대한 염원입니다. 그리고 그 부처는 이미 이름 지어진 부처가 아니라 현실에서 잉태한 부처입니다. 조선 후기의 미륵신앙도 이런 한과 염원에서 태동하였던 것이 아닐는지요. 아무튼 가진 자들의 기도가 대부분 개인주의와 출세주의를 좇는 신비적인 것이라면, 가난한 자들의 기도는 현실 속에서 나타나는 모순에 대한 한과 염원의 기도입니다.

보살님, 보살님께서 기도를 떠나신다기에 잠깐 생각해 본다는 것이 너무 비약한 듯합니다. 어차피 이즈음의 세태에서 종교는 현실을 왜곡하고 지배에 종사하며 그 형식과 의식이 대중의 자주적 능력을 마비시키는 것은 부인할 수 없는데, 이렇게 굳이 기도에 의미를 붙이는 것이 억지인 듯합니다. 아무쪼록 이번 기도에서 보살님께 많은 발견과 깨달음이 있기를 기원하는 뜻으로 받아들여 주십시오.

보살님, 저희 사무실이 대학로에 있는 것은 잘 아실 것입니다. 차에서 내려 사무실까지 가려면 술집, 찻집들을 거쳐 가야 하는데, 이곳을 지날 때마다 저는 무식함을 느끼게 됩니다. 수많은 간판 중에 제가 알 수 있는 것이라고는 한글 간판 두어 개뿐이니까요. 어떤 간판은 우리말이 전혀 없어서 읽을 수조차 없습니다. 그래도 알파벳은 아는지라 띄엄띄엄 읽을라치면 같이 가던 사람이 그것은 프랑스어라나요. 만약 어떤 사람이 만나자고 한다면 저 같은 사람은 앞에 두고도 찾지 못할 정도니, 여기가 도대체 어느 나라 땅인지 분간을 하지 못하겠습니다. 못 배운 것도 서러운데 거리마저 나를 배신한다고 생각하니까 가슴속에서부터 분한 마음이 일어섭니다. 사람이 이 세상을 살아가기 위해 가장 필요한 것이 의식주와 언어라면, 적어도 이 거리에서 만큼은 좀처럼 언어의 문제는 해결되지 않을 것 같습니다. 제가 곤혹스러움을 느끼는 것은 이 거리에서만이 아닙니다. 유학생들이나 지식인이라는 사람들과 이야기하다 보면 그놈의 외국말들이 불쑥불쑥 튀어나오는 바람에 뜻을 잘 이해할 수가 없습니다. 자존심 때문에 아는 체하고 넘어가지만 알기는 제가 어떻게 알겠습니까. 또 있습니다. 신문에 실린 책 광고가 제법 그럴듯하여 서점에 가서 책을 사 보면, 앞장을 겨우 이해하고 뒷장으로 가면 뒷장에서는 앞장을 잊어버리고, 도대체 무슨 말을 한 것인지 너무 어려워서 읽을 수가 없습니다.

보살님, 제가 아는 스님 한 분이 법문 중에 이런 이야기를 한 적이 있습니다.

"사람들이 호텔Hotel 하면 크고 넓고 깨끗한 것으로 생각하고, 여인숙旅人宿 하면 구질구질하고 더러운 것으로 생각하는 것 같다. 그리고 조깅Jogging 하면 아래위로 멋진 운동복에 머리에 띠를 두르고 사뿐사뿐 뛰는 산뜻한 모습을 연상하고, 뜀박질 하면 허리춤을 부여잡고 고무신을 질질 끌며 뛰어가는 모습을 그리는 것 같다. 그리고 토일렛Toilet 하면 거울과 세면대가 있고 화장지가 준비되어 있는 깨끗한 곳으로 생각하고, 측간廁間이나 뒷간 하면 신문 쪼가리에 구더기가 득실득실한 냄새나는 곳으로 생각한다. 호텔을 번역하면 여인숙이나 여관旅館이 될 것이고, 조깅은 아침 뜀박질이 될 것이고, 토일렛은 측간이나 통시(제주의 토종 변소이자 돼지우리)가 될 터인데, 무엇 때문에 사람들은 다르게 생각하는가.

1945년 이후 미국은 이 땅을 지배하면서 미국의 문화를 유학생, 선교사, 학교들을 통하여 교묘하게 심어 놓았다. 이 민족을 용이하게 지배하려는 까닭에서였다. 이렇게 미국 문화가 침투하면서 우리는 민족적인 것은 미개한 것, 미국적인 것은 훌륭한 것이며 좋은 것이라고 생각하도록 길들여졌다. 그리고 이렇게 사십여 년이 흘러오자 언어까지도 미국의 노예가 되었다."

보살님은 어찌 생각하시는지요. 저로서는 올바른 지적이라 하지 않을 수 없습니다. 좀 더 자세하게 살펴보면, 이 땅의 언어는 크게 병들어 있습니다. 지배자들에 의해 반공이데올로기의 병에 들어 있고, 미국 문화에 의해 노예 병이 들어 있고, 자본주의 병폐에 의해 돈에 팔려 나가는 신세까지 되었습니다. 게다가 종교인, 지식인, 교수, 지배자들은 저마다 자신의 언어를 다른 이들의 언어와 가로막아 두려 합니다. 그러나 다만 한 가지 개방되어 살아 있는 언어가 있습니다. 바로 민중들의 언어입니다. 민중들의 언어는 꾸밈이 없습니다. 꾸밈이 없는 민중의 언어는 사물의 본질에 가까이 가게 합니다.

보살님, 요즈음엔 너나 할 것 없이 자식들의 교육에 대해 너무도 열성적입니다. 예전에는 이 땅의 농민들이 배움이란 그저 말하고 쓰고 셈할 줄만 알면 되는 것이라고 자식들에게 가르치던 시절이 있었습니다. 물론 이 말에는 남들처럼 자식을 학교에 보내지 못하는 설움이 표현되어 있다고 생각합니다. 그리고 막연한 설움뿐만 아니라 지식인들에 대한 거부감도 담겨 있다고 생각합니다. 그 거부감은 그들이 일을 통해서 바라본 지식인들의 모습에서 지식인의 한계를 발견한 데서 생긴 것이겠지요. 그래서 설움은 자식을 학교에 보내 주지 못한 데서, 거부감은 일하는 자만이 세상의 근본이 될 수 있다는 확신과 깨달음에서 비롯한 것이라고 생각합니다.

낫 놓고 ㄱ자도 모른다는 속담에서도 지식인과 일하는 사람의 모습이 확연하게 드러납니다. 이 속담은 무식함이나 무지함을 비유하는 것이지만, 질문을 받는 사람은 농촌 사람이며 묻는 사람은 얼마쯤 교육받은 사람임을 전제하고 있습니다. 일하는 사람의 입장에서 보면 낫을 놓고 ㄱ자를 묻는다 하여 ㄱ자가 먼저 생각될 리가 없습니다. 낫을 자기 일의 도구로 먼저 생각함은 당연하겠지요. 따라서 ㄱ자를 모르는 사람의 무지보다는 교육받은 사람의 관념의 한계를 먼저 지적해야 할 듯합니다.

오늘날 지식인의 한계는 습득된 지식으로 사물을 규정하려고 하는 데 있습니다. 교육을 많이 받으면 그만큼 관념은 커지고 단단해지며 언어는 규격화되고 고정됩니다. 철학이 모든 관념의 벽을 허물어 본질을 캐내는 작업이라고 하면서도 철학의 언어들이 갈수록 복잡해지고 어려워지는 것은 본질을 관념과 논리로써만 얻어 내려 하기 때문이 아닌지요. 그래서 저는 민중의 언어야말로 관념화되지 않은 본질의 언어, 일의 언어라고 말하는 것입니다.

민중의 언어는 일에서 태동한 언어입니다. 일에서 깨어난 이 언어야말로 진실한 언어입니다. 일하는 자는 일 속에서 사유하고 일 속에서 말하고 씁니다. 그러므로 그런 사람의 일과 사유와 언어는 나누어지지 않습니다. 일을 떠난 사유가 관념이고, 이 관념은 언어를 추상화시킵니다. 민중이 살아 있는 실체이며 변화의 실상이듯, 민중의 언어는 결코 어렵거나 정체되어 있지 않습니다.

보살님, 비록 언어는 사회적으로 약속된 기호이지만, 이 기호를 통해서 연상하는 사물이나 일은 개인이 갖고 있는 사회적 신분에 따라서 다릅니다. 제가 민중의 언어를 강조하는 것도 민중의 언어야말로 꾸밈과 논리에서 벗어나 현장에 가장 가까이 가 있는 삶의 언어이기 때문입니다. 따라서 민중의 언어가 모든 사람들의 언어가 될 때 새로운 사회가 이루어질 것입니다.

민중불교운동도 경전의 해석으로 이루어지는 것이 아니며 논리로 이루어지는 것도 아닙니다. 불교 스스로가 민중이 되어서 경전에 쓰여진 언어의 우상성을 깨뜨리는 데서부터 창출되는 불교적 힘이 민중불교운동이 되어야 합니다. 민중불교의 철학이나 이념이나 이론들도 그곳에서 잉태되어야 합니다. 모든 민중운동의 이론은 논리가 아니라 현장의 실천이어야 합니다. 석가 입멸 후기 불교의 이론이 아무리 완벽하다 할지라도, 그것이 민중의 현장 속에서 창출된 것이 아니기 때문에 때론 공허하고 관념적인 느낌이 드는 것이 아닐는지요.

보살님, 일과 언어의 통일을 이루기 위해서 좀 더 적극적으로 역사의 현장, 민중의 현장으로 들어갑시다. 공해와 병에 찌든 언어, 노예가 되어 버린 언어를 구제합시다.

내내 평안하시길 빕니다. 아울러 보살님의 생활과 집이 언제나 기도처가 되기를 간절히 빕니다. 모든 기도의 언어들이 민중에 대한 사랑과 일치하기를 지극히 빕니다.

정성은 보살의 생명입니다

삭두머리가 절집 가풍에 젖어 들지 않던 어려운 사미승 시절이 있었습니다. 종소리를 들으면 그 둔중한 음량에 담마Dharma 법음法音보다도 두고 온 집에 대한 그리움이 울컥 솟아나는 그런 때였지요. 회의와 번민, 측량할 수 없는 구도의 안개 바다에서 헐떡이며 세속으로의 회귀 본능에 시달리던 저를 구제해준 분은 이름 있는 큰스님이 아니라 천대받는 뒷방 노승이었습니다.

한 마을의 질서가 입신출세한 사람에 의해 이루어지는 것이 아니라 마을 어르신들에 의해 이루어졌으며, 우리의 옛 가정이 할아버지와 할머니의 잔소리로 지켜진 것처럼, 예부터 절집의 가풍도 뒷방 노스님들의 기침 소리로 이어져 왔습니다. 그러나 지금은 모두 옛날이야기입니다.

그 노스님은 대처승이었던지라 절에서 중 대접을 제대로 받지 못한 분이기도 하였습니다. 대하大下라는 법명을 가진 분으로서 몇 해 전에 입적하셨지만 열반에 드실 때까지 오대산의 주인 노릇을 알차게 해온 분이십니다.

이번에는 그 노스님의 가르침을 소개할까 합니다.

사미승 시절의 어느 날, 그 노스님께서는 저에게 삭발을 부탁하였습니다. 저는 그때까지 작두 같은 칼로는 한번도 삭발을 해본 경험이 없는지라 사양하였지요. 제 솜씨로 노스님의 머리를 깎아 드린다는 것은 마치 어린아이가 칼을 쥐고서 무얼 하려는 것과 다를 바 없다고 생각했습니다. 그러나 노스님께서는 꼭 제 손을 빌려야 한다는 것이었습니다. 하는 수 없어 노스님을 삭발해 드렸는데 머리를 깎는 시간이 숙달된 사람이면 십 분이면 족하지만 나는 삼십 분 이상 걸렸습니다.

이때 머리털을 깎아 드리던 정경이 아직도 생생하게 살아 있는 까닭이 있습니다. 머리를 처음 깎는 터라 행여나 머리를 베일세라, 온 신경을 집중시키며 조심스럽게 깎아야 했습니다. 칼로 머리를 깎으려면 한 손으로 머리를 잡아야만 하는데 노승의 머리를 잡는 것부터 죄송스러워서 어찌할 바를 몰랐습니다. 터럭 끝만한 잡념도 일으킬 수 없는 숨막힘이 있었지요. 이렇게 삭발을 끝내고 나자 노스님께서는 색경色鏡(거울)도 보시지 않고 "몇 년 만에 머리 한 번 잘 깎았다. 너는 저녁 공양을 마친 뒤 내 방에 잠시 들러라." 하시는 것이었습니다.

그때에는 아침과 저녁 예불 때마다 『육조단경六祖壇經』을 사형님이 읽어 주곤 하였는데, 그날 아침 예불 때에는 마침 홍인대사가 혜능의 게송을 보고 밤중에 자기 방을 방문토록 하는 대목이 있었습니다. 그래서 육六 자가 들어가는 날(육 일, 십육 일, 이십육 일)이면 어김없이 삭발을 하시는 것을 보아온 터에 "몇 년 만에 머리 한번 잘 깎았다."는 이 말씀도 괜히 저의 근기根機를 시험하시는 선문禪問인 줄 착각하고 한참이나 어리벙벙했지요.

저녁 공양이 끝난 뒤 주눅 들린 마음으로 노스님의 방을 찾아가니, 노스님께서는 꿀 세 수저를 떠서 차를 타 주시며 이렇게 말씀하셨습니다.

"옛날 어떤 스님이 두 상좌와 함께 수행을 하고 있었는데, 삭발일(머리 깎는 날)이 돌아오자 두 상좌에게 머리를 맡기게 되었지. 그런데 한 상좌는 늘 머리를 깎아 보았던지라 시술자처럼 신속하게 깎았고, 다른 한 상좌는 나머지의 머리를 깎는데 자네처럼 시간이 오래 걸리는 거야. 머리를 깎고 큰방에 들어선 스님은 두 상좌를 불러 앉혀 놓고 먼저 깎은 상좌에게는 다짜고짜 몽둥이로 세 번 찜질을 하더니 다른 한 상좌에게는 세 마지기의 전

畓田畓 문서를 주는 거야. 옛날 승가 제도에 따르면 스승이 법을 물려주지 못하면 땅을 물려주었지. 그래서 옛날에는 스승이 상좌를 공부시키는 것이 아니라 상좌들 때문에 스승이 공부할 수밖에 없었지. 아무튼 매 맞은 상좌가 까닭을 물었지. 스님이 말씀하시기를 "네 놈은 머리를 자주 깎아 보았기 때문에 재주로 내 머리를 깎았지만 저 눔은 정성으로 깎았어. 재주는 어느 때고 실수가 있는 법이니 칼을 든 사람이 실수하면 사람의 생명을 상하게 하는 것이야, 이눔아. 그러니 네 눔이 머리 깎을 동안 나는 사색이 되어 있을 수밖에 더 있겠느냐, 이눔아. 그런데 저 눔은 재주로 깎는 것이 아니라 정성으로 깎았으니 비록 살점은 조금 베일지라도 목은 안 베일 테니 모가지를 맡겨도 안심할 수 있지 않겠느냐, 이눔아. 네가 깎을 때는 저승 갔다 온 기분이었지만 저 눔이 깎을 때는 극락같은 시원한 기분이었어. 네 눔에게 논 세 마지기를 주면 필시 벼들을 내 머리 깎듯 할 터이니 네 눔에게는 매 세 대가 오히려 보약이지 않겠느냐." 하시는 것이었지.

오늘 내가 자네에게 머리를 맡겨 보니 그 큰스님의 말씀을 실감할 수 있었네. 나에게는 물려 줄 법도 땅도 없으니 자네의 정성에 세 수저의 꿀로나마 보답하려고 하네. 내 작은 보답이 자네의 수행에 큰 보탬이 되었으면 하네. 무슨 일이든 정성이 있으면 큰 깨우침이 있을 것이야. 정성을 아홉으로 하고 재주는 하나로 하는 수행이 되도록 하게나."

보살님, 남에게 쏟는 정성보다도 다른 사람의 정성을 헤아릴 줄 아는 정성은 더욱 넓고 크다 하겠습니다. 기술은 신속과 성공을 요하지만 정성은 시간이나 성공을 가치로 하지 않습니다.

자식의 대학 합격을 위해 절로, 교회로 몰리는 가슴 조이는 정성들. 그 마음을 이해하지 못하는 바는 아니지만 한순간의 기도를 어찌 정성이라 말할 수 있겠습니까. 그것은 한순간의 애달픔에 지나지 않겠지요. 정성이라

한다면 나의 자식과 남의 자식을 똑같이 볼 줄 아는 정성이어야 하므로, 곧 입시지옥을 파破하는 정성이어야 하겠지요. 그런 정성이야말로 청소년의 마음을 움직이게 할 것입니다. 요즈음 절에서 이루어진 청동미륵불상에는 중과 중생의 정성이 배어 있는지를 헤아려 봅니다.

정성과 정성으로 우주가 살아갑니다. 저의 정성을 헤아려 다시 큰 정성으로 보살피는 노스님의 정성은 더욱 넓은 정성이며 더욱 큰 은혜입니다.

요즈음 세상은 건성으로 크고 건성으로 키우는 세상입니다. 젊은 사미승에게 쏟던 뒷방 노승님의 잔잔한 정성들이 하나 둘씩 끊어져 갑니다.

큰스님들이 너무 많습니다.

건성으로 크는 사람은 위태롭습니다.
중생들에 정성이 없는 수도修道는 위태롭습니다.
국민에게 정성이 없는 정권은 타지옥墮地獄입니다.
자연에 정성이 없는 세계는 악도윤회惡道輪廻입니다.

중생에게 정성을 쏟는 것이 보살입니다.

종교, 새로운 출발을 위하여

날씨가 매우 춥습니다. 비록 가난하여도 늘 가슴 가득히 넘쳐흐르는 당신의 넉넉한 웃음이 행여 겨울 한기로 지워지지는 않았는지요. 만나 뵐 때마다 성실하게 보이던 당신의 투박한 그 노동의 손이 오늘은 싸늘한 회초리가 되어 허연 내 얼굴을 때리고 있습니다. 언젠가 부처님께서는 게으름이야말로 수행자의 가장 큰 적이라고 말씀하셨지만 저의 게으름은 하루하루 더해 가는 것 같습니다. 한 달이 넘도록 책 한 권도 다 읽지 못하고 있으니까요. 이러한 저의 게으름은 아마도 스스로의 삶의 문제와 역사의 문제에 대해 절박함이 없다는 데서 비롯된 것이겠지요. 이러한 점에서 저는 출가자로서 자격이 없는 것 같습니다. 아니, 부처와 보살을 멍들게 하는 죄인이라고 해야 마땅하겠지요.

이처럼 종교인으로서의 부끄러움을 참회하면서, 그리고 죄인임을 자처하면서 당신께 드리는 이 글을 통하여 오늘의 종교에 대해서 말해 볼까 합니다.

한산시寒山詩에는 다음과 같은 구절이 있습니다.

화려한 저 술집
술맛이 아주 좋았지.
깃발 높이 날리며
그릇 가득 채워 주는데
어찌하여 팔리지 않나.

아! 그 술집 미친 개들 많구나.

술 사러 온 동자

개에게 물리어 달아나더라.

이 시는 본디 현자가 관직에 등용되지 못함을 비유한 것이지만, 생각하기에 따라서는 오늘날의 종교의 모습에도 꼭 들어맞는 비유라고 생각됩니다.

석가모니와 예수는 저마다 그 무렵의 가장 혁명적인 인간이었고, 열린 생명의 표상이었습니다. 그들의 과제는 언제나 인간들의 삶의 문제를 해결함으로써 삶의 고통을 덜어 주고자 하는 데 있었습니다. 그리고 삶의 문제를 해결하는 방법은 추상적인 것이 아니라 모든 인간이 서 있는 그 자리에서 해결할 수 있는 가르침을 통해서 제시되었습니다. 부처님께서 사성 계급의 타파를 무엇보다도 앞서 말씀하셨음은, 그때에 인간의 가장 큰 고통은 정신적인 것이 아니라 불합리한 사회 제도에서 오는 것이었음을 말해 주는 것이 아니겠습니까. 다시 말해서 노예제 사회에서는 인간의 가장 큰 고통은 노예 제도에서 비롯되며, 봉건제 사회에서는 이런 고통이 토지 소유에 따른 양반 및 지주들과 소작인과의 관계에서, 그리고 식민지 사회에서는 외세에서, 자본주의 사회에서는 자본의 독점에서 비롯됨을 말해 주는 것입니다. 사회의 변화에 따라 인간의 고통은 다양하게 변화하고 있습니다. 석가모니나 예수가 행한 가르침의 근본 줄기는 관념에서 오는 추상적인 고통이 아니라 상황과 변화의 관계 속에서 오는 다양한 삶의 고통을 해결하는 방법이었습니다. 그러나 오늘의 종교는 현재적인 인간의 해방보다는 종교적인 신비나 영적 활동에 매몰되어 있음을 볼 수 있습니다. 앞의 시와 같이 석가모니나 예수의 말씀은 오늘의 현실을 해결해 나가는 데 풍부한 교시를 보여주고 있음에도 불구하고, 오늘의 종교라는 조직과 종교인은 얼마나 미친 개처럼 되어 있습니까.

처사님, 오늘의 종교가 얼마나 부처와 예수를 왜곡시키고 있으며, 또 그로 말미암아 비종교화되고 있는지는 크게 다음의 몇 가지로 나누어 지적해 볼 수 있으리라 생각합니다.

첫째는, 종교가 그 본디의 목적인 참생명의 해방을 실천하기보다는 종교라는 집단 자체가 살아남기 위해서 싸운다는 점입니다. 고등종교가 출현한지 이천여 년이 넘습니다. 그동안 종교는 시간과 장소에 따라 다양하게 적응해 왔습니다. 종교 집단 자체가 변화하여 왔습니다. 그러나 엄격히 말해서, 이러한 종교의 변화는 인간이 겪는 수많은 고통을 해결해 주고자 변화해 온 것이 아니라, 사회 제도에 적응하기 위하여 변화해 왔다고 할 수 있습니다. 그래서 종교의 내용과 형식의 변화도 인간의 고통을 해결하고자 하는 실천과 희생 속에서 이루어진 것이 아니라, 사회 제도에 적응하면서 변화되어 왔다고 생각합니다. 종교인이나 집단은 스스로 생존의 터전을 지키기 위해서 그리고 살아남기 위해서 종교의 행동양식을 세속화시키고 내용을 더욱 신비화시키기 때문에 그 교리의 내용도 추상화되어 가고 있는 것이 아니겠는지요. 그렇기 때문에 오늘날 우리 사회에 교회가 아무리 많고 사찰이 아무리 많아도, 종교는 인간의 현실적인 고통 앞에서 무력하기만 한 것이 아닙니까.

둘째는, 오늘의 종교가 석가모니나 예수의 근본 가르침을 실천하며 그 가르침의 진실성에 대한 믿음을 가르치기보다는 종교의 권위에 대한 믿음과 복종을 강요한다는 점이지요. 본디 종교의 교조는 각기 나름대로의 독특한 사유 방식과 세계관을 갖습니다. 그러나 서로 다른 그들 교조의 밑바탕에는 한결같이 생명을 열린 사회로 또는 열린 생명으로 나아가게 하고자 하는 의지가 깔려 있습니다. 그 길은 초현실적인 이상세계로 나아감이 아니라 고통스러운 현실에서의 열림을 뜻합니다. 따라서 '정토세계'나 '하나님 나라'는 현실을 떠난 곳에 있는 것이 아니라, 낡은 것을 새롭게 하고 얽힌 것을 풀어 주는 현실 개혁 속에 있습니다. 그러나 오늘의 종교는 이상세계를 이미 설정하여 두고서 이를 통하여 종교의 권위를 인정하게 함으로써, 종교인을 복종시키고 있는 것입니다. 그리하여 석가모니나 예수는 전능자로서 신격화되어 종교의 보호막으로 존재합니다. 이것은 그 분들의 역사 속에서의 참모습을 얼마나 왜곡시키는 일입니까. 오늘의 종교는 또한 그 분들의 역사적인 삶의 모습을 추상화시킴으로써 종교의 권위를 인정케 하고 그것에 종교인을 복종시킵니다. 그리고 현실의 고통은 숙명적이며 의식의 내부로부터 오는 것이니 왜곡된 모습의 석가모니나 예수를 통하여 도道나 구원을 얻어야만 해결될 수 있다고 말합니다. 그래서 결국 현실에 대한 개혁과 변혁 의지가 꺾이도록 합니다. 다시 말하면 현실 세계를 평화와 안락의 세계로 만들고자 하는 인간의 자주적인 정신과 변혁의 의지가 없어지도록 하는 것입니다. 석가나 예수는 이 세상에서 태어나 이 세상의 밝은 열림을 위여 세상의 모순과 싸우다 죽었지만, 그들을 추종하는 종교 집단이 오히려 그들의 목표를 방해하고 있음은 아이러니하지 않습니까.

세 번째는, 종교의 보수성입니다. 오늘날 종교의 근본 가르침을 방해하는 것이 바로 종교의 보수성입니다. 종교의 근본 가르침은 본디 혁명적입니다. 사실 악을 고치고 선을 유도하는 일은 혁명적이지 않으면 이루어질 수 없습니다. 아무리 윤리적이고 도덕적인 문제일지라도 그것을 판별하는 기준은 사회의 상황과 변화에 따라서 세워져야 하며, 이러한 의미에서도 종교는 그 사회에서 가장 앞선 깨우침이어야 합니다. 그러나 보수성은 변화에 앞서지 못하고 뒤따라오거나 정체되어 있기 때문에 언제나 새로움과 충돌하고 발전을 저해하며 변화를 두려워합니다. 어떤 사람의 말처럼 보수성은 마치 정체된 물과 같습니다. 종교는 언제나 인간의 고통을 해결하려는 노력 속에서 변화에 따른 신선하고 새로운 생각들을 도입해야 합니다. 그래서 늘 흐르는 물처럼 역동적이어야 합니다. 한국불교의 흥망도썩은 보수성을 어떻게 탈피하느냐에 달려 있습니다. 흔히 민중불교에 대한 불교 집단의 몰이해와 강고한 보수성은 한국불교가 얼마나 낡아 있는지를 반증하는 것이며, 얼마나 왜곡되어 있는지를 단적으로 보여주는 보기입니다.

네 번째는, 종교가 죽은 자를 위한 것 또는 죽음을 준비하는 자의 가교로 생각하게 하는 데 있습니다. 처음부터 종교는 죽은 자나 또는 죽음에 그다지 중요성을 두지 않았습니다. 다만 현실에서 어떻게 사는 것이 행복한 삶이냐 하는 데 문제를 두었습니다. 그러나 이즈음의 종교에서는 많은 사람들이 종교 본디의 뜻과는 다르게 사후의 문제에 깊이 천착합니다. 그것은 바로 지금까지의 종교가 얼마만큼 영혼이나 사후의 세계를 인간의 삶으로부터 유리된 신비의 영역으로 확장시켜 가르쳐 왔는지를 보여줍니다. 부처님께서는, 사후의 세계와 영혼의 유무를 묻는 질문은 수행하는 데 아무런 도움이 되지 않는다고 말씀하십니다. 예수님도 하늘나라는 너희와 가까운 곳에, 곧 현실과 가까운 곳에 있다고 말씀하십니다. 그러나 오늘날의 종교는 포교와 선교 활동에서 사후의 세계와 영혼의 문제를 강변합니다. 그리하여 인간의 삶의 목적을 사후에 좋은 곳으로 가는 데 두게 합니다. 그러나 부처님이나 예수님이 말씀하신 사후세계는 다만 권선방편문權善方便門에 지나지 않음을 잘 알아야 합니다.

앞에서 지적한 네 가지 문제가 일어나게 된 원인은 무엇보다도 종교에 노동이 없기 때문일 것입니다. 따라서 종교의 새로운 출발을 위해서는 노동이 있어야 한다고 생각합니다. 백장스님의 "일일부작一日不作이면 일일불식一日不食하라."는 말씀은 노동이 없으면 종교는 더욱더 세속화되어 갈 것을 우려하여 하신 말씀이 아니겠습니까. 처사님, 종교에서 노동이란 참으로 얼마나 중요한 것인지요. 이에 대해서는 따로 긴 글을 드리게 되리라 믿습니다.

처사님, 이제 우리는 신앙생활을 함에 있어서 종교적인 것과 비종교적인 것을 가름하여 믿고 실천해야 하겠습니다. 그 가름의 기준은 석가모니와 예수가 이 땅에 다시 온다면 과연 어떠한 모습과 가르침을 우리에게 보여 줄 것인지를 먼저 생각하고서 세워야 할 것입니다. 그들이 다시 이 땅에 온다면 오늘의 종교 모습을 보고 무엇이라 말할까요.

오늘 우리가 민중 신학이며 민중불교를 운운하는 것은 참된 세상을, 깨어 있는 세상을 열어서 진정으로 종교마저 필요 없는 세상을 만들어 보자는 뜻입니다. 다시 말하면, 본디의 예수정신으로, 본디의 불교 정신으로 돌아가자는 뜻입니다.

오늘날과 같이 올바른 신앙생활을 하기 어렵고, 참다운 종교인을 만나기 힘든 때가 어디 있겠습니까. 그렇기에 지금은 제3의 종교 변혁 운동이 절실하게 필요한 때가 아니겠습니까.

이제부터 우리의 신앙생활은 이 세상을 불타의 세계, 정토세계로 만들 수 있다는 믿음에서 출발해야 합니다. 이러한 믿음을 바탕으로 하여 개인의 도덕적인 완성과 낡은 사회의 변혁을 끊임없이 실천해 나가야 할 것입니다.

처사님, 새해 새아침에 새로운 종교운동을 위하여 힘찬 걸음을 시작합시다. 다시는 보살을 병들게 하거나 부처를 병들게 하지 맙시다.

통일이 되면

목사님, 우리가 아직도 이 세상에 대한 희망을 버리지 않는 것은 세상이 '열린 사회'가 될 수 있다는 믿음이 남아 있기 때문입니다. 또한 인간의 삶의 모습이 물욕적이며 쾌락적이라 할지라도 인간 스스로가 변혁을 이룰수 있는 자주성과 평화로운 세계를 만들어 낼 창조성이 있음을 믿기 때문입니다. 그것은 역동적인 인간의 주체 의식에 대한 믿음입니다. 따라서 우리의 통일 의지는 단순한 남과 북의 만남이나 재결합만을 의미하는 것이아니라, 인간과 인간과의 통일, 인간과 자연과의 통일, 개인과 사회와의통일을 이루는 '열린 세계'를 뜻하는 것일 겁니다.

한반도의 통일은 참으로 많은 의미를 갖게 됩니다. 사회주의와 자본주의 체제의 벽을 허무는 것이며, 제국주의로부터 모든 약소국가들의 해방을의미합니다. 또한 내적으로는 한반도의 온갖 낡은 것들을 쳐부수고 인간의 참생명에 대한 깨달음을 얻는 것을 의미하기도 합니다. 그것은 민족의대해탈, 민중이 해방을 얻음을 뜻합니다.

목사님, 통일이 되면 종교는 과연 어떠한 모습을 띠게 될까요. 통일이 생명의 완전한 재결합과 평등한 사회를 의미한다면, 통일이 된 뒤에는 종교와 종교인은 새로운 모습으로 변화되어야 하겠지요. 우선 교회나 절이 거대화 하고 기업화해서도 안 될 것이며, 난립해서도 안 되겠지요. 그리고시주와 헌금으로 종교를 살찌워서도 안 될 것입니다. 대중에 대한 희생, 봉사 활동, 사회 사업 따위가 종교 자체를 위한 것이 아니라 대중의 삶을위한 것이 되어야 하겠지요. 종교인은 건강한 노동의 정신을 가져야 할 것이며, 노동하는 보살, 노동하는 예수가 되어야 할 것입니다. 이렇게 된다면 종교의 내용이나 형식도 추상화되거나 신비화되는 것이 아니라 삶의 현장에서의 깨달음과 천국으로 이어지는 튼튼한 기쁨으로 바뀔 것이라고 생각합니다.

목사님, 통일이 되면 아마도 저는 보현사 채마밭에서 땀을 흘리고 있을 것입니다. 당신께서도 마을 사람들과 노동가를 힘차게 부르며 공동 작업장에 나가 계실 겁니다.

가을이 되면 제가 생산한 몇 포기는 장터에 내고 몇 포기쯤은 목사님 댁의 겨울 김장감으로 시주하게 되겠지요. 어느 날 어스름에 제가 목사님 댁에 마실이라도 가면 사모님은 막걸리 두어 사발과 배추김치 한 포기쯤 흔쾌히 내어 오시겠지요. 평양냉면의 맛도 보여 주시고요.

초파일이 되면 목사님 교회 신자들이 모두 몰려와 축가도 불러 주고, 제등 행렬도 함께 하며 서로의 웃음도 나눠 갖겠지요. 크리스마스가 되면 또한 우리 신도들도 시루떡을 이고 가 밤새도록 징글벨을 노래하겠지요. 이것이야말로 참나눔의 기쁨이 아니겠습니까. 어디서 만나든 우리 모두는 참도반이 아니겠습니까.

목사님, 통일이 되면 교회가 무슨 필요가 있을 것이며, 절이 따로 있을 필요가 있겠습니까. 절이 교회이고 교회가 절이 아니겠습니까. 금강산 팔만 아홉 암자 모든 곳에 십자가를 걸어둔들 어떠하겠습니까. 통일이 되면 한 지역에 단 하나의 종교 사원을 만들어 놓고 그곳에서 불교와 기독교와 천주교가 함께 어우러져야 하지 않겠습니까. 종교의 진짜 알맹이만 남지 않겠습니까. 만약 다른 종교인이 이러한 것을 용납하지 못한다면 저만이라도 우리 절간 옆에 당신의 교회를 세우고, 낮에는 당신을 모시고 일터로 나가 이웃과 함께 일하고, 집에 돌아오면 성경과 대장경의 말씀들을 서로 깨우쳐 주는 기쁨을 맛보겠습니다.

목사님, 이제 더 이상 종교적 허상의 주변을 서성거리지 말아야 하겠습니다. 종교의 껍질을 들고 싸우지 말아야 하겠습니다.

인간을 향한 통일적인 종교관과 세계관을 갖게 될 때 비로소 우리는 모든 것으로부터 자유로울 수 있게 될 것입니다. 종교는 실재성(민중성)을 지향 할 때 진실한 종교가 될 수 있습니다. 이러한 작업이야말로 '열려진 통일'을 이루는 길일 것입니다.

이북에 고향을 두신 당신의 아픔이야 오죽하겠습니까.

오랫동안 이 땅의 민주화와 민중 해방을 위해 싸워 오신 목사님께 무례한 글을 드림을 용서하여 주시길 빕니다.

목사님, 날마다 보현사에서 만나는 기쁨으로, 평양교회에서 만나는 모습으로 언제나 제 가까이 계서 주십시오. 그리하여 백두봉을 오를 때 우리의 예수, 우리의 석가모니를 함께 오르게 해주십시오.

고 박종철 법우에게

일주년을 맞이하여

잔혹한 겨울입니다. 반역의 겨울입니다. 예견된 겨울이기는 하지만 막상
이렇게 맞이하고 보니 눈물과 원통함은 모두의 숨소리를 멈추게 하고도
그칠 줄을 모릅니다. 그래도 어김없이 새해 새날은 병든 걸음으로 모두의
눈썹 밑에 찾아왔고, 새벽 까치 소리로 넘겨진 새 달력의 숫자들은 우리에
게 더 많은 희생과 눈물을 강요하는 듯 먹빛으로 늘어서 있습니다. 우리에
게는 언제쯤 진정한 의미의 새해 새날이 찾아올는지, 우리는 언제쯤 당신
의 책상 앞에 기쁜 소식의 향불을 피워 올릴 수 있을는지.

법우님이 가신 지 벌써 일 년이 지났습니다. 그러나 아직 그대를 위한 천
도재 하나 마련하지 못한 것이, 살아 있음조차 부끄러운 것이 그대 죽음처
럼 아픈 이 땅의 현실입니다.

그대도 보았겠지요. 작년 유월 항쟁과 노동자들의 외침들을. 그 과정에서
우리는 또 당신에게 한열이를 보냈고, 노동자 이석규를 보냈습니다. 이러
한 숭고한 죽음은 우리에게 민주주의에 대한 희망과 용기를 주었지만 생
명의 잃음은 큰 쓰라림이었습니다. 그러나 무엇보다도 견딜 수 없는 아픔
은, 그대와 그대의 뒤를 따라간 사람들이 죽음으로 이루어 놓은 민주주의
에 대한 기대가 역량의 분산으로 좌절된 것입니다. 그 무엇으로도 메울 수
없는 천추의 한입니다.

작년 12월의 선거가 우리에게는 민주주의의 길목을 열 수 있는 절호의 기
회였음을 그대도 알고 있었을 테지요. 그러나 민주세력은 정치인에 대한

선호에 따라 지지가 엇갈렸고 노선 또한 일치하지 못해서 선거 이전에 사분오열되었습니다. 선거전의 이러한 분열은 결국 후보 단일화의 실패를 가져 왔고, 정치 지도자들에게 오판과 망동의 길을 걷게 하였습니다. 그리하여 선거의 결과는 견딜 수 없는 패배감을 우리에게 주고 말았습니다. 선거 후에 끊임없이 보도되는 부정 선거, 선거 무효 선언 따위라야 병이 난 뒤의 약방문 같은 것이 아니었겠습니까.

사람들은 양兩 김金 씨가 이번 선거 결과를 책임지고 물러나야 한다고 술집에서 거리에서 소리 높여 이야기합니다. 그러나 이 문제에 대한 책임을 양 김씨에게만 책임지울 수 있겠습니까. 어차피 그들은 민주 세력의 중심도 아니었고, 기존의 보수 정당도 민주 세력의 핵심처는 아니었습니다. 그들의 한계점은 오늘의 민주 세력이 누구보다도 잘 알고 있었습니다. 그럼에도 불구하고 그들은 선거의 기본 전략을 방기한 채 말장난에 불과한 비판적 지지니 정책 대결 운운하여 그들의 속성을 감추어 주는 꼴이 되었습니다. 어찌 보면 선거의 결과는 당연한 귀결이었습니다. 그리고 그 원천적 책임은 양 김 씨에 있는 것이 아니라 오늘의 민주 세력이 공동으로 져야 할 것입니다. 역사 앞에서, 민중 앞에서 참회하여야 마땅할 일입니다. 종철 법우님, 다시 한 번 우리는 당신 앞에 대죄를 범하였습니다.

이 땅에서 당신의 온기가 채 사라지기도 전에 우리는 당신의 참혹한 죽음을 잊어 버렸고, 당신의 사십구재 날, 당신께 약속한 언어들을 잃어 버렸습니다. 모든 국민의 얼굴이 배신에서 오는 분노로 타오르는 지금, 당신은 구천의 어둠 속에서 얼마나 큰 고통과 분노의 몸부림을 치고 계실는지요. 또 한열이는, 이석규 씨는……. 그러나 종철 법우님, 이번 선거가 우리에게 좌절과 분열만을 준 것은 아닙니다. 이번 선거야말로 우리의 역량과 내부의 갈등을 생생하게 확인할 수 있었다는 점에서 큰 의미를 가지며, 그것은 또 몸과 몸을 더욱 단단하게, 흔들리지 않게 엮어 놓을 수 있게 하는 계기가 될 테니까요.

종철 법우님, 일전에 그대의 부친을 만났을 때의 곤혹스러움을 어찌 말로 표현할 수 있겠습니까.

종철 법우님, 거리는 다시 사과탄이 터지는 소리로 가득합니다. 부정 선거 시비로 온 골목이 시끌시끌합니다. 빵 상자가 투표함으로 위장되었고, 이곳저곳에서 투표 수보다 개표 수가 더 많았다고 떠듭니다.

종철 법우님, 다시 맞는 새해 새아침. 우리에게 그대의 불꽃을 점지하소서. 그대 뒤를 따르리니.

육체의 내 속에 머물러 있는 그대에게

나는 살아오는 동안 수많은 사람들에게 편지를 보냈지만 정작 써 보내야 할 그대에게 이제사 소식을 보냄은 나의 큰 어리석음이 아닐 수 없네. 아니, 차라리 어리석음 때문이었다면 오늘 그대를 만나는 것이 새로운 깨달음과 기쁨이겠지만, 어리석음 때문에 아니라 욕락에 탐닉되어 내 안에 그대 있음을 보지 못함이었겠지.

세상에 태어나면서부터 그대와 나는 언제나 함께 있었지. 내가 갓난아기였을 때 그대는 그 갓난아기의 울음만큼 내 속에 숨어 있었고, 내 육체가 성장할수록 그대도 뒤질세라 그만큼 성장하여 오늘에 이르렀네. 그 어느 때인가 내가 출가하고자 하였을 때, 너는 중될 자격이 없다고 하면서도 가장 기뻐한 것은 그대였지.

마치 나의 출가하고자 하는 마음 뒤편에는 끊임없는 망설임과 회의가 있었듯이. 아무튼 그대가 그렇게 기뻐하였던 것은, 내가 수행을 잘하면 그대의 실체를 볼 수 있어 그대와 내가 한 덩어리로 어울릴 수 있으리라 생각했기 때문이었겠지. 그러나 나는 또 다시 언제부터인가 그대를 버렸고, 오늘에서야 다시 그대를 만나러 왔네. 그래 지금 그대가 보는 나의 모습이 어떠한가. 백장百丈 스님께서는 제자들에게 가르치시기를 항상 '똥'을 치우라고 하셨는데, 그대가 보기에 나의 온몸이 그대로 똥통이지는 않은가. 끊임없이 똥을 퍼내는 일이 수행이라면, 지금 내가 오히려 퍼먹고 있는 똥(분별심, 집착심)은 누가 버린 똥인가. 부처가 버린 똥인가, 조사가 버린 똥인가. 내가 지금 분별심이 있다면 부처의 말도, 조사의 말도 모두가 다

똥이니, 그대, 다시 나보고 어떠한 똥을 먹으라 할 것인가.

분별심을 없애기 위해서라면 어떤 똥이든지 먹겠네. 그것이 소똥이든 개똥이든 말일세. 그러나 그대여, 나만 분별심을 없앤다고 해서 이 세상 사람들이 똥을 다 갖다 버릴 수 있겠는가. 그들이 먹는 똥은 배고픈 똥이며, 핵 똥이며, 공해 똥이며, 산재 똥일세. 부처 똥, 예수 똥이 아무리 좋더라도 그들에게는 차라리 돈 똥이 제일일 것일세. 내가 아무리 분별심을 없애고 똥을 안 먹는다 할지라도, 청정한 일심一心을 이룬다 할지라도, 저들이 똥을 먹고 있으니 어찌 그 구린내가 나지 않을 것이며, 세계가 온통 똥통이니 그 위를 떠도는 나도 어찌 똥 냄새가 나지 않을 것인가. 어차피 똥 먹는 사람들의 똥 먹는 노력 때문에 나도 이 땅에 살고 있으니 어찌 홀로 청정을 바랄 것이겠는가. 차라리 더욱 더 열심히 민중들의 똥을 먹는 일이 오늘의 나의 분별심을 없애는 일이 아닐까 싶네.

그대여, 내가 오늘 서글퍼하는 것은 그대를 만나지 못하기 때문이 아니라 민중의 똥을 더욱 열심히 퍼먹지 못하기 때문이라네. 민중의 똥 가운데서 그대를 만나지 못함도 슬픔이겠지. 그대를 만나지도 못하고 민중의 중심에 있지도 못하는 이 순간이야말로 칠흑 같은 절망이라네.

백장 스님께서는 어느 주지와 대화하면서 이런 말을 하였지. "주지께서는 강의하실 때 어떻게 하십니까?" 하고 물으니, "마치 금쟁반에 구슬 굴리듯 합니다." 하였네. 그러나 백장 스님이 "금쟁반을 들어 없애면 구슬은 어디에 있습니까?" 하고 재차 물으니 주지가 대답을 못하였다고 하였네. 이 문답은 백장 스님이 권선사 주지의 경계를 헐어 버리고자 하는 데에 그 참뜻이 있으나, 나에게는 다른 의미로 다가왔네. 금쟁반이라는 현실이 가정될 때, 구슬은 존재할 수 있겠지. 금쟁반이 없으면 그 구슬은 움직일 수도 구를 수도 없을 것이네. 그래서 만약 구슬을 굴리고자 한다면 똥을 금쟁반으로 만들든지 구슬이 똥을 변화시킬 수 있는 물질로 바뀌든지 해야 될 것이라 생각되네. 나의 이야기가 너무 억지인가. 그대가 만약 쟁반이 없어서 구슬이 허공에 뿌려지든지 땅에 떨어지든지 그것이 무슨 상관이겠느냐, 구슬은 구슬로서 존재하면 될 것이 아니냐고 나에게 반문한다면, 석가모니는 저 혼자 깨달았으면 되었지 무엇 때문에 깨달음을 억지로 전해 세상 사람들을 망쳐 놓았는가 하고 되물어 보겠네. 결국 그대에게 하고픈 말은 똥 속에서 그대를 만나야 한다는 것과, 똥을 떠나 그대를 만난다는 것은 쟁반 없는 구슬과 같은 것이라는 말이네. 백장스님께서 말씀하신 똥을 치우는 일, 곧 번뇌, 분별심 등은 민중에 대한 사랑, 민중의 똥을 치우고자 하는 거대한 표현이며, 그것은 민중의 똥을 열심히 먹자는 뜻으로 받아들이고 싶네. 그리고 그것이야말로 오늘의 나의 분별심을 없애는 길이라 생각하네.

나의 그대여, 중노릇 하면서 그대를 찾아보겠다고 처음엔 꽤나 이곳저곳을 기웃거려 보았네. 선지식도 만나 너를 찾아달라고 하소연도 하여 보았네. 그러나 그 누구도 너를 만나게 해주지 못했네. 그대는 언제나 내 가까이 있는 것 같으면서도 한 번도 나와 함께 하여 보지 못하였네. 처음에는 그대에 대한 그리움 때문에 밤잠을 설쳐 대고 꿈길에서조차 그대를 불러 보았으나, 그대는 내 문밖에 그림자로 서성일 뿐 나에게 다가오질 아니했네. 그래서 어느 때인가, 하도 지쳐 긴 잠에 들었더니, 그대는 그림자조차 보이질 아니 했네. 내 오늘 다시 그대를 불러 보니 그대가 멀리 떠난 것이 아니라, 내가 그대를 부르지 아니 했던 것임을 알게 되었네. 누군가 내 속에서 오욕에 물들지 말라고 시어머니처럼 잔소리를 늘어놓던 것이 그대임을 이제사 알겠네.

그래, 이제는 중도 못 되고 민중도 되어 있지 못한 나의 몰골이 그대에겐 어떻게 보이는가. 어리석게 보이는가. 아니 어리석음은 아닐 게야. 그렇다고 지혜롭다고 말하기는 더욱 어려울 테고 어리석음은 어리석음 때문에 한길로 가고자 할 것이니 아름다울 것이고, 지혜로운 사람은 맑은 거울과 같은 통찰이 있어서 아름다울 것이니, 어리석음도 없고 지혜롭지도 못한 나는 또 얼마나 가련한가. 그러나 이제 어떤 똥이든지 열심히 먹을 생각이네.

내 안에 숨 쉬는 그대여.

날씨가 추워져 겨울옷을 꺼내 입으면서 이런 생각을 했네. 사계절의 옷 중에서 가장 옷다운 역할을 하는 것이 겨울옷이라고. 여름옷은 입어야 할 충분한 이유와 근거가 없지. 왜냐하면 아무리 더워도 옷을 벗지 못하는 이유는 옷의 필요성보다는 사람들의 몸을 가려야 한다는 속성에 맞추려 함이지. 물론 옷이라는 것을 몸을 장식하고자 하는 수단(패션)으로 생각하는 사람도 많을 것이네. 그러나 옷의 역할이 패션에 있는 것도, 몸을 가리는 일반적 속성에 있는 것도 아닐 것이네. 추위 또는 외부의 자극으로부터 몸을 보호하고자 하는 데에 옷의 역할과 입는 목적이 있을 것이네. 옷이 옷의 역할과 목적을 여의고 장식에 치우친다면 그 옷은 존재 가치를 잃네. 나는 사상, 철학, 종교, 사상, 과학 따위가 오히려 옷의 패션과 같은 꼴로 서 있지 않을까 하는 의구심이 깊네. 사계의 옷 중에서 겨울옷을 입을 때에만 내가 기뻐할 수 있고, 그 기분이 상쾌함도 겨울옷이야말로 입는 의미를 나에게 확실히 전달하기 때문이며, 내가 필요하고 세상이 필요하기 때문이지. 마찬가지로 사람도 사람의 역할이 있겠지. 사람의 역할이란 바로 추운 세상을 따뜻하게 만드는 것이겠지. 나와 그대가 만나고자 함도 사람으로서의 본분사를 다하자는 것이며, 중이 된 것도 사람의 역할을 올바로 찾아보자는 것이었겠지. 따라서 나와 그대는 먼저 사람의 역할을 제대로 하게 되었을 때 비로소 참된 만남을 이룰 수 있을 것이네.

그 오랜 시절을 나와 함께 하여 주고 죽을 때까지 내 안에 머물 그대여, 그대 나를 사람의 역할을 다할 수 있도록 힘을 주고, 나 이 세상을 통하여 그대를 만날 수 있도록 우리 언제나 서로 탁마하면서 사바의 끝을 걸어가세. 그리하여 마침내 너와 나 하나가 되어 보세.

이 세상 그 무엇보다도 사랑하는 그대여, 사람들은 그대를 보고 진아^{眞我}라고 하고 마음이라 하고 본성이라 하지만, 그대는 나의 절대 그리움이며 법화이며 세계이며 수호신이네. 비록 그대가 머무는 방(육체의 나)이 병들어 있고 온갖 거미줄과 똥으로 가득 쌓여 있을지라도 나를 위해 항상 그 안에 머물러 주게.

날씨가 춥네.

날씨가 추운 것인가, 내가 추운 것인가,

그대가 추운 것인가.

아, 세상이 춥구나.

내 안의 한 무더기 똥, 그 똥을 치우러 세상 속으로 세상 속으로 들어가네.

※ 똥에 관한 이야기는 『백장록』에 있다. 백장스님께서 말씀하신 똥은 깨달음의 경계를 표현한 말이다. 곧 사물을 어느 경지에서 인식하느냐의 문제이다. 그러나 내가 비유한 똥은 어느 경지에서 인식하느냐의 문제보다도 왜 그러한 경지에 있느냐 또는 왜 경계를 얻어야 하느냐의 문제이다.

출가를 원하는 사람들에게

겨우내 침묵으로 닫혀 있던 산들이 문을 열기 시작합니다. 선방 안에 앉아 있던 노승의 기침 소리도 툇마루에 나와 있고, 어린 동자승의 해맑은 웃음결이 봄하늘 가득히 무늬를 이룹니다. 저 천진동자의 웃음 하나가 팔만대장경을 이루고 노승이 의지하고 있는 저 지팡이가 모든 중생의 의지처를 이루고 있습니다.

새벽 아침 목탁 소리에 깨어난 시냇물은 또 어디로 떠나려 하는지, 세상 어느 곳으로 흘러 잠못 이루는 그 누구의 귀를 씻어 주는 불음佛音이 되고자 하는지, 떠도는 객승의 발길을 재촉합니다.

열린 눈으로 보면 만나는 사람마다 관음이요, 두두물물이 그대로 생명의 화현인 것을, 무엇 때문에 그대는 번뇌의 나그네로 떠돌다 산문 밖을 서성이고 있습니까. 무엇 때문에 그대는 육신의 정마저 떼어 버리고 낡은 사원에 몸을 숨기려 합니까.

그대 어머니의 사랑이야말로 관음의 사랑이며, 그대 아버지의 말씀이야말로 생생한 부처의 말씀이 아닙니까. 그대 어머니, 아버지, 형제들은 그대를 지켜주는 보살이기에 보살을 등지고 달리 보살이 되고자 함도 부처를 이루고자 함도 온갖 거짓이 아닙니까.

그렇다면 오늘 그대는 무엇 때문에 출가하고자 합니까. 그대는 혹시 세상살이에 지쳐 있는 것은 아닙니까. 어떤 절망이나 허무의 늪에 빠져 있는 것은 아닙니까. 아니면 생활의 고통이나 번민에 빠져 있는 것은 아닙니까. 그대가 출가하기에 앞서 이러한 부분들이 다시 한 번 점검되지 않으면 안 될 것 같습니다. 출가의 동기 자체가 출가 후의 모든 영역을 지배하지는 않는다 하여도 그것이 불확실할수록 그대의 출가는 실패하기가 쉽기 때문입니다. 가령 그대가 어떤 높은 이상으로 출발하였다 하더라도 그것에 준하는 불교의 현실적 모습들이 그 조건에 부합되지 못한다면 그대는 그대의 이상만큼이나 더 큰 실망을 느껴야 할 것입니다. 그리고 그대가 절망에 젖어 세상을 등진 모습으로 절집 문을 두드린다면 더 큰 절망을 안고서 사원을 떠날 것이며, 번민과 고통으로 출가하였다면 그대는 부처를 만나도 고통스러울 것입니다.

출가는 낭만이 아닙니다. 출가는 이름난 관광지로 향하는 여행도 아닙니다. 출가는 그대의 현실이며 절실한 죽음이며 삶이어야 합니다. 이름난 화폭 속의 절 풍경을 동경하며 바라보는 그런 신비감에 젖은 눈길로 출가한다면 허락할 수 없습니다. 또한 그대의 출가가 절대의 현실이어야 함과 같이 오늘의 불교 집단이나 사원도 욕망이나 욕애나 탐욕들이 서려 있는, 그대가 살고 있는 세상과 같은 인간 현실로 받아들여져야 합니다. 오히려 지탱하기 힘든 위선과 욕망의 싸움들이 더 크게 진행되고 있는 곳일지도 모릅니다.

날이면 날마다 일어나는 주지 싸움, 명예 싸움, 종권 싸움들은 참된 수행자를 얼마나 견디기 힘들게 만들고 있습니까. 또 이는 얼마나 큰 절집의 부끄러움입니까. 이러한 모습들은 승려들의 출가 동기에 대해서 매우 의심스럽게 생각할 수밖에 없도록 하지 않겠습니까. 그대의 출가 동기도 철저하게 점검되지 않으면 안 된다는 뜻입니다.

오늘날 출가한 승려들의 모습을 그대의 모습으로 관찰하여 보십시오. 과연 그대는 어떠한 모습으로 서 있을 수 있겠습니까.

누구나 입산 출가할 때에는 크고 작은 원력을 세웁니다. 그러나 그 원력들이 구체적으로 불교 현실과 만나면서 무너지기 시작합니다. 오늘날 산문을 떠나는 이들이 그렇고, 주지 싸움이나 종권 싸움에 연연하는 사람도 역시 그러합니다. 행여 그대의 출가 후에도 이와 같이 변모되지 않으리라는 보장은 없습니다. 물론 덕 높으신 큰 스승의 모습으로 남아 있을 수도 있겠지요. 그러나 오늘날 많은 승려들이 불교의 현실에 대한 절망과 비관 속에서 방황하고 있음을 볼 때, 그대가 출가 뒤에 받게 될 고통이 크지 않을까 염려하지 않을 수 없습니다.

그대가 살고 있는 세계가 아무리 고통스럽고 허망하여도 고통의 바다인 이 세계보다는 덜한 아픔일 것입니다. 그러므로 하루하루가 인욕의 숲을 이루어야 합니다. 이 세계는 견디기 힘들기에 견디는 만큼 서원도 커져 가는 세계이기도 하지만, 종교인으로서의 책임감이나 의무감을 느끼지 않는다면 편안하게 살기에는 더없이 좋은 곳이기도 합니다. 그대가 보아 온 승단과 승려의 모습은 대부분의 승려들이 개인의 편안함과 물질의 욕구에 가득 차 있는 모습일 것입니다. 그러나 이렇게 편안함만을 추구하는 출가승이 진정한 의미의 구도자라 할 수 있겠습니까. 그것이 이 땅에 살고 있는 종교인의 본래 생김새이겠습니까.

굳이 출가를 원하는 그대에게 이런 번다한 이야기까지 하게 됨은 그대가 신비의 눈으로 바라보는 불교의 세계와 오늘의 불교가 우리 사회와 한 모습임을 깨우쳐 드리고 싶기 때문입니다. 다시 한 번 말하고 싶습니다. 불교 교단 역시 불완전한 인간의 군상이 모인 곳입니다. 불완전하기에 완전을 추구 하려는 집단인지는 모르겠지만 그러기에는 너무 많이 낡아 있습니다. 출가 하고 싶어 하는 그대의 순백의 감정들이 절망과 한숨으로 바뀌는 일은 없도록 해야 할 것입니다. 다시 산을 내려가는 저 젊은 승려들처럼 회한과 분노의 칼을 꽂고 가는 일은 없어야 할 것입니다.

그대가 만약 고통을 피하여 안락을 구하고자 한다면 그냥 그곳에 남기를 권하고 싶습니다. 그곳에서 새로운 삶의 희망을 찾으십시오. 그래서 그 고통과 싸워 이겼을 때, 그때에도 만약 출가의 뜻이 있다면 부처님의 집을 찾아오라고 말하고 싶습니다.

앞서도 말하였듯이 출가란 단순히 집을 떠남이 아니며, 잠시 휴식을 취하러 떠다니는 여행이 아닙니다. 출가란 바로 개인의 삶에서 전체의 삶으로의 자리 옮김이며, 개인에서 역사로의 전환입니다. 따라서 머리를 깎거나 승복을 바꿔 입는 것이 출가가 아닙니다. 진정한 의미의 출가란 스스로를 안주하게 하고 길들여 왔던 거짓된 가치를 버리는 일이며, 내가 세상을 바라보려 하고 세상이 나를 바라보게 했던 그 모든 작업을 버리는 일입니다. 그러므로 출가한 이들은 언제나 깨어 있는 귀가 되어야 합니다. 그래서 여기 저기 흩어져 신음하는 세상의 소리를 들을 줄 알아야 합니다. 그리하여 그대의 고통은 뭇 삶들의 목숨으로 이루어져야 하고, 그대의 정진은 모든 중생들에 대한 뜨거운 사랑이어야 합니다. 잿빛 승복은 누구나 기쁨으로 만나는 장이어야 하고, 어디서라도 만나는 역사의 깨어 있는 사원이어야 합니다. 중이 되는 것이 출가가 아닙니다. 중의 자리는 어쩌면 세상이 만들어 준 또 다른 안주처인지도 모릅니다.

그대의 고뇌가 새로운 출발이 되기를 기원합니다. 그대의 진정한 출가를 요구합니다.

출가한 사람들에게

4월입니다. 해토解土가 되어 농부들은 다시 밭갈이할 채비를 서두릅니다. 흙과의 끝없는 대화가 다시 땅으로 이루어져야 할 때인 듯합니다. 비록 지난해의 농사가 홍수로 인하여 풍년의 꿈에서 절망으로 변하였지만 이제 다시 풍년의 꿈을 기약하며 논밭에 새로운 희망을 심어야 할 때입니다. 한 해의 절망이 저 튼튼한 농부들의 힘줄을 잠재우지 못하듯 모든 생명들은 어제의 한숨을 딛고 다시 일어나야 할 새로운 희망의 봄이어야겠습니다. 지난 호에 출가란 개인의 삶에서 역사적 삶으로의 전환이라고 말하였습니다. 그래서 개인의 어려움이나 형상적인 접근 속에서 출가한다면 그것은 진정한 의미에서의 출가가 아니기 때문에 그대의 출가를 만류하였습니다. 그러나 이제 그 모든 것을 다시 생각한다면 그러한 잡언雜言도 이미 몸으로 출가한 그대에게는 필요치 않으리라 생각합니다. 그러므로 그대에게 새로운 대화와 몇 가지 당부의 말씀을 드리고자 합니다.

경전의 출가에는 네 가지 유형이 있다고 설하여 있습니다.

첫째는 몸은 법려法侶에 끼었으나 마음은 애욕의 경계에 연연한 무리로서 몸은 출가하였으나 마음은 출가하지 못한 사람이며, 둘째는 비록 몸은 처자를 거느리고 세속에 있으나 마음은 애욕 경계에 애착하는 마음이 없는 무리로서 몸은 집에 있으나 마음은 출가한 사람이며, 셋째는 몸과 마음이 모두 출가하지 못한 사람이며, 넷째는 바른 믿음으로 몸과 마음이 모두 출가한 사람이라고 이르고 있습니다.

여기서 우리는 출가가 단순히 계율에 따르거나 삭발을 한다는 좁은 의미만이 아님을 알 수 있습니다. 마음은 출가하지 못하고 몸만 출가하여 승복을 걸쳤다 한들 그것이 어찌 출가자의 모습이라고 말할 수 있겠습니까. 또한 『오복덕전경五福德田經』에 중생을 구제할 원력이 없는 사람은 출가의 목적을 잃어 버렸기에 출가자라고 할 수 없다는 뜻의 내용이 있습니다. 그러므로 이제 갓 출가하여 행자 생활을 하고 있는 그대는 진정한 출가 정신을 가져야 할 것이며 하루 한순간도 잃어 버려서는 안 될 것입니다.

지금 그대에게는 어제의 방황도 추억도 고달픔도 아무런 의미가 없습니다. 새로운 의미의 날들이 놓여 있는 것입니다. 그러므로 그대가 맞는 이 아침은 그대 인생을 다시 시작하는 출발이 되어야 합니다.

그대의 앞길에는 새로운 난관과 번민이 놓여 있을 것입니다. 그대의 개인적인 문제와 더불어 불교 교단의 상황에 따라 흔들리는 신심과 원력들, 그리고 생활 중에 나타나는 온갖 경계와 유혹들, 하나하나가 견디어 내기엔 너무 벅찬 것들입니다.

그대의 앞길은 마치 잡초 무성한 밭에 서 있는 농부와 같습니다. 그 밭에는 가시나무도 있고 쓸모없는 바위들도 널려 있습니다. 씨앗을 심기까지에는 너무 많은 시간과 힘에 겨운 일들이 놓여 있기에 자칫 체념의 늪에 빠질 우려도 있습니다. 그러나 한 해의 흉년에도 절망하지 않고 다시 풍년을 기약하며 밭갈이에 나서는 농부들과 같이 두려움이나 망설임 없이 한 포기 한 포기 풀을 제거해야 할 것입니다. 때로는 온몸이 가시나무에 찔릴 수도 있으며, 바위에 짓눌리어 온 손등을 다쳐 피를 흘릴 수도 있습니다. 그렇게 잡풀들과 가시나무와 바위들은 그대가 헤쳐 나아가야 할 번뇌이며 불교 현실이며 세속에서의 유혹일 것입니다. 그렇게 하나하나의 관문을 헤쳐 나가면 비로소 그대가 원하는 출가사문이 될 수 있을 것입니다. 그러나 고난은 그곳에서 끝나는 것이 아닙니다. 다시 진정한 의미의 고난과 고뇌가 시작되어야 하는 것입니다.

우리 불교는 오랜 전통과 민족의 숨결을 간직하고 있습니다. 그러나 오늘의 불교는 나날이 전통종교 혹은 민족종교로서의 자위만을 일삼고 있습니다. 따라서 종교의 근본 목적인 중생 구제에 적극적으로 나서지 못하고 있는 것입니다. 이를테면 나날이 심화되는 빈부의 격차, 비민주적 모습들과 반민족주의적인 모습들에 침식당해 찢기어진 민족문화 속에서 이 땅의 사람들은 길을 찾지 못하고 고통 속에 신음하고 있는데, 불교는 구체적인 해결 방안 없이 불교의 우월성만을 강조하고 있는 것입니다.

그대가 출가사문이 되었을 때 다시 새로운 고뇌가 시작되어야 한다는 뜻은 그대가 피 흘리며 일구어 놓은 밭에 과연 그대는 어떤 씨앗을 뿌릴 것인가에 대한 물음입니다. 한낱 사원에 갇힌 제사장으로 머물고자 하지는 않으리라 생각하기에 어두운 민족 역사에 또는 중생들의 고통에 새로운 빛을 드리울 수 있는 씨앗을 하나하나 심어 나가야 하리라 생각합니다. 그래서 그대의 행은 넓게는 어두운 시대의 등불이 되고 모든 삶들의 의지처가 되며, 좁게는 오늘의 한국불교와 민족사를 짊어지고 나아가는 튼튼한 대웅전이 되어야 하겠습니다.

지금의 불교는 낡은 사원과 같습니다. 비록 지금의 모습이 초라하고 시대에 맞지 않는다 하더라도 그 안에 감춰진 숨결은 어느 곳보다 튼튼한 맥이 흐르고 있다고 믿고 있습니다. 그러므로 그대가 할 일은 저 낡은 불교의 사원에 역사의 숨결을 되살려 모든 중생들이 쉬어 가야 할 터전을 닦아 놓는 일과 그들을 깨달음으로 인도하는 일일 것입니다. 따라서 오늘 그대는 올바른 출가 정신과 함께 그대의 역할과 임무를 동시에 부여받고 있습니다.

이제 그대의 몸과 마음은 그대의 것이 아니라 바로 모든 중생들의 것이며 한국불교의 것이며 부처님의 목숨입니다.

그대가 심은 씨앗들이 무럭무럭 자라기를 빕니다. 때로는 오랜 가뭄이 있을 수도 있고 예기치 못한 홍수도 있을 것입니다. 그러나 그대 원력의 씨앗들이 가뭄에 목이 탈지라도 홍수에 떠내려갈지라도 다시 생생하게 쉼 없이 솟아나는 맑은 불심이 되길 기원합니다. 날마다 출가하는 사람이 되길 빕니다.

할 일이 많다는 것은 그만큼 행복한 삶임을 유념하여 주시길 바라면서 그대의 건강을 빕니다.

일일삼괴 一日三愧

한나절의 재주(꽃과 꽃 이름)

며칠 전부터 한국의 야생화라는 책을 읽었습니다. 밤새껏 꽃 이름, 꽃 모양, 꽃의 약효를 외웠는데 암기력이 부족한 나로서는 여간 어려운 일이 아니었습니다. 며느리밑씻개는 피부병 특히 옴에 좋고, 무릇[천산天蒜]은 진통 효과와 혈액순환을 왕성하게 하며, 중의무릇[정빙화頂氷花]은 자양강장제로 쓰이고, 닭개비는 당뇨에 좋다 하는데, 책을 덮고 생각해 보니, 어느 꽃, 어느 풀 하나 약 아닌 것이 없는 듯하였습니다. 밥상에 놓이는 반찬 하나하나가 다 보약처럼 보였습니다. 밥을 잘 먹는 것이 보약이라는 옛 어른들의 말씀은 참으로 지당한 말씀입니다. 밥을 약으로 먹을 때 밥의 소중함을 깨달을 것입니다. 밥을 짓는 마음도 약을 다림과 같은 정성이 있어야 하겠습니다.

이렇게 작은 풀잎들이 모여 모든 생명을 지키나니 작은 풀잎 하나가 우주를 지킴이라 하겠습니다. 그러므로 풀잎 하나에도 전 세계, 전 우주를 지키는 사랑의 마음이 있어야 하겠습니다.

오늘은 책에서 본 들꽃이며 풀을 확인하려고 개울가며 산으로 돌아다녔습니다. 오십여 종쯤은 완벽하게 외웠다 싶었는데 정작 알아볼 수 있는 것은 앞에서 말 한 몇 가지뿐이었습니다. 행여나 하여 책을 갖고 있으나 사진과 꽃이 헷갈리기만 하였습니다. 할 수 없어 무릇만 한 바구니 캐어 돌아왔지요. 나의 어리석음에 낙심하여 한참을 마루에 앉아 있는데, 옆집 미숙이네 아이들이 놀러왔습니다.

아이들에게 야생화첩을 보여주며 책에 나오는 꽃들을 보았느냐고 물었더니 하나 둘씩 꺾어와 사진첩에 끼워 넣는 것이었습니다. 노인장대며, 으아리, 눈괴불주머니 등등 사십여 종은 족히 되었습니다. 아이들에게 들꽃 풀이름을 알고 있느냐고 물었더니 대답을 못하고 부끄럽게 웃기만 합니다. 하여, 내가 외워 둔 들꽃 이름을 하나하나 가르쳐 주다가 문득 부끄러워지고 말았습니다. 들이며 산에서 책을 끼고도 딱지꽃 하나 알아보지 못하는 사람이 꽃 이름을 가르쳐 준다 하니 얼마나 가소로운 일입니까. 아이들은 이름은 몰라도 이미 꽃들과의 사귐이 깊거늘 한낱 이름만 알고 있는 나의 옅은 지식으로 무엇을 가르치고자 하는 것이겠습니까. 부끄러워해야 할 사람은 이름을 모르는 아이들이 아니라 나였습니다.

학교를 집으로 알고 살았던 사람들, 밑바닥을 우습게 여기는 높은 사람들의 한계이기도 합니다. 이런 사람들은 가르치려고만 하지 배우려고는 하지 않지요.

巧未能勝拙(재주는 어리석음만 같지 못하다). 지식이란 아침 한나절의 반짝이는 재주임을 깨닫습니다.

할머니의 지게

팔십 가까운 할머니가 소꼴을 한짐 가득 지고 가다가 잠시 쉬고 있었습니다. 그 모습이 하도 측은하여 다가서며 가만히 여쭈었습니다.

"할머니, 자제분은 무얼 하길래 할머니께서 손수 꼴을 지십니까? 힘들지 않으세요? 연세는 몇이십니까?"

"스님, 그런 걸 물어서 뭣해요? 스님이 지어다 주실래요? 아, 수도한다는 분이… 꼴도 나이로 집니까, 힘으로 지지요."

동정은 일종의 경멸을 포함하고 있음을 깨닫습니다. 여기에는 사회 제도의 그늘 속에 머무르는 사람이 그늘 밖의 사람을 대상화시키듯 그늘 밖의 사람도 그늘 안의 사람을 대치시키기는 마찬가지입니다. 그러나 그늘 안과 밖이 다른 것은 그늘은 작고 그늘 밖은 넓고 크다는 데에 있으며, 그늘 밖에 서야 그늘을 만들어 주는 나무, 곧 제도를 볼 수 있다는 데 있습니다. 내가 물은 상식적인 질문이 사회제도에 길들여진 그늘 속의 물음이었다면 할머니의 대답은 그늘의 관념을 깨뜨려 주는 그늘 밖의 대답입니다. 관념의 벽을 깨뜨리는 길은 그늘의 관념을 초월하는 것이 아니라 그늘 밖에 서 있어야 하는 데 있음을 깨닫습니다.

사회로부터 길들여짐이 얼굴의 화장과 같다면, 그것을 벗어난 길이란 화장을 하지 않아도 얼굴에 화사한 꽃이 피어나는 것을 말하겠지요[素顔發紅花]. 각종의 관념과 기행奇行, 그리고 신선놀음에 대한 할머니의 엄중한 경고가 여기에 있습니다.

은순 엄마의 울음

은순네 집에 갔더니 은순 엄마 눈이 퉁퉁 부어 있었습니다. 은순이 엄마는 나에게 가족셈법을 가르쳐 준 사람입니다. 언젠가 내가 "보살님네는 두 식구만 삽니까?" 하고 물으니 "세 식구입니다." 하였습니다. 그래서 "한 사람은 어디 갔습니까?" 하는 물음에 "소가 한 마리 있지 않습니까." 하였지요. 그런데 오늘 소장수가 다녀갔는데, 소를 팔려고 생각하니 소가 불쌍해서 못 견디겠더라는 것이었습니다.

"이 소는 은순이 아비가 이 세상 계실 때부터 은순 아버지의 손길로 컸고, 돌아가신 뒤에도 지금까지 은순 아비의 몫을 단단히 해왔지요. 소가 팔려갈 것을 생각하니 은순 아버지가 영영 떠나가는 것 같고, 자식 같은 식구를 보내는 것 같아 눈물이 안 나올 수 있어야지요. 그놈의 돈이 웬수입니다." 하는 것이었습니다.

가난하여도 축생畜生을 자식으로 보고 한식구로 여기는 이 따뜻함이 이 세상을 떠메고 갑니다.

소도 집안 식구로 볼 줄 아는데, 사람이 사람을 소로 여깁니다. 중의 마음 부끄러워 앞산으로 돌아앉았습니다. 오늘 나의 부끄러움은 하루의 부끄러움이 아니라 서른 몇 해의 부끄러움입니다.

포장된 지식, 포장된 관념, 포장된 사랑의 삶을 위하여 비단옷을 찾는 남자여, 여자여. 묻습니다. "가자, 오늘도 장미빛 여관으로"입니까.

길과 사람

나무는 새소리로 커야 하고, 사람은 옆 사람의 소리로 커야 하고, 종교는 중생의 신음소리로 커야 하는데, 이제 나무는 자동차 소음으로 커 가고, 사람은 텔레비전으로 커 가고, 종교는 조직과 돈의 힘으로 커 갑니다.

지리산 노고단까지 차도가 닦이고 금강산도 개발한다고 합니다. 개발開發이란 말의 사전적 풀이는 개척하여 발전시킨다는 것인 듯한데 무엇을 개척하고 무엇을 발전시킨다는 것인지 모르겠습니다. 아마도 자연의 개발이란 까발린다는 뜻이 합당할 듯합니다.

이곳 마을에도 제가 들어올 때는 보이지 않던 도로가 산허리를 파먹었습니다. 잡목을 잘라 내고 나무를 새로 심기 위해서 산길을 내었다 하는데 그게 그리 달갑지 않습니다.

얼마 전 신문에서 산길이 부족하여 산림을 관리할 수가 없다는 기사를 보았습니다. 산에 찻길이 없어 나무를 뽑아내고, 심는 나무 값보다 운반비와 인건비가 더 들어간다고 합니다. 벌거숭이산에 조림만 신경을 쓰다 보니 아무 품종이나 마구 심어 재목으로는 쓰이지 못할 쓸모없는 잡목만 잔뜩 서게 되었다 합니다. 그래서 산허리를 파서 길을 내고 '산림을 관리'하는 모양입니다. 나무는 보아도 산을 보지 못하고 물고기는 보아도 물을 보지 못합니다. 산까지도 이제 정부의 관광 살림 정책에 파동을 겪습니다. 골프장 건설 따위로 온 국토가 몸살을 앓습니다.

정부가 돼지 키우라 권장하더니 삼 년도 못 가서 돼지 파동, 누에를 치라더니 누에 파동, 파동만을 일으키는 정부가 우루과이 협상에 제대로 대응

할 수 있으리란 기대는 아예 접어 두는 게 나을 것 같습니다.

산의 처지에서 보면 쓸모없는 나무가 어디 있겠습니까. 큰 나무, 작은 나무, 이런 나무, 저런 나무가 한 데 얼크러져 산과 숲을 이루는데, 재목으로 쓸 수 없다 하여 어린 나무며 큰 나무들이 허리 잘려 넘어집니다.

산에 가 보면 쓸모없는 키 작은 나무들이 산을 지킵니다. 역사도 '쓸모없는' 인간이 지켜나갑니다. 쓸모없다고 하는 의식과 판단이 세상을 망칩니다. 쓸모 있는 나무만 고르는 정부의 태도가 사람과 사람 사이를 갈라놓고 나라를 망쳐 놓습니다. 오랜 세월 동안 돈 있고 '쓸모 있는 사람'만을 고르는 권력이 국민을 헐벗은 산꼴로 만들었습니다.

나무가 베어진 자리에 정부는 말 잘 듣는 수종만을 획일적으로 심습니다. 잡목은 발을 붙일 수가 없습니다. 다시 새로운 정권이 들어서면 이 품종은 재목만 될 뿐이라 하여 또 다시 베어 버릴지도 모릅니다. 이런 어리석은 짓은 그만두고 산이 나무를 스스로 키우고 스스로 품종을 선택해야 하겠습니다.

눈의 무게를 이기지 못하여 나무가 쓰러지기도 합니다. 그러나 이때에 나무는 설해雪害를 입은 것이 아니라 산이 버린 것입니다. 나무뿌리가 힘이 다하면 어김없이 산은 뿌리를 토해냅니다. 산이 나무의 생명을 관리하는 것입니다.

이제 산길은 산의 생명과 사람의 생명이 만나는 길이어야 합니다. 따라서 산길은 산과 사람이 만나는 길이고, 마을길은 마을과 마을이 만나는 길이고, 인도人道란 사람과 사람이 만나는 길이어야 합니다. 만남을 이루는 것이 길이기 때문입니다. 그래서 산길은 발길로 만들어야 하고, 마을길은 풍속과 역사가 만들어야 하며, 인도는 마음이 만든 길이어야 합니다. 그러나 찻길에는 기계들의 움직임만 있습니다. 만남이 없습니다. 찻길의 만남은 교통사고입니다.

도道란 무엇입니까.

마음과 마음이 통하고, 사람과 자연이 통하고, 마을과 마을이 막힘없이 뚫려 한 무리를 이루는 것, 온 우주 법계가 한마을을 이루게 하는 것, 그 길을 닦는 것입니다.

평상에 다니는 길이야말로 참된 길일 것입니다. 굳이 포클레인을 끌어다가 산을 까발리는 어리석음은 길을 잃게 할 뿐입니다. 교통이란 서로가 서로에 막힘이 없는 것, 주관과 대상. 인식과 존재의 머무름입니다. 그 길이 막히면 세상은 교통지옥이 될 수밖에 없습니다. 승용차 타고 다니는 도道만 있을 것입니다.

작은 풀잎의 지혜와
큰 나무의 지혜를 함께 배워야

우산과 우비의 차이

일기 예보가 서울에서는 신발장이나 구석진 곳에 처박힌 우산을 확인하게 한다면 시골에서는 논밭에 자라는 생명들을 염려하게 합니다.

우산을 쓰면 손은 안전한 피난처에 은신하지만 우비를 입으면 손은 비를 가려 주지 못하는 유일한 신체 부위가 됩니다. 그러나 마른 손이 우산으로 비를 피하여 보호된 손이라면, 젖은 손은 오히려 비속에서 더욱 분주해지는 일손입니다. 우산이 비를 피하기 위해 만들어졌다면 우비는 비를 맞이하기 위해 만들어졌을 것 같습니다.

사제님, 지금 우리가 선택하는 것은 우산입니까, 우비 입니까.

우산 속의 두 손은 호흡을 일치할 수 없습니다. 손잡이를 잡는 손의 역할만 강조됩니다. 빈손이 일거리를 찾을라치면 손잡이의 손은 언제나 가볍고 쉬운 일만을 요구합니다. 한 손으로 감당할 수 없는 일거리라면 우산을 놓아야 하는데, 그렇게 되면 비를 맞지 않을 도리가 없기 때문입니다.

그러나 우비의 두 손은 언제나 의견 일치를 봅니다. 한 손이 다른 한 손을 강제하지 않으며 언제나 서로에게 자유롭습니다. 큰일도 함께 하고자 합니다. 우비를 입은 농부들의 손을 보면 언제나 두 손이 삽자루 맞들고, 괭이 따위를 함께 쥐고 있습니다.

우산 속에서는 손잡이를 잡은 손의 냉정한 현실과 다른 한쪽 손의 분리된 자유로움이 존재합니다. 그러나 분리된 자유가 서로를 대립시킵니다. 손잡이에 매인 손은 끊임없이 다른 손을 통제하려고 하고 한계를 설정해 주지만 다른 한 손은 손잡이 손의 구속을 싫어합니다. 때로는 빈손의 자유가 되기도 하지만 우산 속에서는 감당할 수 없는 무게의 짐을 취하기도 합니다. 그러나 빈손의 자유로움 속에는 우산을 언제 넘겨받을지 모른다는 두려움과 초조함이 있습니다. 우산 속에서는 손이 그 무엇으로부터도 자유로울 수 없습니다.

그러나 우비를 입은 손들은 우산 속에서처럼 비를 피할 공간을 마련하지 않아도 되기 때문에 언제나 자유로울 수 있으며 일을 함께 나눌 수 있습니다. 두 손으로 존재하는 것이 아니라, 언제나 한 손을 이룹니다. 현실을 내던질 수 없는 손과 현실을 벗어나려는 손, 이성과 감성의 손이 통일을 이룹니다.

우산을 쓰는 손이 개인주의에서 비롯되는 사고의 전형이라면 우비를 입는 손은 협력의 의지를 나타내는 일손입니다. 우비를 선택하는 자체가 비를 피하고자 함이 아니라 빗속에서도 일을 하고자 하는 의지의 표현입니다. 그러므로 우비의 손은 감성과 이성, 오른손과 왼손의 구분을 거부합니다. 그러나 우산의 손은 감성과 이성의 싸움이 계속되는 과정만 있습니다. 빗속에서 일거리를 찾는 일손이 되고자 할 때 비로소 우산을 던져 버릴 수 있습니다. 일손이 되지 못하는 고도의 관념과 사고들은 우산 속의 유희에 지나지 않습니다. 우비를 통해서는 몰아치는 빗방울의 무게와 힘을 온몸으로 느낄 수 있지만 우산은 우산살을 통한 간접 전달이 있을 뿐이며, 그나마 손잡이를 잡은 한쪽 손의 느낌일 따름입니다.

사제님, '응무소주이생기심應無所住而生其心' 이란 말이, 개인에 편재되는 우산을 쓰지 말라는 말이지 우비마저도 입지 말라는 뜻은 아닐 것입니다. 우비의 방편마저도 없다면 빗속에서는 일은커녕 한순간도 버티지 못하게 될 것입니다. 방편을 방편으로만 알면 우비가 멋으로 입는 우비로 둔갑할 터이니, 방편이 깨달음, 곧 지혜가 되어야 하겠습니다.

우리가 일상생활을 통해 쏟아 놓는 수많은 감성의 편린과 이성의 발톱들이 보이지 않는 우산 속의 발자국들인지도 모르겠습니다.

사제님, 갑자기 들이닥친 수난水難에 서울을 여의신 사제님의 고통을 생각하면 옆에서 지켜 주지 못한 부끄러움을 감출 수가 없습니다. 그러나 모쪼록 사제님의 떠남이 서울이라는 지역의 떠남이 아니라 우산으로부터의 벗어남이 되기를 빕니다. 그리하여 끝내는 튼튼한 방편의 우비를 입고 소낙비와 맞서 싸우는 튼튼한 일꾼의 허리를 얻게 되기를 빕니다.

깨달음이 관념화되는 것도 우산 속에 있기 때문이겠습니다. 학문과 씨름하는 사람들이 그가 치러내는 고통에도 불구하고 절름발이가 되는 것도 한 손으로 펜을 잡기 때문일 것입니다. 사제님의 두 손이 하나가 되기를 기도합니다.

우산을 쓰고 들에 나가다가 우비를 둘러쓰고 낮은 포복을 하고 있는 농부들을 보고는 섬뜩한 칼베임을 당하여 편지를 띄웁니다.

어떤 대화

어떤 여자 분이 저를 찾아왔습니다. 유치원 선생님 노릇을 하다가 그만둔 지 얼마 안 되는 분이었습니다.

이 분이 내게 말하기를 유치원에 다니니까 자꾸 마음이 아이들을 닮아가

두려웠다고 합니다. 어린아이처럼 품성이 맑아지는 것은 좋은 일이지만 현실을 살아가는 데는 힘이 못 된다는 것이었습니다. 그래서 내가 다시 "당신은 두려움 때문에 아이도 못 되었고, 그 두려움 때문에 현실로 나왔지만 살아갈 힘도 얻지 못 했으니 이제는 어떻게 할 거요?" 하니 "답답하기 그지없습니다." 합니다.

나는 물었습니다.

"어린아이들의 세계는 어떠하였소?"

"그 세계는 맑고 깨끗합니다."

"그러면 맑은 어린 아이들의 세계로 갈 거요, 더러운 현실에서 살 힘을 키울 거요?"

"돌아갈 수도 없고 여기 현실에 안주하기도 괴롭습니다."

"어린아이가 사는 세상과 어른들이 사는 세상은 다릅니까?"

"같습니다."

"그러면 그 두려움 때문에 당신은 이러지도 저러지도 못하는 것이니, 그 두려움만 없애 버리시오."

"어떻게 없애 버릴 수 있습니까?"

"세상을 변혁해 버리면 되겠지요."

"그것을 내가 어떻게 할 수 있습니까?"

"그것이 어려우면 당신을 바꿔 버리면 되겠지요."

"그게 스님 생각처럼 그렇게 쉬운 일입니까?"

"그러면 바꾸기 어렵다는 생각만 버리시오."

참된 새 세상을 만들기가 어렵다는 생각이 우리 마음 자락에는 없는지 생각해 볼 일이겠습니다.

큰 것과 작은 것

큰 나무는 태풍이 불면 가지가 부러지고 뿌리까지 뽑히기도 하지만, 작고 연약한 풀잎은 거센 폭풍 속에서도 상처 하나 입지 않습니다.

그러나 큰 나무는 작은 바람이 불면 잎사귀만 흔들리지만, 작은 풀잎은 온몸을 뒤척입니다.

이러한 자연의 현상이 우리에게 깨달음을 가져다줍니다.

태풍 속에서는 작은 풀잎의 지혜를 배우고, 작은 바람 속에서는 의연히 바람을 포용하는 큰 나무의 뜻을 배워야 한다는 것입니다.

큰 것을 향해 가는 사람들을 보면 그 걸음걸이 속에서 작은 것을 하찮게 여기는 것을 봅니다. 이런 사람에게는 곧잘 큰 역경이 다가오며 금세 좌절하는 것을 봅니다. 작은 것에 안주하는 사람들을 보면 거센 폭풍도 작은 바람으로 만들어 버리지만, 작은 바람 속에서도 고통스러워하는 가벼움이 있습니다.

큰 것과 작은 것이 어울릴 수 있는 자리야말로 우리의 삶이 마련해야 할 자리인 것 같습니다.

자비도 마찬가지입니다. 언제나 따뜻하기만 한 자비는 자칫 자신의 대상에 대한 무관심과 포기를 뜻할 수도 있습니다.

자비도 벼락 치는 자비, 분노하는 자비, 눈물을 흘리게 하는 자비, 그러나 또한 따뜻함을 주는 것이 되어야 하겠습니다. 그렇지 못한 자비란 자신의 위안에만 만족하는 자비입니다. 자비란 대상에 대한 철저한 책임입니다.

해제를 맞이하며

해제가 되어 안개 낀 산문 밖을 나서는 납자들의 모습에는 신선함과 넉넉함이 가득합니다. 화두의 끝을 좇고 좇다 비로소 자아내는 그들 웃음의 깊은 의미는 그대로 여여한 법의 바다, 말씀의 바다처럼 보입니다. 결제 동안 저들은 얼마나 힘겹게 자기 인내를 시험하면서 싸워 왔을까. 그 고통의 깊이는 또 얼마나 컸을까. 이런 저런 생각을 하다가 문득 도심의 거리를 기웃거리는 서울의 승려들을 생각하면 마음이 어두워집니다.

많은 사람들이 현실 참여의 필요성을 역설하면서 시내로 내려가지만, 행여나 시류에 물들어 그들의 본분사를 잊어버리지는 않았는지, 또는 포교당 신도 활동을 통해 수효 늘리기에만 급급해 하지 않는지. 만약 이와 같은 태도라면 현실 참여가 무슨 필요가 있을 것이며, 포교당이 어찌 필요하리오.

어쩌면 지금 우리에게는 포교당이 필요한 것도, 절 하나가 더 필요한 것도 아닐 것입니다. 오히려 배고프고 문명에 찌들대로 찌든 중생에게는 이 시대의 스승이 그립고, 신선하고 넉넉한 인간이 목마르게 필요할지 모릅니다. 그렇다면 오늘 산문 밖을 나서는 저 선객들이야말로 오늘 이 시대를 위한 의지처가 아닐는지요.

근간에 불교는 개혁되어야 합니다. 불교는 새롭게 변신해야 한다는 소리가 많습니다. 그러나 그 누구도 본질적으로 접근하지 못하였습니다. 제도적 문제보다도 승려가 승려답지 못하기 때문에 불교가 사회적으로 허물을 지적당했던 것이고, 이러한 비판들이 결국 불교가 개혁되어야 한다는 의견으로 모아진 것 같습니다. 그러나 오늘 산문을 나서는 저 승려들의 법의 무게만큼 당당한 목소리를 이 땅의 모든 승려들이 갖고 있다면 개혁해야 할 것이 어디 있겠는가.

"산중 불교"를 비판하는 사람도 있습니다. 그러나 불교가 산에 있든 들에 있든 도시에 있든 그것이 중요한 것은 아닙니다. 문제는 "산중 불교"로서의 자기 처지를 정리하지 못한 데에 있습니다. 산에 있으면서도 산사람이 되지 못하고, 산중에 있는 절이면서도 산중에 있는 절답지 못하기 때문인 것입니다. 그것은 오늘날 우리 불교가 자기 목소리를 갖고 있지 못한 데에서 비롯합니다. 우리 불교는 언제까지나 도시의 이곳저곳을 기웃거려야 하고 낡은 사상의 주위를 배회하면서 현실의 변두리에 서 있을 것인가.

오늘 산문을 떠나는 납자들의 모습은 당당한 한국 불교의 모습입니다. 저들이야말로 하나의 절입니다. 그저 신비에 잠든 절이 아니라, 세간의 의지처며 동량입니다. 그들이 불교 개혁을 말하지 않는다 해도, 현실 참여를 하지 않는다 해도, 모든 인간의 사표이며 개혁의 참모습입니다. 무소의 뿔처럼 본질의 보석을 다듬고 있는 모습이야말로 극미의 인간상인 것입니다. 누가 그들이 현실 상황에 참여하지 않는다고, 실천하지 않는다고 말하였는가. 누가 저들을 이기적 관념론자, 초현실주의자라고 매도하였는가. 저들이야말로 현실 쪽에서 가장 크게 요구하고 있는 것을 열심히 실천하고 있는 자들이 아닌가. 저들이야말로 모든 중생 속에서 깨어 있는 스승이 아닌가.

눈에 보이는 참여만이 참여가 아니라 한번 뒤돌아서서 보면 보이지 않는 힘들이 곳곳에 자리하고 있음을 알 수 있습니다. 그들의 노력이야말로 더 무섭게 세간복귀하고 대중의 지반을 획득하고 있음도 여실히 알 수 있습니다. 우리가 운동론을 말할 때 오히려 기계론적 사고나 운동 논리의 관념에 더 매몰되지는 않았는지 반성해 보아야 합니다.

오늘날과 같이 타락한 종교인들, 정치인들, 그리고 타락한 운동가들이 즐비한 속에서 한 구도자의 떠나는 모습이야말로 큰 감명을 줍니다. 특히나 공부하는 승려, 기도하는 승려를 만나기가 힘든 이즈음에 정진을 마치고 떠나는 저들의 뒷모습을 바라보는 마음은 기쁘기 한량없습니다.

민주화에 몸 바쳐 싸우는 사람을 보고 좌경이다, 빨갱이다, 불순분자다 하고 매도하는 승려들의 대부분이 종권 다툼과 주지 싸움에 연연해하는 승려들이기 쉽습니다. 그러나 오늘날 불교의 진보적 승려들이 그들의 비난에 가슴 아파할 것이 아니라, 바로 산중에서 정진하는 승려들의 수행하는 정신을 실천 속에서 나투어야 할 것입니다. 저들의 모습에서 우리는 최루탄 속에서도 고문 속에서도 꺼지지 않는 민중에 대한 사랑을 배워 나가야 할 것입니다. 그리고 그 넉넉한 미소도 배워야 할 것입니다.

새로운 법열로 산문을 나서는 나의 도반, 선배 스님들께 존경과 흠모를 드리며, 우리에게도 그 법열의 기쁨을 나눠 주기를 갈망합니다.

떠나는 자들이여, 만민의 스승 되소서.

과보

경을 읽다가 "극락에 태어나기 위해서는 다겁생多劫生의 선조공덕을 쌓아야 한다."는 대목에 이르러 잠시 생각을 해봅니다.

서울 봉국사에 있을 때였습니다. 봉국사에는 아이들이 여럿 있었습니다. 나는 자주 심부름을 시켰는데 때론 심부름 값을 주기도 하였고, 잔돈이 없을 때는 그냥 시키기도 하였습니다. 아이들은 아주 단순해서 심부름 값이 있을 때는 심부름을 마냥 즐거워하며 하지만 심부름 값이 없을 때는 풀 죽은 모습으로 시위하기 일쑤였습니다.

나는 요즈음 신앙인들에게서도 이런 어린 아이들과 똑같은 모습을 봅니다. 심부름 값이 있어야만 심부름을 하는 아이처럼 천당과 극락이 있다고 해야만 선근공덕을 쌓을 사람들처럼 보입니다. 이들에게 어떤 도인道人이 나타나서 천당과 극락은 본디 없는 것이라고 한다면, 아마도 이들은 절망의 구렁텅이에 빠지거나 쾌락만을 탐닉할 것은 자명한 일입니다.

경에 극락과 천당을 설하여 놓음은 아이들에게 공덕을 쌓게 하기 위한 방편이며, 공덕을 쌓게 하고자 함은 공덕을 쌓음이 인간의 완성을 위한 길임을 가르치기 위함일 것입니다. 그러므로 공덕을 짓되 천당이나 극락에 가고자 하는 생각마저도 끊어진 공덕을 지어야 공덕이 된다 함은 공덕 짓는 그 자체를 즐거워하고 기꺼워함을 뜻하는 것입니다. 다시 말하면 중생을 위한 희생 그 자체를 기쁨으로 삼을 줄 알아야 비로소 극락의 문이 열린다는 뜻입니다. 마치 심부름 값이 없어도 심부름을 기꺼이 받아들이는 아이들이야말로 선재동자善財童子이듯 극락이나 천당의 대가를 바라는 공덕은 공덕이 아닙니다. 마찬가지로 사회 구석구석에서 정의를 실천하는 모든 사람들도 정의를 실천하는 그 자체가 바로 삶의 기쁨이 되게 하여야 합니다. 그것이 바로 정의의 참뜻일 것입니다. 행여나 다른 사람들이 알아주기를 바라며 정의를 실천한다면 심부름 값을 요구하는 어린아이와 무엇이 다를 바 있겠습니까.

그래도 심부름 값이 있을 것이라고 믿으며 공덕을 쌓는 사람들에게는 극락의 희망, 사회의 희망이라도 있으니 조금은 다행한 일입니다. 심부름은 제대로 하지 않고 심부름 값만 챙기려는 아이들처럼 남의 밥그릇을 빼앗는 사람들, 수많은 선재동자들을 잡아 가두는 사람들도 이 세상에는 너무나 많습니다. 극락국토에 가서도 투기를 할 것인가. 지옥에 가서도 국가보안법으로 체제와 이념을 수호할 것인가. 이들에게는 삶의 완성이란 신기루와 같은 것일 뿐입니다.

살생의 과보는 죽임을 당하는 것으로, 고문의 과보는 자자손손 천형天刑의 과보로 나타날 것이니, 살인자들은 말할 것도 없거니와 고문기술자는 특히 명심할 일입니다.

연기의 지혜와 수행 있어야

부처님의 가르침을 한마디로 나타낸다면 정토를 이루고자 하는 것이라고 할 수 있습니다. 정토란 질곡된 세계의 바로잡음과 온갖 집착으로부터의 자기해탈이 동시적으로 이루어지는 세계를 말합니다.

정토에는 두 가지 의미가 포함되어 있습니다. 첫째는 청정한 국토, 즉 부처님의 나라인 극락세계를 가리키는 말이요, 둘째는 국토를 청정하게 한다는 뜻을 담은 말입니다. 일반적으로 극락세계로서의 정토는 현실을 떠나 지리적, 또는 공간적으로 따로 존재하는 이상 세계쯤으로 생각합니다. 또한 국토를 청정하게 한다는 것은 정토는 다른 어느 세계에 있는 것이 아니라 현실을 변혁하여 새로운 세계를 건설한다는 뜻이라고 생각합니다. 극락세계에 대한 이러한 생각은 서구의 이분법적인 논리에 길들여져 있거나, 신비주의적인 태도에서 비롯되는 것이지 올바른 불교적 태도는 아니라고 생각합니다. 내세가 절대적으로 존재한다는, 내세와 현실을 이분화시키는 신학적 태도라든가, 무릉도원 같은 꿈의 세계가 있다는 태도는 모두 잘못된 것입니다.

불교의 경전들은 정토가 이 두 가지로 분리되어 있는 것이 아니라, 상호연기되고 있는 하나임을 가르쳐 줍니다. 불교에서 말하는 극락이라는 이상세계는 현실의 질곡된 모습을 비추는 거울과 같은 존재이며, 끊임없이 현실을 부정함으로써 새로운 세계로 인도하기 위한 표현입니다. 또한 현실의 변혁은 새로운 사회, 새로운 세계에 대한 구체적 모습(이상세계)을 갖지 않으면 안 된다는 것을 가리킵니다.

정토 경전에는 극락 정토, 아미타 정토, 미륵 정토 등이 환상적으로 표현되고 있습니다. 그러나 그런 표현들은 무한히 변화되고 확장되는 중생들이 새로운 세계, 열린 세계로 나아가는 데 있어서의 하나의 모델로서 제공될 따름입니다. 또한 그것은 시대와 상황에 따른 현실의 불완전한 모습을 반영하기 위한 것이기도 합니다. 그러므로 불교에서 말하는 극락 정토를 유토피아나 환상적 이상세계가 아니라 현실의 정토화를 이룩하기 위한 방편으로 받아들여야 할 것입니다.

법장보살의 사십팔대원과 약사불의 십이대원은 극락 정토와 현실 세간이 서로 맞물려 있음을 알려 주고 개인의 완성과 사회의 완성이 정토의 길임을 제시합니다. 곧 현실(개인과 역사)의 변혁이 이상세계(열린 세계)에로 이어질 수 있음을 나타내 주고 있는 것입니다.

이와 같이 정토가 현실을 떠나 존재하는 것이 아니라면 모든 부처님은 구원자나 구세주로서 존재하는 것이 아닙니다. 초파일마다 "인류를 구원하러 부처님이 탄생하셨다"라고들 하지만 이는 옳지 않은 표현입니다. 아미타 정토, 미륵 정토, 약사 정토, 유심 정토 등을 현실 변혁의 다양한 모델로 제시하되, 여러 부처님들을 등장시켜 여러 가지 수행 방편을 보여주고 있을 뿐입니다. 정토의 건설과 인간의 구원은 중생 스스로에게 있습니다. 그러나 정토와 현실의 변혁이 유리될 수 없듯이 부처와 중생도 또한 불이적不二的 관계입니다.

『유마경』의 「불국품」은 다음과 같이 현실과 정토 보살과 중생의 관계를 말하고 있습니다.

"보적아, 중생의 국토가 곧 보살의 불국토이니라. 왜냐하면 보살은 교화할 중생을 따라서 불국토를 취하고, 중생이 선을 닦고 악을 다스리는 것을 따라서 불국토를 취하기 때문이다. 또 중생들이 어떠한 나라에 의지하여 부처님의 지혜에로 이끌려 들어가야 하는가에 따라서 불국토를 취하고, 중생들이 어떠한 나라에 의지하여 보살의 능력을 행할 것인가에 따라서 불국토를 취한다. 왜냐하면 보살이 정토를 취하는 것은 중생을 이롭게 하기 위한 것이기 때문이다. 비유컨대, 어떤 사람이 집을 짓고자 할 때 땅 위에 짓고자 하면 뜻대로 지을 수 있다. 그러나 만약 허공에 짓고자 한다면, 끝내 이룰 수 없는 것과 같다. 보살도 이와 같아서 중생을 완성시키기 위하여 불국토를 취한다."

여기서 보살은 실천의 담당자들이며 인간의 상징적 표현이기도 합니다. 즉, 중생 세간의 정토(불국토)화를 꾀하는 실천자들로서 인간이 지녀야 할 모습이며, 현실 세간은 보살이 변혁할 대상입니다.

이제 세계는 새로운 세계에로의 전환점에 있습니다. 지금까지 인간이 이룩해 온 모든 물질문명들이 해체되어야 할 시점에 있는 것입니다. 종교, 철학, 정치, 경제, 과학의 모든 부분들이 부분으로서의 독자 영역에 더 이상 머물러서는 안 되며 새로운 총합을 이뤄야 할 때입니다. 그것은 각 부분들이 새로운 세계관에 입각하여 해체되어야만 가능합니다. 모든 부분들이 부분으로서만 존재해서는 안 된다는 것은 그만큼 이 세계가 위기에 빠져 있으며, 과학의 발달이 더 이상 인류의 문제를 해결할 수 없다는 뜻이기도 합니다.

지금까지 세계는 서구의 과학과 이데올로기가 이끌어 왔습니다. 그리고 지금은 그 과학이 이데올로기의 허상을 밝혀내고 있으며 과학으로써만 이 세계의 문제를 해결할 수는 없음을 스스로 증명해 보이고 있습니다.

서구의 과학과 세계관은 기독교 사상을 바탕으로 삼고 있습니다. 신학은 내세라든가 신이라는 대상을 고정하는 것에서부터 출발합니다. 이러한 기독교적 사상은 서구의 철학과 과학이 그 모든 부분에서 주체와 객체를 이원화시켰으며 정신과 물질세계와 나를 이원론적으로 고정시켰습니다. 나와 세계와 우주는 통일되고 연관되어 있으며, 그래서 나와 세계와 우주를 분리할 수 없다는 불교의 견해와는 상반되는 사상 체계입니다.

서구의 과학과 이데올로기가 정신과 물질의 이원론 속에서 창출되었으므로 인간 중심주의에 빠져 있을 수밖에 없었으며, 현대에 와서는 그것으로 인하여 인간의 역사가 위기라고들 합니다. 불교적으로 말하면 정토는 과학, 철학, 사고, 분석 논리로 건립할 수 있는 것이 아닙니다. 나와 세계를 연기적으로 바라볼 수 있는 지혜를 얻는 수행과 깨달음과 원력이 있어야 합니다. 그런 지혜를 얻은 뒤에라야 서구의 과학이 만들어 놓은 그 모든 기계들도 우주의 온갖 생명을 지키기 위한 도구로 사용될 수 있고, 그 모든 이데올로기도 방편으로 이용될 수 있을 것입니다. 그러나 지혜의 완성은 『유마경』의 말처럼 허공 속에 집을 짓는 것이 되어서는 안 될 것입니다. 현실 속의 나와 세계를 연기의 눈으로 보고 그 속에서 질곡화된 문제점을 발견할 때 참다운 지혜가 될 것입니다. 지혜의 완성은 끊임없는 수행(자기 대조)과 실천(현실의 변혁)이 있을 때 가능하며 이것은 다시 정토의 원력을 통해 이루어집니다.

앞서도 말했듯이 지금 세계는 전환의 기점에 서 있습니다. 사회주의와 자본주의의 이데올로기가 변화하고 있으며, 지구는 환경오염으로 전체 생태계가 파괴되고 있습니다. 이것의 근저에 있는 오직 변하지 않는 인간의 소유욕[貪]과 지배욕[瞋]과 나와 너를 가르는 분별욕[痴] 때문입니다. 이제 세계의 문제와 인간의 문제를 해결하는 길은 인간 위주의 태도를 벗어나서 모든 생명, 만물이 공존하는 정토를 건설하는 변혁의 길뿐입니다.

이제 우리는 불교 안에 내재된 정토 세계의 다양한 모델들을 어떻게 이 역사의 장에 구현할 것인지를 생각하여야 합니다. 이것은 불교도만의 문제가 아니라 모든 사람들의 문제입니다. 그러나 이 모델들은 현실에 적용하는 것으로써 의의가 있는 것이 아닙니다. 우리에게 필요한 모델을 구체적으로 재창조해야만 합니다. 보살이 교화할 중생을 따라서 정토를 이룩하듯, 좁게는 남북통일과 외세의 문제, 경제와 정치의 파행, 넓게는 세계의 이데올로기와 환경의 문제들을 해결할 수 있는 현실의 모델이 되어야 하는 것입니다. 이 길은 법장의 원력을 다시 이 시대에서 가질 때만이 가능하며, 끊임없이 그 원력을 이어 가는 사람들이 있을 때 가능한 것입니다. 불교의 철학이 아무리 위대하다고 할지라도, 또한 문제 해결의 길이 불교 안에 있다 할지라도 능히 실천하는 사람이 없다면 책상 위에서 공맹孔孟을 읊조리는 것과 무엇이 다르겠습니까.

새로운 생명의 나라, 정토로 가는 길은 원력에 달려 있음을 법장보살은 세계에 가르치고 있습니다. 이것이 정토 신앙이 세계에 던지는 핵심이며 빛입니다.

오월에 오시는 이 땅의 부처님

마침내 오월은 다시 왔다. 붉은 피를 토하며 온 산은 진달래 물결을 이루고 흐느끼듯 바람은 오월을 노래한다.

역사의 오월이 있으므로 우리의 초파일은 이미 축제의 날이 아니다. 오월이 있기에 어버이날은 어버이날이기를 거부한다. 우리의 오월은 피와 눈물과 울음이 고여 있는 잔인한 달이며, 이 땅이 참된 세상으로 나아가는 생명의 달이며, 역사의 새로운 탄생을 의미하는 달이다.

어찌 오월에 있었던 저 광주의 참상과 함성을 등지고 희락喜樂의 얼굴로 오월을 맞이할 수 있을 것인가. 이 땅에 오시는 부처님은, 아니 그대 가정으로 오시는 아기 부처님은 우리의 형제 누이들의 피로 관욕灌浴한 오월 광주의 부처님이며 살아 있는 넋이다. 그러므로 우리의 초파일은 단순히 부처님이 오신 날이라는 뜻만이 아니라 부처님이 이 땅의 역사와 만나는 날로, 이 땅의 역사가 눈 뜨는 날로 삼아야 한다. 또한 어버이날은 자손이 어버이 은혜에 보답하는 날이 아니라, 어버이 스스로가 이 땅의 모든 자손들과 역사에 새로운 책임과 임무를 부여받는 날이어야 한다.

그러나 오늘날 허영과 관능에 눈먼 우리 누이들에게 저 광주의 아픔은 한바탕의 동네 싸움일 것이고, 이따위 글은 또 한 번의 역겨움만 안겨줄 것이다.

깨어 있지 못한 여인들, 스스로의 삶에서 떠나지 못하는 여인들, 이런 사람들에게 예수가 태어난들 부처가 다시 태어난들 무슨 소용이 있을 것이며, 통일이 된다 한들 무슨 기쁨이 있을 것인가. 다만 그들에게는 이름난 외국산 향수와 안락한 소파 같은 남자가 그리울 것이고, 이름난 배우의 사생활이나 패션에 더 관심이 깊을 뿐, 초파일도 오월도 아무런 의미가 없을 것이다.

그러나 부처님이 탄생하심으로써 온 세계에 희망의 길이 열린 것처럼, 오늘의 현실은 잠든 여인들의 새로운 탄생을 고대하고 있다. 그것이 바로 이천오백 년 전에 석가모니 부처님이 이 땅에, 우리 가슴에 새롭게 탄생하는 모습일 것이며 관음의 현신일 것이다.

그러므로 여인들도 이 땅의 잠든 곳을 서성이는 민족의 어머니의 모습으로서 있어야 한다. 그렇게 하기 위해서는 여성지의 화려한 언어들을 만나는 것보다도, 이름난 제품의 옷들 속을 헤매는 것보다도, 겨울 한기 속에 쓰러지는 가난한 언어들을 만나리 떠나야 한다.

은장도 날 같은 의식으로 역사의 숲으로 가야 한다. 그곳에서 이 땅을 위해 피 흘리며 죽어간 우리 형제들의 넋들을 오월 산천에 진달래로 피워 내야하고, 이름 없는 묘비 앞에 제물도 준비하여야 한다.

여자가 되길 거부하여야 한다. 그대의 뱃속은 모진 민족의 목숨을 잉태하여야 하고, 통일의 탯줄을 이어야 한다. 그리하여 그대는 이 땅의 자손 모두의 어머니가 되어야 한다.

부처님께서 탄생하실 때에 천상천하 유아독존, 곧 하늘 위 하늘 아래 나 홀로 존귀하다고 설파하심은 바로 인간 존엄의 위대한 선언이다. 인간의 존엄이 사라져 황폐해지고 척박해진 오늘, 이 땅의 여인들이 할 일은 알몸으로 민족의 고난을 끌어안는 일이다. 이 일이야말로 오월을 맞이하는 여인들의 순결한 정신을 되찾는 길이며 어머니가 되는 길이다.

이제 거리마다 오색 등불은 밝혀질 것이다. 부처님의 탄생과 그 분이 세상에서 보여 주신 족적足跡들에 대한 찬탄과 찬미가 어우러질 것이다. 그리고 사람들은 축제의 물결 속에 휩쓸릴 것이다.

그러나 여인들이여, 이 땅의 가장 어둡고 척박한 곳을 밝히는 등불로 깨어 있으라. 새로운 역사의 만남을 이루기 위하여 깨어 있으라.

우리 시대의 부처

우리는 탄생과 창조를 별개의 의미로 파악하고 있다. 그러나 탄생과 창조는 같은 의미로 인식하지 않으면 안 된다. 탄생은 한 순간에 이루어지는 것이 아니라 끊임없는 조건과 조건의 결합된 결과이며 변화하는 과정의 한 모습일 뿐이다. 창조도 역시 단숨에 무에서 유를 이룬 것이 아니라 과정의 끊임없는 변화를 그 원동력으로 삼고 있다.

우리는 "꽃이 피었다.", "꽃은 아름답다."고 표현한다. 그러나 우리들의 이러한 인식은 꽃이라는 대상에만 머무르는 함정에 빠진 결과이다. 꽃 자체의 창조적 힘으로 꽃이 피어난 것도, 아름다워진 것도 아니다. 꽃이 탄생하기까지는 계절의 변화와 적절한 온도, 토양, 수분 등의 조건, 그리고 씨앗을 둘러싼 온 우주적 관계들이 작용해 왔던 것이다. 씨앗이라는 것도 이와 마찬가지이다. 결론적으로 말해서 창조란, 혹은 탄생이란 어느 순간에 별안간 태어난 것이 아니라 수많은 조건들의 의지와 원력의 땀방울인 것이다.

그리고 그것은 또 다른 미래의 세계로 향하는 또 하나의 과정인 것이다. 이와 같은 의미에서 부처님의 탄생도 단순히 설화적인 의미로나 역사를 초월한 것으로 받아들여져서는 안 된다. 또한 절대적 세계에서 사바세계에로의 권위의 내림으로 생각해서도 안 된다. 부처님의 탄생은 인도라는 나라의 고통 받는 사람들이 이룩한 것이다. 넓게는 사바 국토 모든 중생들의 힘과 역사가 부처님을 탄생시킨 것이다.

그러므로 부처님은 구원자나 권능자로 이해되어서도 안 된다. 우리가 부처님을 탄생하게 하였듯이, 탄생한 부처님은 우리들의 의지와 원력의 또 다른 상징이며 우리들에게 언제나 내재화되어 있는 것이다. 그러므로 부처와 우리는 둘이 아닌 하나이다. 부처는 우리의 새로운 탄생이며 창조이고, 우리는 부처의 가능성이다. 따라서 부처님오신날을 맞이하는 오늘의 우리는 이천오백 년 전의 부처님을 기리는 것이 아니라 오늘, 이 시대의 부처님으로 탄생시켜야 한다. 목조불이나 석불이 아니라, 살아 생생히 숨쉬는 부처를 창조하여야 하는 것이다.

지금 우리의 부처는 통일이며 민주이다. 통일로 향하는 저 여래의 사도를 따라서 일어서자. 모든 가능성들이여, 이 땅을 법등의 행렬로 물결치게 하라.

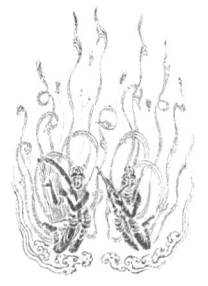